Liebe, Mord und Schicksalsschlag

Die verhängnißvolle Schachtel.
Diebstahl

Liebe, Mord und Schicksalsschlag

Moritaten, Bänkel-, Gassen- und Küchenlieder aus drei Jahrhunderten

Mit 342 Illustrationen von
Jean-Victor Adam, Andreas Both, O. Brausewetter,
Edmonde Bouchardon, Hugo Bürkner, Charles-Nicolas Cochin,
Daniel Chodowiecki, G. Czaki, Honoré Daumier, Mattheus Deisch,
Christian W. E. Dietrich, Paul Gavarni, Grandville,
Edmund Harburger, Robert Herzberg, Theodor Hosemann,
Johann C. Leckatz, Jean-Michel Moreau, Arnold Neumann,
Franz Graf Pocci, Arthur von Ramberg, Chr. Reiners,
Carl Reinhardt, Ludwig Richter, C. H. Schmolze, Edmond Texier,
W. Timm, Walter Trier und vielen anderen Künstlern

Gondrom

Herausgegeben von Roland W. Pinson

Ausgewählt und mit einem Nachwort
versehen von R. W. Pinson

Textbearbeitung von A. Horn

Das Aquarell auf dem Schutzumschlag
malte Rainer Sieke, Würzburg.

Die im Text mit * versehenen Worte und Ausdrücke
werden am Ende des Buches erläutert.

1. Auflage

ISBN 3-8112-0290-1
Satz: Typo Tausend, Nürnberg
Schutzumschlag: Grafik-Design-Studio Lothar Mielau, Wiesbaden
Druck und Verarbeitung: Richterdruck, Würzburg
Printed in Germany

Moritaten und Bänkellieder bekannter Verfasser

BERTOLT BRECHT
(1898–1956)

Die Moritat von Mackie Messer

Und der Haifisch, der hat Zähne
Und die trägt er im Gesicht
Und Macheath, der hat ein Messer
Doch das Messer sieht man nicht.

Ach, es sind des Haifischs Flossen
Rot, wenn dieser Blut vergießt!
Mackie Messer trägt 'nen Handschuh
Drauf man keine Untat liest.

An der Themse grünem Wasser
Fallen plötzlich Leute um!
Es ist weder Pest noch Cholera
Doch es heißt: Macheath geht um.

An 'nem schönen blauen Sonntag
Liegt ein toter Mann am Strand
Und ein Mensch geht um die Ecke
Den man Mackie Messer nennt.

Und Schmul Meier bleibt verschwunden
Und so mancher reiche Mann
Und sein Geld hat Mackie Messer
Dem man nichts beweisen kann.

Jenny Towler ward gefunden
Mit 'nem Messer in der Brust
Und am Kai geht Mackie Messer
Der von allem nichts gewußt.

Wo ist Alfons Glite, der Fuhrherr?
Kommt das je ans Sonnenlicht?

Wer es immer wissen könnte –
Mackie Messer weiß es nicht.

Und das große Feuer in Soho
Sieben Kinder und ein Greis –
In der Menge Mackie Messer, den
Man nicht fragt und der nichts weiß.

Und die minderjährige Witwe
Deren Namen jeder weiß
Wachte auf und war geschändet –
Mackie, welches war dein Preis?

WILHELM BUSCH
(1832–1908)

Frau Justitia in Verlegenheit

Seht, da steht das Ungeheuer
Namens Jakob Niedermeier!
Der, nachdem er anfangs Schreiber,
Später Mörder ward und Räuber.

Als dies aber aufgekommen,
Hat man ihn in Haft genommen
Und man faßte den Beschluß,
Daß man Jakob köpfen muß.

Man vergaß jedoch hierbei,
Daß der Jakob bucklig sei;
Und, sieh da, am Hochgericht –
Ach, herjeh! – da ging es nicht.

Der Bleistift als Mordinstrument

In Madrid lebt' einst ein Jüngling,
Der Pedrillo war genannt,
Dieser zeichnete und malte
Mit sehr kunstgeübter Hand.

Keiner trug wie Don Pedrillo
So 'nen hohen, steifen Hut,
Und den edlen Bleistift spitzen
konnt' er aus dem Grunde gut.

Meistens nahm er Nummer sieben,
Spitzt' ihn an zwei Seiten an,
Was man sehr bequem, indessen
Niemals praktisch finden kann.

Bald bemerkte dies sein Meister,
Sprach zu ihm: »Als Mensch und Christ
Sag' ich dir, daß das gefährlich
Und auch gar nicht nötig ist!«

Doch Pedrillo, welcher wenig
Von des Meisters Lehren hält,
Zeichnet fort, zu welchem Zwecke
Er sich ein Modell bestellt.

Abends aber, wenn ein jeder
Gerne seine Ruhe hat,
Führt Pedrillo dieses Mädchen
Dann spazieren vor der Stadt.

Bald bemerkte dies sein Meister,
Sprach zu ihm: »Als Mensch und Christ
Sag' ich dir, daß das gefährlich
Und auch gar nicht nötig ist!«

Doch Pedrillo schlug die Lehren
Lirum, larum in den Wind,
Und spaziert schon nächsten Tages
Wieder mit dem schönen Kind.

Und er spricht: »Ich lieb' dich, Rosa!«
Diese sagt nichts, doch sie läßt
Ruhig zu, daß sie Pedrillo
Fest und fester an sich preßt.

»Au!« schreit plötzlich Don Pedrillo,
Und das Mädchen schreit es auch,
Sterbend sinken beide nieder
Unter einem Myrtenstrauch.

Als Pedrillos Meister dieses
Hörte, sprach er folgenschwer:
»Spitz', o Jüngling, an zwei Seiten
Keinen harten Bleistift mehr!

Führ auch Mädchen nicht spazieren,
Denn dies Beispiel zeigt es klar,
Daß, sowohl es sehr gefährlich
Als auch gar nicht nötig war!«

Rieke

Rieke näht' auf der Maschine,
Nischke war bei's Militär,
Dennoch aber ließ sie ihne
Niemals nahe bei sich her.
Radibum, bum, bum, bum, bum!

»Wozu«, sprach sie oft verächtlich,
»Dienet nur denn das Soldat?
Wo man doch durch ihn hauptsächlich
So viel hohe Steuern hat!«
Radibum, bum, bum, bum, bum!

Einstmals ging sie nach dem Holze,
Nischke wollte gerne mit;
Aber nein, partout nicht wollt'se,
Daß er ihr dahin beglitt.
Radibum, bum, bum, bum, bum!

Plötzlich stürzt aus dem Gebüsche
Auf ihr zu ein alter Strolch,
Stiere Augen wie die Fische,

Kalte Hände wie der Molch!
Radibum, bum, bum, bum, bum!

»Runter«, schreit er, »mit die Kleider,
Denn sie lebt im Überfluß,
Und ich ein Fabrikarbeiter,
Der sich was verdienen muß!«
Radibum, bum, bum, bum, bum!

Weinend fallen Rock und Jäckchen,
Zitternd löst sich die Turnür',
Nur ein kurzes Unterröckchen
Schützt vor Scham und Kälte ihr.
Radibum, bum, bum, bum, bum!

Bautz! da fällt ein Schuß von Schroten,
Fluchend läuft der Vagabund
Mit zerfetztem Hosenboden
In des Waldes Hintergrund.
Radibum, bum, bum, bum, bum!

Das tat Nischke, der trotz allem
Rieken heimlich nachgeschleicht,
Die sich unter Dankeslallen

Jetzt an seinem Hals verzweigt.
Radibum, bum, bum, bum, bum!

Drum, ihr Mädchen, laßt euch raten:
Ehrt und liebet den Soldat,
Weil er sonst von seinen Taten
Nicht viel zu verzehren hat!
Radibum, bum, bum, bum, bum!

Trauriges Resultat einer vernachlässigten Erziehung

Ach, wie oft kommt uns zu Ohren,
Daß ein Mensch was Böses tat,
Was man sehr begreiflich findet,
Wenn man etwas Bildung hat.

Manche Eltern sieht man lesen
In der Zeitung früh bis spät;
Aber was will dies bedeuten,
Wenn man nicht zur Kirche geht!

Denn man braucht nur zu bemerken,
Wie ein solches Ehepaar
Oft sein eig'nes Kind erziehet.
Ach, das ist ja schauderbar!

Ja, zum Ins-Theater-Gehen,
Ja, zu so was hat man Zeit
Abgeseh'n von and'ren Dingen –
Aber wo ist Frömmigkeit?

Zum Exempel, die Familie,
Die sich Johann Kolbe schrieb,
Hat es selbst sich zuzuschreiben,
Daß sie nicht lebendig blieb.

Einen Fritz von sieben Jahren
Hatten diese Leute bloß,
Außerdem, obschon vermögend,
Waren sie ganz kinderlos.

Nun wird mancher wohl sich denken:
Fritz wird gut erzogen sein,
Weil ein Privatier sein Vater,
Doch da tönt es leider: Nein!

Alles konnte Fritzchen kriegen,
Wenn er seine Eltern bat,
Äpfel-, Birnen-, Zwetschgenkuchen,
Aber niemals guten Rat.

Das bewies der Schneider Böckel,
Wohnhaft Nr. 5 am Eck;
Kaum daß dieser Herr sich zeigte,
Gleich schrie Fritzchen: »Meck, meck, meck!«

Oftmals, weil ihn dieses kränkte,
Kam er und beklagte sich,
Aber Fritzchens Vater sagte:
Dieses wäre lächerlich.

Wozu aber soll das führen,
Ganz besonders in der Stadt,
Wenn ein Kind von seinen Eltern
Weiter nichts gelernet hat?

So was nimmt kein gutes Ende. –
Fast verging ein ganzes Jahr,
Bis der Zorn in diesem Schneider
Eine schwarze Tat gebar.

Unter Vorwand eines Kuchens
Lockt er Fritzchen in sein Haus,
Und mit einer großen Schere
Bläst er ihm das Leben aus.

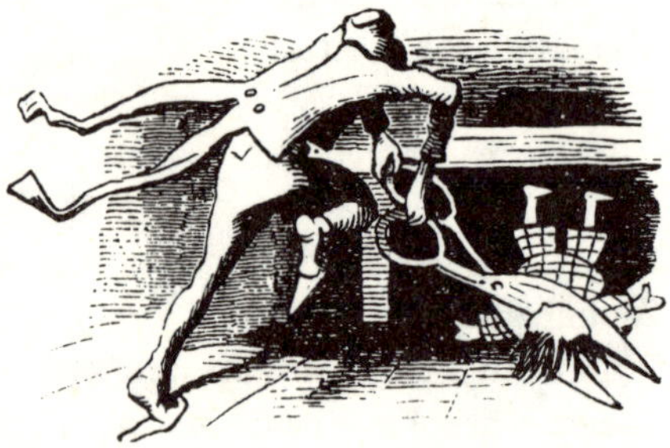

Kaum hat Böckel dies verbrochen,
Als es ihn auch schon geniert,
Darum nimmt er Fritzchens Kleider,
Welche grün und blau kariert.

Fritzchen wirft er schnell ins Wasser,
Daß es einen Plumpser tut,
Kehrt beruhigt dann nach Hause,
Denkend: So, das wäre gut!

Ja, es setzte dieser Schneider
An die Arbeit sich sogar,
Welche eines Tandlers Hose
Und auch sehr zerrissen war.

Dazu nahm er Fritzchens Kleider,
Weil er denkt: Dich krieg' ich schon!
Aber ach! Ihr armen Eltern,
Wo ist Fritzchen, euer Sohn?

In der Küche steht die Mutter,
Wo sie einen Fisch entleibt,
Und sie macht sich große Sorge:
Wo nur Fritzchen heute bleibt?

Als sie nun den Fisch aufschneidet,
Da war Fritz in dessen Bauch. –

Tot fiel sie ins Küchenmesser,
»Fritzchen!« war ihr letzter Hauch.

Wie erschrak der arme Vater,
Der grad eine Prise nahm;
Heftig fängt er an zu niesen,
Welches sonst nur selten kam.

Stolpernd und durchs Fenster stürzen,
Ach, wie bald ist das gescheh'n!
Ach! Und Fritzchens alte Tante
Muß auch grad vorübergeh'n.

Dieser fällt man auf den Nacken,
Knacks! Da haben wir es schon! –
Beiden teuren Anverwandten
Ist die Seele sanft entfloh'n.

Drob erstaunten viele Leute,
Und man munkelt allerlei,
Doch den wahren Grund der Sache
Fand die wack're Polizei.

Nämlich eins war gleich verdächtig:
Fritz hat keine Kleider an!
Und wie wäre so was möglich,
Wenn es dieser Fisch getan?

Lange fand man keinen Täter,
Bis man einen Tandler fing,

Der, es war ganz kurz nach Ostern,
Eben in die Kirche ging.

Ein Gendarm, der auf der Lauer,
Hatte nämlich gleich verspürt,
Daß die Hose dieses Tandlers
Hinten grün und blau kariert.

Und es war ein dumpf' Gemurmel
Bei den Leuten in der Stadt,
Daß 'ne schwarze Tandlerseele
Dieses Kind geschlachtet hat.

Hochentzücket führt den Tandler
Man zur Exekution;
Zwar er will noch immer mucksen,
Aber wupp! Da hängt er schon. –

Nun wird mancher hier wohl fragen:
Wo bleibt die Gerechtigkeit?
Denn dem Schneidermeister Böckel
Tut bis jetzt man nichts zuleid.

Aber in der Westentasche
Des verstorb'nen Tandlers fand
Man die Quittung seiner Hose
Und von Böckels eig'ner Hand.

Als man diese durchgelesen,
Schöpfte man sogleich Verdacht,
Und man sprach zu den Gendarmen:
»Kinder, habt auf Böckel acht!«

Einst geht Böckel in die Kirche.
Plötzlich fällt er um vor Schreck,
Denn ganz dicht an seinem Rücken
Schreit man plötzlich: »Meck, meck, meck!«

Dies geschah von einer Ziege;
Doch für Böckel war's genug,
Daß sein schuldiges Gewissen
Ihn damit zu Boden schlug.

Ein Gendarm, der dies verspürte,
Kam aus dem Versteck herfür,
Und zu Böckel hingewendet,
Sprach er: »Böckel, geh mit mir!«

Kaum noch zählt man 14 Tage,
Als man schon das Urteil spricht!
Böckel sei auf's Rad zu flechten.
Aber Böckel liebt dies nicht.

Ach! Die große Schneiderschere
Ließ man leider ihm, und schnapp!
Schnitt er sich mit eig'nen Händen
Seinen Lebensfaden ab.

Ja, so geht es bösen Menschen.
Schließlich kriegt man seinen Lohn.
Darum, o ihr lieben Eltern,
Gebt doch acht auf euern Sohn.

Ich hatte einmal zehn Gulden

Ich hatt' einmal zehn Gulden,
Da dacht' ich hin und her,
Was mit den schönen Gulden
Nun wohl zu machen wär'.

Ich dacht' an meine Schulden,
Ich dacht' ans Liebchen mein,
Ich dacht' auch ans Studieren,
Das fiel zuletzt mir ein.

Zum Lesen und Studieren
Da muß man Bücher han,
Und jeder Manichäer
Ist auch ein Grobian.

Und obendrein das Liebchen,
Das Liebchen, fromm und gut,
Das quälte mich schon lange
Um einen neuen Hut.

Was sollt' ich Ärmster machen?
Ich wußt' nicht aus noch ein. –
Im Wirtshaus an der Brucken
Da schenkt man guten Wein.

Im Wirtshaus an der Brucken
Saß ich den ganzen Tag,
Ich saß wohl bis zum Abend
Und sann dem Dinge nach.

Im Wirtshaus an der Brucken,
Da wird der Dümmste klug;
Des Nachts um halber zwölfe,
Da war ich klug genug.

Des Nachts um halber zwölfe
hub ich mich von der Bank
Und zahlte meine Zeche
Mit zehen Gulden blank.

Ich zahlte meine Zeche,
Da war mein Beutel leer. –
Ich hatt' einmal zehn Gulden,
Die hab' ich jetzt nicht mehr.

ADELBERT VON CHAMISSO
(1781 – 1838)

Die Giftmischerin

Dies hier der Block, und dorten klafft die Gruft.
Laßt einmal noch mich atmen diese Luft
Und meine Leichenrede selber halten.
Was schauet ihr mich an so grauenvoll?
Ich führe Krieg, wie jeder tut und soll,
Gen feindliche Gewalten.
Ich tat nur eben, was ihr alle tut,
Nur besser; drum begehrt ihr mein Blut,
So tut ihr gut.

Es sinnt Gewalt und List nur dies Geschlecht.
Was will, was soll, was heißet denn das Recht?
Hast du die Macht, du hast das Recht auf Erden.
Selbstsüchtig schuf der Stärkere das Gesetz,
Ein Schlächterbeil zugleich und Fangenetz
Für Schwächere zu werden.
Der Herrschaft Zauber aber ist das Geld;
Ich weiß mir bess'res nicht auf dieser Welt
Als Gift und Geld.

Ich habe mich aus tiefer Schmach entrafft,
Vor Kindermärchen Ruhe mir geschafft,
Die Schrecken vor Gespenstern überwunden.
Das Gift erschleicht im Dunkeln Geld und Macht,
Ich hab' es zum Genossen mir erdacht
Und hab' es gut gefunden.
Hinunter stieß ich in das Schattenreich
Mann, Bruder, Vater, und ich ward zugleich
Geehrt und reich.

Drei Kinder waren auch noch mir zur Last,
Drei Kinder meines Leibes; mir verhaßt,
Erschwerten sie, mein Ziel mir zu erreichen.
Ich habe sie vergiftet, sie geseh'n,
Zu mir um Hilfe rufend, untergeh'n,
Bald stumme, kalte Leichen.
Ich hielt die Leichen lang' auf meinem Schoß
Und schien mir, sie betrachtend, tränenlos,
Erst stark und groß.

Nun fröhnt' ich sicher heimlichem Genuß,
Mein Geist verwahret mich vor Überdruß
Und ließ die Zeugen nach der Tat verschwinden.
Daß Lust am Gift, am Morden ich gewann,
Wer, was ich tat, erwägt und fassen kann,
Der wird's begreiflich finden.
Ich teilte Gift wie milde Spenden aus
Und weilte lüstern' Auges, wo im Haus
Der Tod hielt Schmaus.

Ich habe mich zu sicher nur geglaubt,
Und büß' es billig mit dem eig'nen Haupt,
Daß ich der Vorsicht einmal mich begeben.
Den Fehl, den einen Fehl bereu' ich nur
und gäbe, zu vertilgen dessen Spur,
Wie viele eurer Leben!
Du, schlachte mich nun ab, es muß ja sein,
Ich blicke starr und fest vom Rabenstein
Ins Nichts hinein.

MATTHIAS CLAUDIUS
(1740–1815)

Die Geschichte vom Goliath und David

War einst ein Riese Goliath,
Gar ein gefährlich' Mann,
Er hatte Tressen auf dem Hut
Mit einem Klunker dran,
Und einen Rock von Drap d'argent*
Und alles so nach Advenant*.

An seinen Schnurrbart sah man nur
Mit Grauen und mit Graus,
Und dabei sah er von Natur
Pur wie der Satan aus.
Sein Saraß* war, man glaubt es kaum,
So groß schier als ein Weberbaum.

Er hatte Knochen wie ein Gaul,
Und eine freche Stirn,
Und ein entsetzlich großes Maul,
Und nur ein kleines Hirn:
Gab jedem einen Rippenstoß
Und flunkerte und prahlte groß.

So kam er alle Tage her
Und sprach Israel Hohn:
»Wer ist der Mann? Wer wagt's mit mir?
Sei Vater oder Sohn,
Er komme her, der Lumpenhund,
Ich box'n nieder auf den Grund.«

Da kam in seinem Schäferrock
Ein Jüngling zart und fein;
Er hatte nichts als seinen Stock,
Als Schleuder und den Stein;
Und sprach: »Du hast viel Stolz und Wehr,
Ich komm im Namen Gottes her.«

Und damit schleudert' er auf ihn
Und traf die Stirne gar:
Da fiel der große Esel hin,
So lang und dick er war.
Und David haut in guter Ruh'
Ihm nun den Kopf noch ab dazu.

Trau nicht auf deinen Tressenhut,
Noch auf den Klunker dran!
Ein großes Maul es auch nicht tut,
Das lern' vom langen Mann;
Und von dem kleinen lerne wohl:
Wie man mit Ehren fechten soll.

LUDWIG EICHRODT
(1827 – 1892)

Wanderlust

Nach Italien, nach Italien
Möcht' ich, Alter, jetzt einmaligen!
Wo die Pomeranze wohnt,
Wo die wunderschönen Mädchen
Unter süßen Triolettigen
Singen, wandelnd unterm Mond –
Dahin, Alter, laß mich zieh'n!

Nach Sizilien, nach Sizilien
Sollst du in die Reise willigen!
Wo von Wolken nicht die Spur,
Wo die Menschen müßiggehen,
Wo die Augen ewig sehen
In das himmlische Azur –
Dahin, Alter, laß mich zieh'n!

Nach Arabien, nach Arabien
Laß mich mit dem Wanderstabigen!
Wo der Emir* einsam trinkt
Wo die edlen Wüsten brennen,
Wo die flinken Stuten rennen
Und die Karawane klingt –
Dahin, Alter, laß mich zieh'n!

Nach dem Lande der Hellenen
Will sich jetzt mein Busen sehnen,
Wo der Boden klassisch schweigt,
Wo der eingestürzte Tempel
Seines Alters düstern Stempel
Aus beredten Trümmern zeigt –
Dahin, Alter, laß mich zieh'n!

Nach Ostindien, nach Ostindien
Möcht' auch ich den Pfad ergründigen,
Möcht' ich jetzt mit Hand und Ohr!
Wo die Elefanten kreisen,
Wo die Enkel stiller Weisen
Singen den Brahmanenchor* –
Dahin, Alter, laß mich zieh'n!

Nach Kleinasien, nach Kleinasien,
Wo die sanften Esel grasigen,
Drauf die schmucke Sklavin sitzt,
Wo die Palmenwälder glühen,
Wo die heil'gen Löwen fliehen,
Wo es donnert, wenn es blitzt –
Dahin, Alter, laß mich zieh'n!

Nach Hispanien, nach Hispanien,
Möcht' ich jetzo zieh'n hinanigen,
Wo der Cigaritto weilt,
Wo die stolzen Donnen* kosen,
Wo die edlen Räuber tosen
Und die Wunde niemals heilt –
Dahin, Alter, laß mich zieh'n!

Nach Algerien, nach Algerien
Laß mich in die Osterferien,
Hehrer Alter, laß mich geh'n!
Wo die Datteln heimlich reifen,
Wo die Arabesken streifen
Und die Antilopen steh'n –
Dahin, Alter, möcht' ich zieh'n!

Nach Brasilien, nach Brasilien,
Reißen jetzt mich die Gefühligen,
Wo der Käfer leuchtend hüpft,
Wo sich bäumt der Krokodile,
Wo verwegen der Mandrille*
Durch die selt'nen Pflanzen schlüpft –
Dahin, Alter, laß mich zieh'n!

Nach dem Lande Palästinien
Zieht es dann mich mächtig hinigen,
Wo der ew'ge Ölkrug rauscht,
Wo die Büßer sich bestrafen,
Wo der Herr am Kreuz entschlafen
Und der Hirt' den Zedern lauscht –
Dahin, Alter, laß mich zieh'n!

Nach Sibirien, nach Sibirien
Zu den wild gebor'nen Tierichen
Jetzt es meinen Busen drängt,
Wo die Bären murmelnd springen,
Wo in unwirtbaren Schlingen
Sich der bied're Zobel fängt –
Dahin, Alter, laß mich zieh'n!

Nach Ägypten, nach Ägypten
Möcht' ich zieh'n mit der Geliebten,
Wo der Sturm der Küste pfeift,
Wo der Weise stets zufrieden
Auf erhab'nen Pyramiden
Stumm in seinen Busen greift –
Dahin, Alter, laß mich zieh'n!

Nach Britannien, nach Britannien
Möcht' ich, Vater, zieh'n von dannigen,
Wo am Mast der Schiffer lehnt,
Wo sich tummeln die Schaluppen*,
Wo in dumpfen Marmorgruppen
Lächelnd der Matrose gähnt –
Dahin, Alter, laß mich zieh'n!

Nach Turkanien, nach Turkanien
Zieht mich's unwiderstehlich anigen,
Wo der Pascha mordend schmaucht,
Wo die krummen Säbel hausen,
Wo die Dardanellen* sausen
Und man so viel Geld verbraucht –
Dahin, Alter, laß mich zieh'n!

Nach Polakien, nach Polakien
Laß mich meinen Ranzen packigen,
Wo die Sense blutig schwillt,
Wo man lebt auf grimmem Fuße,
Wo der lärmende Karkuse
Sich in seinen Mantel hüllt –
Dahin, Alter, laß mich zieh'n!

Nach Norwegien, nach Norwegien
Laß mich meinen Fuß bewegigen,
Wo der Fels gen Himmel schreit,
Wo der Ozean sich brandet,
Wo der Lotse fröhlich strandet
Und von fern der Hekla* speit –
Dahin, Alter, laß mich zieh'n!

Nach Franzosien, nach Franzosien
Wo die Rebellion ging losigen,
Reißt es meine Jünglingsbrust,
Wo die Marselljäse* strotzet,
Wo der Flüchtling friedlich trotzet,
Seiner Menschlichkeit bewußt –
Dahin, Alter, laß mich zieh'n!

Nach Newyorkien, nach Newyorkien
Sollst du jetzt das Geld mir borgigen,
Wo die Ware stumm sich kreuzt,
Wo genest der Europarier,
Wo der letzte Proletarier
Sich in seid'ne Tücher schneuzt –
Dahin, Alter, laß mich zieh'n!

Nach Helvezien*, nach Helvezien
Treibt es meinen Busen jetzigen,
Wo die Löwin donnernd rutscht,
Wo zerstäubt der Jesuite,
Wo noch der Europamüde
Mit dem Stier von Uri putscht –
Dahin, Alter, laß mich zieh'n!

Nach Australien, nach Australien
Zieht es mich zum letztenmaligen,
Nach des Weltteils fünftem Strand.
Wo die Erdumsegler stehen,
Wo Verbrecher in sich gehen
Und fast alles unbekannt –
Dahin, Alter, laß mich zieh'n!

Nach Chinesien, nach Chinesien
Möcht' ich, wo ich nie gewesigen,
Wo die Seelen stille steh'n,
Wo die Menschen wahrhaft wimmeln,
Frauen ihren Fuß verstümmeln
Und der Tusch am schwärzesten –
Dahin, Alter, laß mich zieh'n!

Nach dem kalten Moskowitien
Möcht' ich einen Paß besitzijen,
Wo der Pope* lebt und leibt,
Wo das Volk stiert in Verblendung,
Wo der Zar in starrer Wendung
Seinen grimmen Ukas* schreibt –
Dahin, Alter, laß mich zieh'n!

Zum Äquator, zum Äquator
Laß mich eilen, greiser Vater!
Wo die schwarze Linie glüht,
Wo der Wüstenkönig schreitet,
Wo der Neger Unrecht leidet
Und der Mensch vor Götzen kniet –
Dahin, Alter, laß mich zieh'n!

Nach dem Rheine, nach dem Rheine
Wandr' ich wieder, wenn ich weine,
Wo des Deutschen Vaterland!
Deutscher Wein und deutsche Eichen!
Wo sich Volk und Fürsten reichen
Ihrer Hände Hochverband*! –
Dahin, Alter, werd' ich zieh'n!

THEODOR ETZEL
(1873–1930)

Peter und Petersilie
oder
Der massenhafte Doppelmord

Zwei Elternpaare wohnten einst vor Jahren
In einem Haus in einer Stadt am Rhein,
Und weil sie fromme Elternpaare waren,
Drum hatten sie auch Kinder groß und klein.

So war in einer von den zwei Familien
Ein kleiner Knabe, Peter zubenannt,
Ein Mädchen aber namens Petersilie
Das war dem ander'n Elternpaar entstammt.

Wenn man so oft ein schönes Mädchen siehet
Und auch Versteckens spielt mit ihm im Haus,
Dann wird gar leicht ein zärtliches Gemüet
Und eine stille Liebesschaft daraus.

Jedoch wer lieben will, der muß auch leiden.
Das blieb auch diesen beiden nicht erspart.

Des Vaters Stock tat Petersilien scheiden
Von Petern, als er ihr die Lieb' erklart.

Von nun an stand des Peters ganzes Sinnen
Darauf gericht't, wie dennoch heimlich ihm
Die Lieb' zu Petersilien tät' gelingen,
Worauf ihm bald ein Plan das beste schien.

Als er ihr einst begegnet auf der Straße,
Da bat er sie in seiner großen Qual,
Daß sie aus ihres Vaters Ladenkasse
Ganz heimlich einen Taler für ihn stahl.

Sie ging und holte aus der Schubelade
Das Geld und gab's dem Peter in die Hand,
Worauf er Brustbonbons und Schokolade
In einer Zuckerbäckerei erstand.

Das schenkte er der lieben Petersilie,
Die war darob sehr freundlich aufgerührt,
Ihr Herzchen blieb nun nicht mehr länger kühle
Und hat vor Peters Kuß sich nicht geniert.

Das war der erste Spatenstich zum Grabe,
Das ihr gar bald bereiten sollt' die Lieb',
Dieweil der Vater ohne alle Gnade
Das arme Mädchen mit dem Stock verhieb.

Die Petersilie konnte diesen Kummer
In ihrem Herzen nicht ertragen lang',
Sie fiel in einen tiefen Todesschlummer,
Indem sie sich am Fensterkreuz erhang.

Der Peter sah dies im Vorübergehen,
Und voller Liebe lief er gleich hinein,
Und Rache schwor er bei den großen Zehen
Von ihrem kalt geword'nen Totenbein.

Dann nahm er eine große Streichholzschachtel
Und steckt' bei Nacht das ganze Haus in Brand,

Worauf er mit dem Pfropfenzieh'r sich schlachtet',
Den er im tiefen Schnabuskeller fand.

Die Flammen fraßen dann die zwei Familien
Mit Eltern, Kindern, Hund und Katzen fort.
So rächte Peter seine Petersilie
Mit einem massenhaften Doppelmord.

Ihr Eltern, die ihr dieses Lied vernommen,
O achtet stets ein liebend' Mädchenherz,
Sonst kann es leicht zu solcher Trauer kommen,
Wie ihr erfuhrt mit eurem großen Schmerz.

Ihr Mädchen, nehmt auch ihr euch einen Brocken
Moral aus dieser Massenmordgeschicht':
Wenn euch einmal die bösen Buben locken,
So folget ihnen – folget ihnen nicht.

Frau Laura Rau
Ballade in Au

Frau Laura Rau, die Leichenfrau
Aus Trautenau, war kaum getraut
Mit Fleischbeschauer August Hau,
Da hat der trauten Braut gegraut.
Ja, trau schau wem, Frau Laura Rau,
Trau schau, Frau Laura Rau!

Beim Trauungsschmaus schon kam's heraus:
Hau schmauste nichts als blaues Kraut,
Als blaugesott'ne Kabliaus*,
Als Pflaumen, drauf noch blaue Haut,
Nur Blaues schmauste August Hau.
Au au, Frau Laura Rau!

Mit Grauen schaute Laura Rau,
Die Trautenauer Leichenfrau:

Nur Blaues wollte August Hau.
Blau wollte Hau auch seine Frau,
Drum haute bei der Fleischbeschau
Hau blau Frau Laura Rau.

Da hat Frau Laura Hau durchschaut:
Ein Blaubart war der Gauch – o Graus!
Blausäure goß sie Hau ins Kraut,
Da hauchte Hau die Seele aus.
Frau Laura pfauchte: »Schau, Herr Hau,
So blau kocht Laura Rau!«

Drauf baumelte am Pflaumenbaum
Sich schaurig auf Frau Laura Rau,
Verschnaufte traut in blauem Traum
Von Blaukraut, Pflaumen, Kabliau.
Enthaucht lag Hau, enthaucht die Frau –
Au au, Frau Laura Rau!

THEODOR FONTANE
(1819–1898)

James Monmouth

Ich heiße James Monmouth und bin der Sohn
Karl Stuarts und Lucy Walter's,
Ich wurde geköpft vor Jahren schon,
Das war so Mode vor alters.

Meine Mutter liebte Vatern sehr,
Und sie küßten sich unter 'ner Buche,
Sie sahen sich oft und dann nicht mehr
Und steh'n nicht im Kirchenbuche.

Und das ist mein Pech, Potzsapperment,
Daß sie nie die Ringe gewechselt,
So hieß ich zeitlebens ein Prätendent* –
Bis den Kopf sie mir abgedrechselt.

Ich hab' es bezahlt mit meinem Blut
Und fühle noch das Messer.
Und die Moral, die lautet: Ja, Lieb' ist gut,
Doch die Ehe, die ist besser.

Die arme Else

Die Mutter spricht: »Lieb Else mein,
du mußt nicht lange wählen;
man lebt sich ineinander ein,
auch ohne Liebesqualen;
manch eine nahm schon ihren Mann,
daß sie nicht sitzenbliebe,
und dünkte sich im Himmel dann,
und – alles ohne Liebe.«

Jung-Else hört's und schloß das Band,
das ew'ge, am Altare,
es nahm zur Nacht des Gatten Hand
den Kranz aus ihrem Haare;
ihr war zu Sinn, als ob der Tod
zur Opferbank sie triebe,
sie gab ihr alles, nach Gebot,
und – alles ohne Liebe.

Der Mann ist schlecht; er liebt das Spiel
und guten Trunk nicht minder,
sein Weib zu Hause weint zuviel,
und ewig schrei'n die Kinder;
spät kommt er heim, er kost, er schlägt,
nachgiebig jedem Triebe,
sie trägt's, wie nur die Liebe trägt,
und – alles ohne Liebe.

Sie wünscht sich oft, es wär' vorbei,
wenn nicht die Kinder wären,
so aber sucht sie immer neu,
den Gatten zu bekehren;
sie schmeichelt ihm, und ob er dann
auch kalt beiseit' sie schiebe,
sie nennt ihn »ihren liebsten Mann«,
und – alles ohne Liebe.

ADOLF GLASSBRENNER
(1810–1876)

Trägheit

Der Friedrich war ein fauler Wicht;
Er machte keine Arbeit nicht.
»Das Lernen ist mir viel zu schwer,
Das Denken aber noch weit mehr!«
So rief der dumme Junge.

Wenn Friedrich in der Schule saß,
So schielte, gähnte er und aß;
Was vom Herrn Lehrer ward gelehrt,
Drauf hat er niemals hingehört,
Der träge dumme Junge!

Der Lehrer frägt ihn: »Friedrich, weißt
Du, wie die Hauptstadt Rußlands heißt?«
»Kamtschatka«, sprach der arge Tropf,
Drauf kriegt er einen Katzenkopf
Mit Recht, der dumme Junge!

»Nun die von Österreich kennst du doch
Wohl aus der letzten Stunde noch?

Nenn sie, sonst prügle ich dich durch!«
Der Friedrich rief: »Sankt Petersburg!«
Er blieb ein dummer Junge!

Der Lehrer rief entrüstet: »Wien!«
Und schlug mit der Karbatsche* ihn.
»Nun weiter! Wo liegt Baden? He?«
Der Friedrich weinte: »An der Spree.«
Er blieb ein dummer Junge.

Und als er aus der Schule ging,
Da lachte blöd der Jüngeling,
Sprach man von dem Verfassungsstaat,
Von Rittertum und Hochverrat!
Er blieb ein dummer Junge.

»Gesetze« nannt' er Militär,
Und »Richter« die Konstabeler*,
Verwechselte Gewalt mit »Recht«,
Ja, selbst den »Bürger« mit dem Knecht,
Der dumme, dumme Junge!

Er wurde alt, doch selbst als Mann
Nahm er noch keine Bildung an,
Verachtete die hohen Herrn
Und ging, pfui! mit dem Volke gern,
Blieb solch' ein dummer Junge!

O lerne, Kind, was man dich lehrt,
Sonst bist du nichts als Deutscher wert.

Traurige Berliner Geschichte

In Berlin, der preuß'schen Residenze,
Wo es sehr viel schlechte Menschen gibt,
Ward aus demokratischer Tendenze
Neulich eine grause Tat verübt!

Dieser Mann war Kutscher und hieß Neumann
Dieser Name sagt genug wohl schon –
Außerdem bezog noch dieser Neumann
Eine königliche Pension!

Seine Gattin, 'ne geborne Lerche
War ein braves, gutes Biederweib,
Ging des Tages zweimal in die Kerche: –
Teils aus Frömmig-, teils aus Zeitvertreib.

Aber dieses tat sie nicht alleine: –
Auch als Mitglied aller hiesigen
Frommen und wohltätigen Vereine
Hat die Lerche sich bewiesigen!

Jetzo wird sie aber täglich frummer
Durch Lektüre in dem Gotteswort!
Neumann aber macht dies keinen Kummer:
Seinen Kutscherkümmel trinkt er fort!

Lerche, eingedenk des guten Werkes,
Sagt nun plötzlich eines Tags: »Neumann!
»Demokrat! Elender! jetzo merk' es,
Was ein schwaches Weib vermögen kann!«

Eigenhändig geht sie zur Behörde
Zeuget an, daß Neumann gottlos seu!

Außerdem noch lautet die Beschwörde:
Auf versuchte Demokratereu.

Dieser aber denkt nichts Arges, Böses,
Was von seiner Gattin ihm geschüht,
Geht wie sonst um zehn Uhr früh zu Möwes,
Zu verrichten dort sein Morgenlüd.

Unterwegs aber kommt der Bote
Der Behörde ihm entgegen schon,

Überreicht ihm eine schwere Note:
Der p. Neumann hat nicht mehr Pension!

Neumann, ein gebor'ner Kanibale,
Kehrt von dieser Stund' nicht mehr nach Haus
Aus dem neuen Schiffahrtsbaukanale
Zog als Leuche gänzlich man ihn 'raus!

Seine Gattin, wie es sich gebührte,
Sie verful in fromme Raserei!
Dieses ist in diesem Jahr das vierte
Opfer religiöser Schwärmerei!

Diese Tat und ihre bösen Käume
In der Kreuz-Zeitung sie neulich stund!
Und gebracht hat sie in schöne Räume:
Anton Jansen, Sänger des Trenbund.

Das Attentat

Leute, tretet rings heran,
Hört euch die Geschichte an,
Hört, was neulich an der Spreen
In der Hauptstadt ist gescheh'n.

Jedes brave Preußenherz
Richt' die Blicke himmelwärts,

Denn man sieht, wie wundersam
Gott schützt unsern Fürstenstamm.

Friedrich Wilhelm hat gehört,
Daß die Weber sich empört,
Wollt' in Schlesien sie besuchen
und tracktier'n mit Pfefferkuchen.

Unten also in dem Schloß
Steht dem König sein Karoß,
Das war morgens um die achte,
Als noch niemand Böses dachte.

Neufschateller* steh'n umher
In dem Arm ihr klein Gewehr,
Und ein Mann ganz eingemummelt
Ist ins Schloß hineingebummelt.

Pocken hat er im Gesicht,
Das bedeutet Gutes nicht,
Duncker* hätte gleich erraten,
Dieser würde attentaten.

Seht, die edle Königin
Setzt sich in den Wagen 'rin,
Redern* reicht ihr eine Tüte
»Schmeckstduprächtig« erster Güte.

Auch der König tritt heraus,
Sieht noch ganz verschlafen aus,
Tut sich rechts und links verneigen
Und dann in den Wagen steigen.

Wie er nun darinnen sitzt,
Tschech sein Terzerol* abblitzt.
Zweimal schießt er ungerührt,
Bis man endlich ab ihn führt.

Daß er doch am Leben blieb,
Dieses war dem König lieb,
Und dem Kutscher läßt er sagen,
Auf die Pferde loszuschlagen.

Vor dem Schlosse macht er halt,
Zeigt dem Volk sich von Gestalt,
Sprechen tut er diesmal wenig,
Und man ruft: »Es leb' der König!«

War wohl je ein Mensch so frech
Wie der Bürgermeister Tschech?
Der verruchte Übeltäter,
Hochverräter, Attentäter.

Fast den König bracht' er um
Vor dem ganzen Publikum,
Schoß sogar der Landesmutter
Durch den Rock ins Unterfutter.

Leute, tretet näher 'ran,
Höret die Moral auch an,
Die man zieht aus dem Gedicht:
Traut keinem Bürgermeister nicht!

ADOLF GLASSBRENNER (1810–1876)
und MORITZ GOTTLIEB SAPHIR (1795–1858)

Fürchterliche Ballade in drei schauderhaften Abteilungen und mit einigen überflüssigen Versfüßen

Abteilung eins:

Der Saal erglänzt im hellsten Kerzenstrahle
Und lust'ger Sang ertönt aus jeder Kahle.

Und Tänzer fliegen auf der Freude Schwingen;
Doch ein Herz klopft voll Kummer und voll Bingen.

Es ist das Herz des Fräuleins Leonore,
Des Fräuleins mit dem rabenschwarzen Lockenhoore.

Leonoren sah man mit dem Ritter Kunzen
Schon etliche Gallops zusammen tunzen.

Das sah auch Ritter Veit, und Eifersucht
Ward gleich in seiner wilden Brust entfucht.

Zu Kunzen geht er hin und sagt ihm grimmig:
»Gleich gehst du mit mir, oder Gott verdimm' mich!«

Abteilung zwei:

Der Garten glänzt im hellsten Mondenstrahle
Und aus den Zweigen tönt das Lied der Philomale*.

Der Ritter Veit zieht seine Klinge nackigt
Und steht voll Mordgier in dem dunkeln Dackigt.

Der Ritter Kunz naht jetzt und spricht: »Was soll ich?« –
Da sagt sein Feind: »Dein Schwert zieh, oder deinen Dollich!«

Da sagt ihm Ritter Kunz: »Du willst mir trumpfen?
Ich spotte dein! Auf, laß uns blutig kumpfen!«

Schon fechten sie in wildentbranntem Trotzen,
Daß durch die Nacht die scharfen Schwerter blotzen.

Und ehe fünf Minuten noch verstrichen,
Da lagen beide jämmerlich durchstichen.

Abteilung drei:

Kaum hört man im Saal Geklirr der Klingen,
So deckte Leichenblässe alle Wingen.

Schnell stürzt alles nach der dunkeln Grotte
Und sieht bald, was sich da ereignet hotte.

Leonore ruft: »Weh mir, ich komm zu späte!
Sie liegen beide tot in ihrem roten Bläte.«

So ruft die Jungfrau tugendreich und edel
Und nimmt aus ihren Haaren ein spitze Nedel.

Blickt in den Mond mit Schauder und mit Grausen,
Und stößt die Nadel tief in ihren Bausen.

Und alles sieht mit Angst und mit Entsetzen
Der Jungfrau rotes Blut hoch aufwärtsspretzen.

Schon sinkt sie hin, die so viel Anmut hatte,
Und auf zwei Leichen liegt jetzt die dratte. –

Moral:

Aus wilder Eifersucht entsteht immer
Not, Drangsal, Trübsal, Pein und großer Jimmer.

Was das Geschick auch Böses mag verhängen,
Man tut nicht recht, sich selbsten umzubrengen.

JOHANN WILHELM LUDWIG GLEIM
(1719 – 1803)

Traurige und betrübte Folgen der schändlichen Eifersucht

Wie auch heilsamer Unterricht, daß Eltern, die ihre Kinder lieben, sie zu keiner Heyrat zwingen, sondern ihnen ihren freyen Willen lassen sollen; enthalten in der Geschichte Herrn Isaac Veltens, der sich am 11ten April 1756 zu Berlin eigenhändig umgebracht, nachdem er seine getreue Ehegattin Marianne und derselben unschuldigen Liebhaber jämmerlich ermordet.

Die Eh' ist für uns arme Sünder
Ein Marterstand;
Drum, Eltern, zwingt doch keine Kinder
Ins Eheband.
Es hilft zum höchsten Glück der Liebe,
Kein Rittergut;
Es helfen zarte keusche Triebe
und frisches Blut.

Dies wußte Fräulein Marianne
So gut als ich!
Dem schönsten, jüngsten, treusten Manne
Ergab sie sich.
Mama, sprach sie, ich bin zum Freien
Nicht mehr zu jung;
Und, einem Manne mich zu weihen,
Schon klug genung.

Ich kann es länger nicht verhehlen
In meinem Sinn,
Mama, daß ich von Grund der Seelen,
Verliebet bin.
Verliebt? In wen? – Ich will ihn nennen,

Ich will, allein,
Sie müssen ihn nicht hassen können
Und gnädig sein.

Versprechen Sie mir das, Mamachen!
Sei'n Sie so gut,
Dann weiß ich ja, das mein Papachen,
Es auch gleich tut!
Leander – Ach, Sie wollen schelten,
Ich seh' es schon!
Leander? Kind? – – – o Nein! Herr Velten
Sei Schwiegersohn!

Ja, ja, Herrn Velten sollst du nehmen,
Denn der hat Geld,
Und du mußt dich zu dem bequemen,
Was mir gefällt.
Wie können junge Mädchen wissen,
Was nützlich ist?
Die meisten sind verpicht auf's Küssen,
Wie du auch bist.

Herrn Velten soll ich? Ach, ich Arme!
Was soll mir der?
Ach, daß der Himmel sich erbarme!
Was soll mir der?
Es schwillt, von Millionen Tränen,
Ihr schön' Gesicht.
Und, tausendmal sagt sie mit Stöhnen:
Ich will ihn nicht.

Du willst ihn nicht? Ich muß nur lachen,
Sagt drauf Mama!
Wir wollen dir den Willen machen,
Ich und Papa.
Man zwinget sie in einen Wagen,
Hält sie vermummt,
Man bittet sie, noch ja zu sagen,
Und sie verstummt!

Sie sieht, nach einer kurzen Reise,
Sich eingesperrt,
Wo, nach beliebter alter Weise,
Die Nonne plärrt.
Da soll sie beten und nicht lieben,
Allein sie weint,
Sie weint und will sich tot betrüben
Um ihren Freund.

Einst aber geht mit schwarzer Lüge
Mama zu ihr!
Mein Kind, sagt sie, kennst du die Züge,
Des Schreibens hier?
Der ew'ge Treue dir geschworen,
Hat sie verfehlt.
Leander ist für dich verloren,
Er ist vermählt.

Schnell rollt in einem gold'nen Wagen
Herr Velten her;
Auch kommt ein Mann, mit weißem Kragen
Von ohngefähr!
Gequälet wird von Jung und Alten,
Das arme Kind,
Und das Verlöbnis wird gehalten,
Ach, wie geschwind!

Nun freut ein Haufen Anverwandten
Sich auf den Tanz,
Nun binden Mütter, Nichten, Tanten,
Am Jungfernkranz!
Nun schickt sich zu drei wilden Tagen
Das ganze Haus;
Und Priester geh'n mit leerem Magen
Zum Hochzeitsschmaus!

Nur für die Braut ist keine Freude
Und keine Lust.
Sie quält sich, mit geheimem Leide,
Tief in der Brust.

Mit Zittern höret sie den Segen
Vor'm Altar an!
Und seufzt, bei lauten Herzensschlägen:
Ach welch ein Mann!

Am Abend mehret sich ihr Jammer
Und ihre Pein;
Denn, ach, sie soll nun in die Kammer
Mit ihm hinein!
Wie man ein Lamm zur Schlachtbank führet,
So führt man sie;
Seht, spricht Mama, wie sie sich zieret!
Die Närrin, die!

Jedoch sie war, am frühen Morgen
Nun eine Frau.
Sie teilte nun des Mannes Sorgen,
War nun genau.
Ihm seine Wirtschaft recht zu führen,
So Tag als Nacht,
Und keinen Heller zu verlieren,
War sie bedacht.

Ach, aber ach! Geheime Schmerzen
Verzehren sie;
Leander herrscht in ihrem Herzen
So spät als früh.
Ach, wie mag er um mich sich kränken!
Lebt er wohl noch?
Sie will nicht mehr an ihn gedenken
Und tut es doch.

Oft sitzt sie neben einer Linde
Und spricht mit sich:
Ach, an ihn denken, das ist Sünde!
Und die tu' ich!
Könnt' ich sie meiden, nicht mehr wissen
Im fünften Jahre,
Daß, ach, Leander meinen Küssen
Einst lieber war!

Von so schwermütigen Gedanken
Wird sie geplagt;
Sie schränkt, in heil'ger Ehe Schranken,
Sie ein und klagt.
Einst, als sie sich dem Gram ergibet
Und einsam sitzt
Und ihrem Ehmann, den sie liebet,
Mit Spinnen nützt.

Da tritt er in das stille Zimmer
Vergnügt herein
Und bittet sie, doch nur nicht immer,
Betrübt zu sein.
Ihm folgt ein Kaufmann, der Juwelen
und Perlen trägt,
Und der, im Innersten der Seelen,
Betrübnis hegt.

Kind, spricht er, kauf dir von den Waren,
Was dir gefällt!
Wir dürfen ja nicht immer sparen,
Sieh, hier ist Geld!
Er gibt zwölf Taler ungezählet,
Und pfeift und lacht,
Und geht, weil ihm ein Braten fehlet,
Hin auf die Jagd.

Nun steht mit zitternden Gebärden
Der Kaufmann da,
Voll Furcht, von der gehaßt zu werden,
Die ihn jetzt sah;
Weil von den Rosen seiner Wangen
Ein langer Bart
Herabhing und, wie sie vergangen,
Gesehen ward.

Die Augen niederwärts geschlagen,
Sieht sie ihn an;
Was habt Ihr, fängt sie an zu fragen,
Mein lieber Mann?

Er zeigt ihr seine Waren, schweiget
Und spricht kein Wort,
Doch geht, sooft er ihr was zeiget,
Ein Seufzer fort.

Ach, denkt sie, warum so betrübet?
Er jammert mich!
Sein Gram ist groß, gewiß er liebet
Und seufzt wie ich.
Sie fragt ihn: Was für stille Schmerzen
Erduldet Ihr?
Ist Liebesgram in Eurem Herzen?
So sagt es mir!

Der Gram, mit welchem ich mich quäle,
Verzehret mich.
Madam, er bleibt in meiner Seele
Wohl ewiglich.
Ein einzig' Kleinod war auf Erden,
Das wünscht' ich mir!
Dadurch der Glücklichste zu werden,
Das wünscht' ich mir!

Ich bat zu Gott, es mir zu geben
Zum Eigentum.
Mein Hab und Gut, und selbst mein Leben,
Bot ich darum!
Mein einz'ger Wunsch und meine Freude
War, es zu seh'n.
Wie war es meiner Augen Weide!
Wie war's so schön!

Ach aber, ach, in tausend Stücken
Zerriß der Schmerz,
Der nicht mit Worten auszudrücken,
Mein armes Herz!
Verzweiflung, Treue, Glück und Ehre
Bestritt mein Haupt,
Als ich vernahm, mein Kleinod wäre
Mir weggeraubt!

Was war es? Sagt's, ich möcht' es wissen:
Welch Kleinod kann
Euch so betrüben? Darf ich's wissen?
Mein lieber Mann!
Ich dächt', Euch wäre Leben lieber,
Als Stein und Gold,
Mich wundert's, daß Ihr Euch darüber
Totgrämen wollt.

Madam, was von entfernten Mohren
Der Geiz herholt
Ist Kleinigkeit! Was ich verloren,
Ersetzt kein Gold!
Es war mir teurer als mein Leben,
Als alles Geld,
Ach, was hätt' ich darum gegeben?
Die ganze Welt.

Einst malt' ich mir aus dem Gedächtnis
Das werte Bild,
Des Himmels einziges Vermächtnis,
Das Kummer stillt.
Ein Bild ist es, darum Ihr klaget?
Ach, zeigt es mir!
Er zieht es aus dem Busen, saget:
Hier ist es, hier!

Sie nimmt es hin. Er sieht's mit Freuden
In ihrer Hand.
Es war gehüllt in Gold und Seiden,
Auswendig stand:
Von meinen zärtlich treuen Tränen
Entsteht ein Bach;
Und dieses ist das Bild der Schönen,
Ach Himmel, ach!

Sie macht es auf—allein erblasset,
Von Schreck erfüllt
Fällt sie in Ohnmacht, denn sie fasset,
Ihr eigen' Bild.

Ach Marianne, Marianne!
Ach, stirb doch nicht!
Ach, sieh mich, Engel! Ach, ermanne
Dein schön' Gesicht!

Erweckt vom Schalle dieser Worte,
Kommt sie zu sich.
Freund, spricht sie, flieh von diesem Orte,
Freund, meide mich!
Ein and'rer, saget die Getreue,
Hat meine Hand!
Entferne dich, denn meine Treue
Hält ihm Bestand.

Er eilt, gehorsam dem Befehle,
Urplötzlich fort.
Ach, seufzt er, ach geliebte Seele,
Nur noch ein Wort:
Ich sterb' um dich. Er faßt im Gehen
Die Hand ihr an;
Zum letztenmal will er sie sehen,
Da kommt der Mann.

Stirb, sagt er, Räuber meiner Ehre,
Mit tausend Schmerz!
Er tobt und stoßt, mit Mordgewehre
durch beider Herz.
Leander stirbt! Und Marianne
Spricht: Gottlob, ich
Verdient' es nicht. Sie spricht zum Manne:
Du jammerst mich!

Nun hat er keine frohe Stunde,
Des Nachts erscheint
Die treue Gattin, zeigt die Wunde
Dem Mann und weint.
Ein klägliches Gewinsel irret
Um ihn herum.
Ihn reut die Tat, er wird verwirret,
Er bringt sich um.

Beim Hören dieser Mordgeschichte
Sieht jeder Mann
Mit liebreich freundlichem Gesichte
Sein Weibchen an
Und denkt: Wenn ich es einst so fände,
So dächt' ich dies:
Sie geben sich ja nur die Hände,
Das ist gewiß!

Damon und Ismene

Ach, Damon, ach, Ismene!
Mein Herz ist weich!
Ach, welche heiße Träne
Wein' ich um euch!
Von deiner Abenteuer,
Du schöne Braut,
Sing' ich in meine Leier
Und weine laut.

Ach, er ist hin, Ismene,
Dein Bräutigam,
Das zärtlichste, das schöne,
Das treue Lamm!
Die Größe deines Schmerzens
Begreift kein Sinn;
Der Abgott deines Herzens,
Ach, der ist hin!

Ihr waret alle beide,
Was wen'ge sind:
Er deine Lust und Freude,
Und du sein Kind.
Den Scherz in Finsternissen
War't ihr gewohnt,
Und bei vieltausend Küssen
War nur der Mond.

Nun ist er weggenommen,
Und, ach, o Gram!
Er wird nicht wiederkommen,
Dein Bräutigam.
Er ging in jene Fernen,
Ihn deckt kein Grab;
Er wandelt unter Sternen
Und sieht herab.

In seiner letzten Stunde
War ich ihm nah,
Als ich in seiner Wunde
Den Tod schon sah.
»Freund«, sprach er, »meine Schöne
Find' ich einst dort!«
Und sterbend war: »Ismene!«
Sein letztes Wort.

Man singt von seinem Tode
Nun weit und breit
In mancher Trauerode
Voll Herzeleid.
Der Held, der ihn, verliebet
In dich, erstach,
Ist auch wie du betrübet,
Sagt auch: »Ach, ach!«

Er sieht mit bangem Leide
Sein Mordgewehr;
Hat, sagt er, keine Freude
Auf Erden mehr.
Blaß wie ein Totenschatten,
Nicht mehr ergrimmt,
Klagt er den treuen Gatten,
Den er dir nimmt.

Oft sieht er ihn bei Tage
So wie bei Nacht,
Springt auf, hört seine Klage,
Wenn er erwacht.
Ein winselndes Getöne
Läßt ihn nicht froh;
Ach, Mörder! Ach, Ismene!
Stets ruft's ihm so.

Und du, ach, du Getreue!
Du achtest nicht
Des Mörders späte Reue,
Und was er spricht.

Er raubte dir dein Leben
Und deine Lust;
Kannst du ihm das vergeben
In deiner Brust?

Ach nein, in deinem Herzen
Verewigt das
Dein Elend, deine Schmerzen
Und seinen Haß.
Du lässest ihn nicht wieder
Vor dein Gesicht,
Und seine Klagelieder
Erhörst du nicht.

Verzehrt von deinem Jammer,
Gehüllt in Flor,
Bleibst du auf deiner Kammer,
Ach, komm hervor!
Komm wieder an die Sonne!
Wie gern bin ich
Dein Labsal, deine Wonne,
Komm, küsse mich!

Die durch den Teufel bestrafte Sibylle

Herbei zu meiner Mordgeschichte!
Schaut auf und gafft!
Und hört, was für betrübte Früchte
Die Strenge schafft!
Nicht weit von hier, in unsern Tagen
Ist es gescheh'n;
Erstaunt wird's euch der Wandrer sagen,
Der es geseh'n.

Verwehrt den Töchtern nicht, ihr Mütter,
Ein zärtlich Herz!
Ihr sagt umsonst, die Lieb' ist bitter
Und kostet Schmerz;
Und warnet, wie vor Krokodilen,
Vor Männern sie.
Es geht euch allen wie Sibyllen;
Man glaubt euch nie.

Ja, ja, Sibylle hieß die Mutter,
War fromm und schlecht,
Dem Teufel trotzte sie, wie Luther,
Und hatte recht;
Wenn sie mit runzlichtem Gesichte
Die Stimm' erhebt,
Hätt' er, wie Tochter, Magd und Nichte,
Vor ihr gebebt.

Ihr einzig' Kind hieß Kunigunde,
Alt sechzehn Jahr,
Der Rose gleich von Wang' und Munde
Und schwarz von Haar.
Ein Schwarm von jungen Herrn bemühte
Sich um sie her;
Es war im Tempel, wo sie kniete,
Kein Plätzchen leer.

Jedoch ihr Herz ward unter allen
Nur eines Lohn:
Nur Hildebrand konnt' ihr gefallen,
Des Nachbars Sohn.
Sie sah'n sich oft bei Abendstunden
Wie jenes Paar,
Das einst in Babylon verbunden
Zum Unglück war.

Herr Hildebrand, der in der Liebe
Noch nichts getan,
Beweist ihr täglich seine Triebe,
So gut er kann;
Bringt, weil er in der Apotheke
Provisor* war,
Ihr manche zärtliche Scharteke*
Voll Zucker dar.

Die Mutter, schlau in Liebeshändeln,
Sah bald es ein;
Das Mädchen wollte nichts als tändeln
Und müßig sein;
Im Näh'n zerriß der Zwirn, den Rocken*
Verwirrte sie,
Der Suppe fehlten oft die Brocken
Und Salz der Brüh'.

»Kind«, sprach sie einst, »gesteh' es immer,
Du bist verliebt;
Ich seh' dich oft allein im Zimmer
Still und betrübt.
Was zauderst du, dich zu erklären;
Ich weiß es schon.«—
»Nun ja—ich lieb'—in allen Ehren,
Des Nachbars Sohn.«

»Noch nie hast du mich so betrübet«,
Rief sie entflammt,
»Wer hinter seiner Mutter liebet,
Der ist verdammt;

Laß and're Fleischeswerke treiben
Und Böses tun;
Du sollst ein Tugendspiegel bleiben,
Ich will es nun!

Verweg'ne, sprich von dieser Stunde
kein Wort mit ihm!«
(Hier brach aus ihrem vollen Munde
Der Ungestüm.)
»Und tust du nicht, was ich befohlen,
So flieh von hier,
So soll dich gleich der Teufel holen!
Das schwör' ich dir!«

Das gute Mädchen bricht vor Schrecken
In Tränen aus
Und schleicht, ihr Unglück zu entdecken,
In's Nachbars Haus;
Aus Ungehorsam nicht — sie wollte
Nur ihm gesteh'n,
Daß — armer Hildebrand! Sie sollte
Dich nicht mehr seh'n.

Dann eilt sie, sich zu Bett zu legen
Vor Mitternacht,
Liest diesmal ihren Abendsegen
Recht mit Bedacht.
Die Mutter stört im ersten Schlummer
Sie noch voll Wut:
»Verschlaf' den Kitzel und den Kummer,
Du Teufelsbrut!«

Ach, aber um die Geisterstunde
Erschallt ins Haus
Ein schrecklich Brüllen: »Kunigunde,
Komm, komm heraus!«
Es naht sich rasselnd — Eulen schwirren
Ums Haus und schrei'n —
Die Türe knarrt, die Riegel klirren,
Es kommt herein.

Im Auge Glut, wild von Gebärden,
Von Ketten schwer,
Bockfüßig, schleppt es auf der Erde
Den Schweif umher.
Die Weiber badeten vor Jammer
Im Schweiße sich,
Als es von weitem in der Kammer
An Wänden schlich.

Drauf kam es an der Mutter Lager,
Sie aber spricht:
»Herr Teufel, nein! Ich bin zu mager,
Mich sucht Er nicht!
Oh, will Er sich nur dorthin drehen,
Dort liegt der Tropf!«
Der Teufel folgt und stößt im Gehen
Am Kammertopf.

Das Mädchen, zitternd wie die Taube,
Liegt tief im Nest;
Der Teufel, hungrig nach dem Raube,
Ergreift sie fest
Und hält – nicht in dem Schwefelrachen –
In Armen sie
Und weiß es so geschickt zu machen,
Daß sie nicht schrie.

Dann huscht' er hurtig wie Gespenster
Weg und verschwand,
Ob durch den Schlot, ob durch das Fenster,
Ist unbekannt.
Doch ließ er nicht, wie Teufel pflegen,
Gestank zum Hohn,
Es duftete ja seinetwegen
Der Nachtopf schon.

Halbtot vor Schrecken reckt Sibylle
Zuerst das Ohr,
Dann tief aus ihres Bettes Hülle
Den Kopf hervor;

Ruft Kunigunden außer Odem;
Leer war der Ort,
Leer Kammer, Stube, Küch' und Boden –
Das Mädchen fort!

Die ganze Stadt füllt das Gerüchte
Am Morgen gleich:
»O denkt an eurer Sünden Früchte,
Bekehret euch!
Bei Frau Sibyllen war der Teufel!«
Und jeder glaubt,
Die gute Mutter, ohne Zweifel,
Sei selbst geraubt.

Bald aber schmolzen ganz in Tränen
Die jungen Herrn.
Selbst Alte weinten, nur die Schönen
Vernahmen's gern.
»Man las es schon in ihren Augen,
Sie war kein Lamm.
Was konnte diese Frucht auch taugen?
Sie glich dem Stamm.«

Verzweiflung quälet Frau Sibyllen:
»Auf einen Schwur
Erfüllt der Teufel gleich den Willen,
Der mir entfuhr,
Und nimmt (so sehr sie widerstrebte)
Mein Kind zum Raub;
Doch da mein lieber Mann noch lebte,
Da war er taub.«

Sie bringt in reuerfüllter Trauer
Neun Monde zu;
Zur Nachtzeit stören kalte Schauer
Sie in der Ruh';
Für alles, was sie sonst beseelte,
Ist sie nun kalt;
Nur, daß sie gern noch Batzen zählte
Und Mägde schalt –

Da kommt ein Herr im roten Kleide,
Verneigt sich tief:
»Madam, ich meld' Euch große Freude:
Hier ist ein Brief.
Ich soll Euch zu Gevatter bitten:
O kommt geschwind!
Zu lang hat Euer Herz gelitten
Um Euer Kind.«

Wie? – Welch ein Rätsel? – Welche Zweifel!
»Nun ja, Madam,
Erschreckt Euch nicht, ich bin der Teufel,
Der sie Euch nahm:
Das Knäbchen, das sie mir geboren,
Hat sicherlich
Nicht Pferdefuß, noch Eselsohren,
Ist glatt, wie ich.«

Die List, das Enkelchen, die Freude,
Dies alles bricht
Sibylles Herz nach solchem Leide,
Sie lacht und spricht:
»Er kam zuerst zu meinem Bette,
Besinnt Er sich?
Oh, daß ich nicht geschrieen hätte!
Ich, Törin, ich!«

Und nun durchlief das Abenteuer
Das ganze Land.
»Bedenkt, Sibylles Ungeheuer
War Hildebrand!
Ja, morgen früh steht sie Gevatter
Beim Teufelchen!«
Einstimmig rufte das Geschnatter:
»Das muß ich seh'n!«

Die Schönen hörten die Geschichte
Mit Tugendwahn
Und bitterm Hohn im Angesichte
Mitleidig an.

Doch manche klagten unverhohlen
Ihr Herzeleid:
»O käm' auch einer, uns zu holen!
Bald wär' es Zeit!«

FRIEDRICH WILHELM GOTTER
(1746–1797)

Blaubart

Blaubart war ein reicher Mann,
Hatte Haus und Hof und Garten,
Schmauste, zechte, spielte Karten,
Lebte wie ein Tartarchan*.

Stark war seines Körpers Bau,
Feurig waren seine Blicke,
Aber ach, ein Mißgeschicke!
Aber ach, sein Bart war blau.

Doch durch seines Goldes Kraft
Trieb er jedes Herz zu Paaren,
Und schon zwanzig Weiber waren
Durch den Tod ihm weggerafft.

Er läßt immerfort zu frei'n,
Sich die Mühe nicht verdrießen,
Setzt, den Antrag zu versüßen,
Stets die Frau zur Erbin ein.

Und zwei Schwestern der Galan*
Wird er jetzo; Schmausereien,
Schauspiel, Ball und Mummereien
Stellt er ihretwegen an.

Bietet ihnen Gold wie Heu. –
Einstens, als sie Kaffee trinket,
Spricht die Jüngste: »Hm, mich dünket,
Daß sein Bart so blau nicht sei.«

Frisch gewagt ist halb getan,
Hurtig muß ihn Trulle freien;

Schauspiel, Ball und Schmausereien
Gehen nun von neuem an.

Drauf führt er sein Weibchen fort;
Ein Kabriolet mit Sechsen
Bringt, als könnte Blaubart hexen,
Sie an den bestimmten Ort.

Gleich der Feenkönigin
Lebt hier Trulle, sonder Sorgen;
Vor dem Spiegel geht der Morgen
Und beim Spiel der Abend hin.

An Tapeten, Kanapeen,
Schilderei'n, Trumeaux* und Vasen
Können Tanten sich und Basen
Stundenlang nicht müde seh'n.

Dann kömmt der Bewund'rung Reih'
An den Schatz von Küch' und Keller;
Ungekostet bleibt kein Teller,
und kein Glas geht voll vorbei.

Ja man packt beim Lebewohl,
Um noch unterwegs zu naschen,
Mit Konfekt und Wein die Taschen
Und die Mantelsäcke voll.

Unter manchem tiefen Knicks
Wird die ält're Schwester Ännchen,
Fromm und sittsam wie ein Nönnchen,
Täglich Zeugin ihres Glücks.

Da sah man kein bös' Gesicht;
Täubchen! hieß es nur und Püppchen!
Dann und wann schlug Trull ein Schnippchen,
Doch er tat, als säh er's nicht.

Es bewegt ihr Ehestand
Hagestolze selbst zum Neide;

Aber Leid folgt oft der Freude,
Großes Glück hat nicht Bestand.

»Ich verreise«, sprach er einst,
»Nimm die Schlüssel, liebe Trulle!
Zimmer, Kisten und Schatulle
Steh'n dir offen, wenn du meinst.

Nimm dir einen Cicisbee*,
Um dich zu desennüyieren*!
Spiel im Schachbrett, geh spazieren,
Schaukle dich und trinke Tee!

Flieh die schwarze Kammer nur,
Sonst ist dir der Tod geschworen!« –
Noch schallt es in ihren Ohren,
So vergißt sie auch den Schwur.

Bricht vor Eile bald das Bein;
Knack, so springen alle Riegel,
Und der schwarzen Kammer Flügel
Öffnen sich; sie wischt hinein.

Oh, der Greuel, die sie sah!
Blut in Strömen! Tote Leiber!
Blaubarts alle zwanzig Weiber
Hingen wie Gewehre da.

Flieh'n will sie, zurückgeschreckt;
Angst entstellt Blick und Gebärde;
Als ein Schlüsselchen zur Erde
Fällt und sich mit Blut befleckt.

Was sie sich für Mühe gab!
Zehnmal wischte sie und rieb es;
blutig war es, blutig blieb es,
Und das Blut ging nimmer ab.

Noch vor Nacht kommt ihr Barbar,
Fragt mit aufgeworf'nem Rüssel:
»Weib, wo hast du meine Schlüssel?« –
Zitternd reicht sie sie ihm dar.

»Sind es alle? – Laß doch seh'n!
Einer fehlet, schaff ihn wieder!« –
Weinend stürzt sie vor ihm nieder
Und bekennet ihr Vergeh'n.

»Gut! So weißt du dein Geschick!
Jene dort sind dein gewärtig.
Mache dich zur Reise fertig!
Dein ist noch ein Augenblick!« –

Schleppt sie drauf mit eig'ner Hand
In des Hofes inn're Mauer,
Wo, in feierlicher Trauer,
Ein verfall'ner Wachtturm stand.

Trulle sträubt sich, zappelt, schreit:
»Aufschub! Aufschub! Ich will sterben;
Doch die Seele vom Verderben
Zu erretten, laß mir Zeit!« –

Ännchen läuft auf ihr Geschrei
Atemlos zum nahen Turme;
Schauet, ob dem armen Wurme
Hilfe noch zu schaffen sei.

Er, der auf und nieder geht
Und den Hut ins Auge drücket,
Spricht, da er den Säbel zücket:
»Bet ein kurzes Stoßgebet!«

Trullen stockt des Blutes Lauf
Beim gezückten, scharfen Säbel;
Schon umringt vom Todesnebel,
Seufzet sie zum Turm hinauf:

»Schwester Ännchen, siehst du nichts?« –
»Stäubchen in der Sonne drehen
Und des Grases Spitzen wehen,
Schwesterchen, sonst seh' ich nichts!«

»Schwester Ännchen, siehst du nichts?«
»Stäubchen fliegen, Gräschen wehen.« –
»Ännchen, läßt sich sonst nichts sehen?« –
»Schwesterchen, sonst seh' ich nichts.« –

Trulle fragt ohn' Unterlaß.
Ännchen ruft: »Sei guter Laune!

Dort, beim Hagebuchenzaune,
Reitet man im starken Paß.

Jetzo sprengt man – langt schon an!«
Trullens beide Herren Brüder
Kamen von der Beize wieder,
Mit dem schönsten Auerhahn.

Blaubart kriegt den Tod zum Lohn,
Wird gekocht in heißer Lauge;
Trulle kömmt mit blauem Auge
Dieses Mal noch so davon.

Weiber bleiben, wie sie sind;
Ihre Neugier auszurotten,
Hilft nicht predigen, nicht spotten;
Weiber bleiben, wie sie sind!

ANDREAS TRAUGOTT GRAHL
(um 1745–nach 1780)

Martin Tenzel

Durchs leid'ge Spiel hat mancher sich
Sein Unglück zugezogen.
Der eine spielt zu sicherlich,
Und husch, ist er betrogen;
Der and're spielt in Tag hinein,
Kommt dann in Beutel Mondenschein,
So geht er hin und henkt sich.

Ja oft fängt einer Händel an
Und bringt sich in die Hitze,
Das ist nun auch nicht gut getan,

Da heißt es: »Fort und sitze!«
So gibt es Fälle tausendfach,
Die laufen all auf Weh und Ach!
Wo nicht auf Mord und Totschlag.

In einem Dorfe wohnt' ein Mann,
Der hieß sich Martin Tenzel,
Mit dem fing keiner etwas an,
Stets hatt' er beide Wenzel;
Die Karten packt' er meisterlich,
Und im Betrügen ließ er sich
Von keinem etwas lehren.

Er saß von früh bis in die Nacht
In seines Dorfes Schenke,
Da hätt' ihn niemand weggebracht,
Kurz er trieb seine Ränke
Und fegte manchen Beutel aus,
Dabei stieß er viel Flüche aus
Und ging in keine Kirche.

Der Pfarrer gab sich alle Müh',
Des Bessern ihn zu lehren;
Allein er war und blieb ein Vieh
Und ließ sich nicht bekehren.
»Martin, die Strafe bleibt nicht aus!«
»Herr Pfarr', scher Er sich in sein Haus!
Was hat Er mir zu sagen?«

Der Krug geht, wie das Sprichwort spricht
(Es trifft sich alle Tage),
So oft zum Wasser, bis er bricht.
Nun hört, was ich jetzt sage;
Geschehen ist es sicherlich
Und wer's nicht glaubt, erkund'ge sich,
Im Allerlei wird's stehen.

Des Sonntags war's um Mitternacht,
Als er mit einem spielte,
Den hatt' er schon so teig gemacht,

Daß er sich leichte fühlte.
Auf einmal pocht' es an der Tür;
»Herein!« Da trat ein Mann herfür
Mit einem Roquelaure*.

Man glaubt', er käme von der Reis',
Martin ließ sich nicht irren;
Allein dem andern ward ganz heiß,
Es fing was an zu girren:
Ha, dacht' er, richtig ist es nicht,
Drum hielt er es für seine Pflicht,
Beizeiten sich zu drollen.

Hierauf bot sich der Fremde an,
Mit Martin eins zu wagen,
Das ließ er, wie man denken kann,
Sich nicht erst zweimal sagen.
Der Fremde zog den Beutel vor,
Und keine Stunde war's, verlor
Er mehr als zwanzig Taler.

Von ohngefähr so fiel ein Stich
Aus Martins Hand herunter,
Er war nicht faul und bückte sich;
Der Blitz! Da sah er Wunder!
Der Fremde hatt' ein Pferdebein.
»Ah!« fing er gräßlich an zu schrei'n
Und stürzte von dem Stuhle.

Die Magd, die noch beim Ofen saß
Und voller Schlaf stets nickte,
Erschrak, daß sie den Schlaf vergaß,
Bei diesem Schrei und blickte
Zu Martin hin. »Daß Gott erbarm!«
Da ward ihr kalt, bald wieder warm,
Den Hals hatt' er gebrochen.

Der Fremde war weg, wie ein Licht.
Sie schrie das Haus zusammen,
Daß all' – unmöglich war es nicht –

In bloßem Hemde kamen.
Da sah'n sie das Spektakel an,
Und als sie auf den Tisch hinsah'n,
Lag Taubenkot statt Geld da.

Und in dem Hause war ein Stank,
Der dauerte viel Wochen;
Ja, ein'ge wurden davon krank,
Bis daß er sich verrochen.
Man zeigt noch bis den heut'gen Tag
Den Fleck, wo Martin Tenzel lag,
Als er den Hals gebrochen.

FRITZ GRASSHOFF
(*1913)

Moritat
vom eiskalten Gasanstaltsdirektor

Es war einmal ein Gasanstaltsdirektor,
der sprach zu seinem Gasanstaltsinspektor:
Es ist so lausig kalt
in unsrer Gasanstalt,
steck den Behälter an,
daß ich mich wärmen kann.

Gesagt, getan. Der Mann war ein Getreuer,
drum machte er befehlsgemäß gleich Feuer.
Das Feuer brannte schön
und war sehr weit zu sehn,
und wo es einst gebrannt,
da ist ein Loch im Land.

Im Himmel sprach der Gasanstaltsdirektor
alsbald zu seinem Gasanstaltsinspektor:
Es war nur halb so kalt
in unsrer Gasanstalt.
Ich wollt, ich wär noch da,
halleluja.

Kleine Banditen-Ballade

Tief in Urwald Brasiliano,
auf Plantage von Banano,
wohnen Signor Don Juano
mit sein Schatz.
Signor spielen Pianino,
Donna liegen, trinken Vino
auf Matratz.
O, prosito, sito, sito,
il finito, nito, nito,
erster Satz.

Plötzlich krauchen aus Jasmino
mit sein altes Carabino
böser Räuber Petrolino,
leis wie Katz.
Schreien: Her mit die Peseto!
Schießen Löcher in Tapeto,
batz, batz, batz.
O, prosito, sito, sito,
il finito, nito, nito,
zweiter Satz.

Signor schmeißen mit Pantino,
treffen Kerze Stearino,
alles duster wie in Kino
und Rabatz.
Aber Donna mit Caracho
knallen Räuber tacho, tacho
was vorn Latz.
O, prosito, sito, sito,
il finito, nito, nito,
dritter Satz.

Mausetot sein Petrolino,
nix mehr trinken wieder Vino,
auch nix rauchen mehr Flor fino,
nix mehr Schatz!
Donna schleppen aus Baracko
bösen Räuber Huckepacko
weg von Platz.
O, prosito, sito, sito,
il finito, nito, nito,
vierter Satz.

Tief in Urwald Brasiliano
spielen Signor Don Juano,
Donna singen zu Piano
schön wie Katz.
Alten bösen Banditillio
längst gefressen Krokodillio
mit sein Schatz.
O, prosito, sito, sito,
il finito, nito, nito,
letzter Satz.

GUSTAV HANSEN
(?–?)

Die Überschwemmung in Leipzig

In der großen Seestadt Leipzig
War einst eine Wassersnot,
Häuser starben an die Dri–a–eißig,
Tiere blieben mehr noch tot.

Mütter ringen mit den Händen,
Kinder krabbeln an den Wänden,
Und ein Kind liegt in der Wi–a–iege,
Auf der Nase eine Fliege!

Balken stürzen krachend nieder,
Böse Menschen haben keine Lieder –
Auf dem Dache sitzt ein Gri–a–eis,
Der sich nicht zu helfen weiß!

Ach, wie sind die Fluten kuhle,
Und wie duster ist das Gra– –ab,
Mich bewältigt mein Gefu–a–uhle
Drum brech' ich mein Liedul–ab! – –

CARL HERLOSSSOHN
(1804–1849)

Der Mörder von Durlach

Hieraus wirst du ersehen,
O wohlgebor'ner Christ,
Wie unter jedem Umstand
Die Habsucht schrecklich ist.

In Durlach jung geboren,
Im schönen Badenland,
Die Fleischerzunft erkoren
Als künft'ges Werk der Hand.

Doch war er heimatmüde,
Strebt nach Amerika,
Ein Sturmwind aber treibt ihn
Ins heiße Afrika.

Das Schiff wird schnell geentert,
Er hält sich zwar recht brav,
Doch die Piratenhunde
Verkaufen ihn als Sklav'. –

So kam er nach Marokko
Und schöpfte neuen Mut,
Heiß weht dort der Schirokko*,
Doch er befand sich gut.

Sein Herr ward ihm gewogen,
Ein Fleischer jener Zeit,
Der eine Tochter hatte,
Schön und voll Lieblichkeit.

Ward ihr zulieb' ein Türke,
Hielt ihn wie seinen Sohn,
Als Fleischer, daß er wirke
Bei ihm in Kondition.

Als der Alte war gestorben,
Setzt' er ihn zum Erben ein:
»Gelobt sei Jesus Christus,
Hier hast mein Töchterlein;

Hier hast du meine Schätze,
Mehr als eine Million,
Heirat die Tochter Zara,
Das sei dir Gottes Lohn!« –

Der Türke hatte aber
Sein Geld erworben flott,
Daß Schöpsenfleisch er köstlich
In frischem Öle sott.

Das aßen nun die Kunden
Und wurden gar nicht satt,
Was auch das groß Vermögen
Ihm eingebringen hatt'. –

Der deutsche Mann aus Durlach,
Der aber dachte fein,
Um solches Fleisch zu sieden,
Muß nicht von Schöpsen sein.

Unmoralische Frauenzimmer
Lockt er abends zu sich her,
Tötet sie in seinem Zimmer,
Und dann lebten sie nicht mehr.

Er schnitt ihr Fleisch in Stücke
Und kocht's in Baumöls Glut,
Die Marokkaner sagten:
»Masch Allah, das ist gut!« –

Sie aßen's appetitlich,
Der Mann, der wurde reich;
Nur Zara, seiner Frauen,
Fiel es doch auf sogleich.

Sie legte sich aufs Lauschen,
Und einmal in der Nacht
Sah sie, wie er schon wieder
ein Weibsbild umgebracht.

Sie lief sogleich zum Pascha,
Nennt ihm die Greueltat;
Der Pascha war erschrocken
Über solch ein Attentat.

»Das ist ja niederträchtig!«
Entsetzt der Herrscher schreit,
»Auf diese Art traktiert uns
Die löbliche Christenheit!«

Er sprach sogleich sein Urteil,
Und Neger kamen heran –
»Zerschneidet mir in Stücke
Hier diesen falschen Mann!« –

Sie schneiden ihm vom Leibe
So Stück für Stück das Fleisch,
Der arme Sünder erhebet
Ein schreckliches Gekreisch.

Umsonst! – 's wird fortgefahren,
Gesotten in heißem Öl
Das Fleisch von seinem Leibe, –
Gott erbarm' sich seiner Seel'.

So hat er müssen sehen,
Wie man ihn behandelt hat,
Die Hunde damit gefüttert,
Die wurden davon satt.

Die Frau hüllt' sich in Trauer,
Obgleich sie ihn geliebt,
In einer Klostermauer
Starb sie vor Gram betrübt.

Hieraus kannst du ersehen,
O wohlgebor'ner Christ,
Wie unter jedem Umstand
Die Habsucht schrecklich ist!

LUDWIG CHRISTOPH HEINRICH HÖLTY
(1748–1776)

Abenteuer von einem Ritter, der sich in ein Mädchen verliebt, und wie sich der Ritter umbrachte

Ein Mann mit einem Ordensband,
Der Ritter Hardiknut,
Verließ die Stadt und kam aufs Land,
Wie oft der Städter tut.
Von Geigern und Kastraten* fern,
Und vom Redutentanz,
Vertauscht' er seinen Ordensstern
Mit einem Schäferkranz.

Der Schoß der Au, der Wiesenklee
Verlieh ihm süßre Rast,
Als Himmelbett und Kanapee
Im fürstlichen Palast.
Er irrte täglich durch den Hain,
Mit einer Brust voll Ruh',
Und sah, im Blumenmond, dem Reih'n
Der Schäferinnen zu.

Stracks war sein Herz, als er im Mai
Hier Röschen sah, dahin,
Er liebte bis zur Raserei
Die holde Schäferin.
Sie wurden drauf gar bald vertraut.
Was Wunder doch! Er war
Ein Mann von Welt und wohlgebaut,
Und Röschen achtzehn Jahr.

Sie gab, durch manchen Tränenguß
Erweichet, ihm Gehör.

Zuerst bekam er einen Kuß,
Zuletzt noch etwas mehr.
Itzt wurde, nach des Höflings Brauch,
Sein Busen plötzlich lau.
Er saß nicht mehr, am Schlehenstrauch,
Mit Röschen auf der Au.

Des Dorfes und des Mädchens satt,
Warf er sich auf sein Roß,
Flog aus dem Dorf, kam in die Stadt
Und wieder in sein Schloß.
Hier taumelt' er von Ball zu Ball,
Vergaß der Rasenbank,
Wo, beim Getön der Nachtigall,
Sein Mädchen ihn umschlang.

Sein Röschen, das auf Wiesengrün
Mit ihren Schafen saß,
Sah Mann und Roß vorüberflieh'n,
Indes sie Blumen las.
Mein Hardiknut, mein Hardiknut!
Er sah und hörte nicht!
Und drückte sich den Reisehut
Noch tiefer ins Gesicht.

Ach Jesus! ruft sie, Jesus, ach!
Vom Schrecken übermannt,
Starrt sie dem falschen Buben nach,
Bis Mann und Roß verschwand.
Und schluchzt und wirft sich in das Gras,
Verflucht, ihr Falschen, euch,
Weint ihren schönen Busen naß,
Weint ihre Wangen bleich.

Kein Tanz, kein Spiel behagt ihr mehr,
Kein Abendrot, kein West,
Das Dörfchen dünkt ihr freudenleer,
Die Flur ein Vipernnest.
Ein melancholisch' Heimchen zirpt
Vor ihrer Kammertür

Und weissagt ihren Tod. – Sie stirbt,
Beklaget sie mit mir!

Die dumpfe Totenglocke schallt
Drauf in das Dorf. Man bringt
Den Sarg daher. Der Küster wallt
Der Bahre vor und singt.
Der Pfarrer hält ihr den Sermon
Und wünscht dem Schatten Ruh',
Der diesem Jammertal entfloh'n,
Und klagt und weint dazu.

Man pflanzt ein Kreuz, mit Flittergold
Bekränzet, auf ihr Grab,
Und manche Herzensträne rollt
Von jeder Wang' herab.
Es wurde Nacht. Ein düstrer Flor
Bedeckte Tal und Höh'n,
Auch kam der liebe Mond hervor
Und leuchtete so schön.

Vernehmt nun, wie's dem Ritter ging!
Er lag auf Eiderflaum*,
Um welchen roter Atlas hing,
Und hatte manchen Traum.
Er zittert auf. Mit blauem Licht
Wird sein Gemach erfüllt,
Ein Mädchen tritt ihm vors Gesicht,
Ins Leichentuch verhüllt.

Ach, Röschen ist's, das arme Kind,
Das Hardiknut berückt!
Die Rosen ihrer Wangen sind
Vom Tode weggepflückt.
Sie legt die eine kalte Hand
Dem Ritter auf das Kinn,
Und hält ihr weißes Grabgewand
Ihm mit der andern hin.

Blickt drauf den ehrvergeß'nen Mann,
Den Schauer überschleicht,
Dreimal mit hohlen Augen an,
Und wimmert und entweicht.
Sie kam drauf, jede Mitternacht,
Sobald es zwölfe schlug,
Vermummt in die Gespenstertracht,
Ins weiße Leichentuch.

Der Ritter fiel in kurzer Zeit
Drob in Melancholei
Und ward, verzehrt von Traurigkeit,
Des Todes Konterfei*.
Mit einem Dolch bewaffnet, floh
Er aus der Stadt und lief
Zum Gottesacker hin, allwo
Das arme Röschen schlief.

Wankt' an die frische Gruft, den Stahl
Dem Herzen zugekehrt,
Und sank. Sein Antlitz wurde fahl,
Und blutig ward das Schwert.
Es ging ihm mitten durch das Herz,
Entsetzlich anzuschau'n,
Die Augen starrten himmelwärts
Und blickten Furcht und Grau'n.

Sein Grab ragt an der Kirchhofmau'r,
Der Landmann, der es sieht,
Wenn's Abend wird, fühlt kalten Schau'r
Und schlägt ein Kreuz und flieht.
Auch pflegt er, bis die Hahnen kräh'n,
Den Mordstahl in der Brust,
Mit glühenden Augen umzugeh'n,
Wie männiglich bewußt.

HANS HYAN
(?–?)

Die letzte Nacht

Verdammt, nu sitz' ick in det Loch
schon fast'n Jahr un janz in Eisen.
Un een Jestendnis hat ma noch
bis jetz keen Richta konnt' entreißen.
't wa doch mitten in de Nacht!...
Wer weeß et denn, det ick die Olle
Mit meenem Schneitling dotjemacht,
daß mir det Blut spritzt an de Tolle?

Un trotzdem wa die Sache jlatt.
Et hieß, ick hätte ihr jeschlachtet –
Der Pebel, der dabei saß, hat
det Dodesurteil ooch awachtet...
Mir jab et doch 'n mechjen Stoß,
ick daht man so, als mißt ick lachen...
Na, un heit morjen jeht es los –
Bejnadijung? – Is nich zu machen!

Janz scheen wa jestan det Suppeh!
Zuerscht bestellt' ick »falschen Hasen«,
denn Bier un ooch Zigarren – zwee –
Ick kann so scheene Ringe blasen...
Zwee Uffsichtsräte wa'en bei,
den eenen, 'n jewissen Werder,
den uzt ick noch, wie ick ma frei'
uff morjen – da jibbt's »kalten Merder«!

Un nachher wollt' ick schlafen jehn,
ick lechte mir uff de Madratze,
da hab' ick alderhand jesehn:
Die Olle... och!... jeblutet hat se
wie'n Schwein... dann fiel se uff mir druff,

ick schrei' und lieje an de Erde,
selbst der Beamte schreckte uff.
Ob ick woll noch ma' schlafen werde?
Mein Jott, et is doch schwer, so jung,

wie ick bin, schon an't Messa missen!
Ick mechte vor de Hinrichtung
blos nochma' meine Mieze kissen!!
Ob die woll jetz ooch an mir denkt?
Se hette doch ma' kennen kommen...
Det Armband, wat ick se jeschenkt,
det ham's ihr wieda wechjenommen.

Wie kleen der Jas uff eenma' brennt!
Da Morjen kraucht schon durch det Jitta...
Na, Maxe, nu man nich jeflennt!
Jetz' heeßt et: Mut!... un keen Jezitta!
Se kommen!... Was? Is denn schon Zeit?...
Na ja, det is vor die son Futta!...
»—Wat?... ick?... jawoll, ick bin bereit...
...Herr Paster!... meine Mutta... Mutta!...

ERICH KÄSTNER
(1899–1974)

Die Ballade vom Herrn Steinherz

Herr Steinherz aus Kecskemet* stand dicht vorm Bankrott
und war entschlossen, rasch und freiwillig zu sterben,
um seiner Frau, durch ein klug erdachtes Komplott,
300 000 Pengö* in bar zu vererben.
Wie er das machte, wurde zwar später entdeckt.
Aber daß er es fertigbrachte, verdient sozusagen Respekt.

Zunächst erwarb er sich fünf Versichrungspolicen.
Dann suchte er Einen, mit dem sich reden ließ,
daß der ihm hülfe, den Lebenslauf abzuschließen.
So fand er den Tapezierer, der Fischl hieß.
Herr Steinherz sagte, daß er dem, der ihn töte,
5000 Dollars (hinterher zahlbar) anböte.

Fischl meinte, ein Mord sei 'ne schwierige Sache.
Doch Steinherz besorgte ihm anatomische Bücher,
damit er, anhand der Bilder, Studien mache.
Und einen Hammer brachte er mit. Und auch Tücher.
Denn möglicherweise, sprach Steinherz, würde er schrein,
dann könnten die Tücher, als Knebel, recht nützlich sein.

Sie fuhren dann miteinander nach Budapest.
Sie aßen zusammen und gingen zusammen aus.
Herr Steinherz kaufte noch rasch für den letzten Rest
seines Gelds einen Mantel für Fischl im Warenhaus.
Heimwärts gab Steinherz dem andern das Honorar
in Form einer Zahlungsanweisung an einen Notar.

Der Fischl hob im Abteil den Hammer und schlug.
Die Tücher brauchte er nicht, denn Herr Steinherz blieb stumm.
Nach dem neunten Schlag hatte er scheinbar genug
und sank mit völlig zerhämmertem Schädel um.

Ein Schaffner sah den sterbenden Menschen liegen.
Der Mörder war mittlerweile ausgestiegen.

Der Sterbende log. Er log bis zum letzten Moment,
damit man den fliehenden Mörder nicht etwa fände.
Herr Steinherz starb und war bis zuletzt konsequent:
Er log, und das war ein Fehler, noch nach seinem Ende!
Die Dollars, die Fischl verlangte, gab's überhaupt nicht.
Er konnte nicht fliehn. Er stellte sich dem Gericht.

Der eine Mann liegt nun in Ketten, der andre im Sarg.
Und die Versichrungen möchten gern wissen,
ob sie die 300000 Pengö (das sind 200000 Mark)
der Frau des toten Herrn Steinherz auszahlen müssen.
Mord auf Bestellung ist Schwindel und doch wieder echt!
Sie werden schon zahlen. Herr Steinherz ist tot und hat recht.

Anmerkung:
Diese Episode aus dem Privatleben der Wirtschaftskrise beruht auf Tatsachen.

Kurt Schmidt, statt einer Ballade

Der Mann, von dem im weiteren Verlauf
die Rede ist, hieß Schmidt (Kurt Schm., komplett).
Er stand, nur sonntags nicht, früh 6 Uhr auf
und ging allabendlich Punkt 8 zu Bett.

10 Stunden lag er stumm und ohne Blick.
4 Stunden brauchte er für Fahrt und Essen.
9 Stunden stand er in der Glasfabrik.
1 Stündchen blieb für höhere Interessen.

Nur sonn- und feiertags schlief er sich satt.
Danach rasierte er sich, bis es brannte.
Dann tanzte er. In Sälen vor der Stadt.
Und fremde Fräuleins wurden rasch Bekannte.

Am Montag fing die nächste Strophe an.
Und war doch immerzu dasselbe Lied!
Ein Jahr starb ab. Ein andres Jahr begann.
Und was auch kam, nie kam ein Unterschied.

Um diese Zeit war Schmidt noch gut verpackt.
Er träumte nachts manchmal von fernen Ländern.
Um diese Zeit hielt Schmidt noch halbwegs Takt.
Und dachte: Morgen kann sich alles ändern.

Da schnitt er sich den Daumen von der Hand.
Ein Fräulein Brandt gebar ihm einen Sohn.
Das Kind ging ein. Trotz Pflege auf dem Land.
(Schmidt hatte 40 Mark als Wochenlohn.)

Die Zeit marschierte wie ein Grenadier.
Im gleichen Schritt und Tritt. Und Schmidt lief mit.
Die Zeit verging. Und Schmidt verging mit ihr.
Er merkte eines Tages, daß er litt.

Er merkte, daß er nicht alleine stand.
Und daß er doch allein stand, bei Gefahren.
Und auf dem Globus, sah er, lag kein Land,
in dem die Schmidts nicht in der Mehrzahl waren.

So war's. Er hatte sich bis jetzt geirrt.
So war's, und es stand fest, daß es so blieb.
Und er begriff, daß es nie anders wird.
Und was er hoffte, rann ihm durch ein Sieb.

Der Mensch war auch bloß eine Art Gemüse,
das sich und dadurch andere ernährt.
Die Seele saß nicht in der Zirbeldrüse*.
Falls sie vorhanden war, war sie nichts wert.

9 Stunden stand Schmidt schwitzend im Betrieb.
4 Stunden fuhr und aß er, müd und dumm.
10 Stunden lag er, ohne Blick und stumm.
Und in dem Stündchen, das ihm übrigblieb,
bracht er sich um.

Ballade vom Defraudanten*

Es folgt das Lied von einem Defraudanten.
Er war ein guter Mensch. Denn das kommt vor.
Ich hörte es von Leuten, die ihn kannten.
Sperrt eure Ohren auf! Er hieß Franz Moor.

Es hat bekanntlich alles seine Grenzen.
Franz Moor war mittelblond und ohne Arg,
dazu Kassierer, zog die Konsequenzen
und flüchtete mit 100000 Mark.

Bis Brüssel blieb er im Klosett des Zugs.
Dann war er des Französischen nicht mächtig.
Sie war von schlechtem Ruf und gutem Wuchs.
Und liebten sich. Er fand sie nur zu schmächtig.

Das gibt sich alles. — Dann war sie verblüht.
Mit ihr das Geld, das ihm gar nicht gehörte.
Er weinte fast. Denn er war ein Gemüt.
Das war etwas, was ihn direkt empörte.

Als ihm ein Steckbrief in die Augen stach,
mit seinem Bild — von damals als Gefreiter —
da blieb er stehn und dachte lange nach.
Dann kam ein Polizist. Und Moor ging weiter.

Er sprang ins Wasser, das bei Brüssel floß.
Jedoch vergeblich. Denn er ging nicht unter.
Er trank Lysol*, das er in Kognak goß.
Er sprang von einem Aussichtsturm herunter.

Er trieb sich öfters Messer in die Schläfen.
Sechs Kugeln schoß er in den offnen Mund.
Und war verwirrt, daß sie ihn gar nicht träfen!
So tat er manches. Doch er blieb gesund.

Ihm war das peinlich. Und er rang die Hände.
Und er erkannte klar: Er stürbe nicht,

nur weil er das Französisch nicht verstände.
Anschließend stellte er sich dem Gericht.

Moral:
Da sitzt er nun und deutet damit an,
daß Bildungsmangel gräßlich schaden kann.
Es ist der Tiefsinn dieses Sinngedichts:
Lernt fremde Sprachen! –
Weiter will es nichts.

PHILIPP KEIM
(1804–1884)

Neues Lied
von einem fürchterlichen Erdbeben,
das von starken Erdstößen begleitet war

Ach Gott, was haben wir erlebt in unsern Häusern hier,
Der Erdball hat sich stark bewegt, mit Element geführt.
Im Regierungsbezirk Wiesbaden und Hessen-Darmstadt mit Bedeut
Ein Erdbeben entstanden war, mit Erdstöß' war's begleit't.
Am Schlusse des Oktobers nur hat es uns fest verbannt.

's war grad auf Allerheiligen, wie Lissabon untergang.
Den Sonntag hat's gefangen an die Städt' und Dörfer hier,
Des Montags kam's mit voller Kraft an auf Allerheil'gen hier.
Des Nachts da kam ein Brauschen her mit einem Erdstoß an,
Ja, alles lag ja in dem Schlaf, es war gewecket nun;
Die Häuser taten zittern nun, es wiegt wie eine Wag',
An manchem Ort ruft man zu Gott: Kommt denn der Jüngste Tag?

In Darmstadt fing's am ersten an, Stadt Frankfurt schwer bedacht,
Bad Soden, in Wiesbaden hier, Erdstöß' mit voller Kraft.
In Großgerau war's am schlimmsten nun, da lagert es sich hin,
Die Schornstein' taten stürzen ein, die Häuser bekamen Spring,
Die Tür'n, die sprange von selber auf, es donnert während zu.
Man zählt ja in Großgerau dort sechshundert Erdstöß' nun.

Den Mittwoch abends um neun Uhr flücht't alles auf die Straß',
Die ganze Menschheit aus Gerau nun, sie schließen einen Kreis,
Die Kranken kamen in die Mitt', die kleinen Kinder auch,
Ja, alles weint und ruft zu Gott: Ach Gott, erbarm' Dich nun!
Sie standen ja die ganze Nacht unterm freien Himmel schon,
Sie kommen ja nicht eher nach Haus, bis morgens um drei Uhr.

Wie weit ging dann der Erdstoß nun, wie weit war seine Macht!
Nach Mannheim und nach Heidelberg, Hanau und Offenbach,

Von Gießen ging's nach Langen zu, alle Ortschaften im Verein,
In Höchst und hier in Hattersheim, Hochheim, Flörsheim am Main,
In Wicker, Hofheim, in Wallau, in Erbenheim sogar,
Schierstein, Bierstadt, in Naurod, da war ja groß Gefahr.

Von da ging es ja an die Lahn, nach Diez, nach Limburg zu,
In Runkel war's so fürchterlich, wollt' alles flüchten nun,
In Westerburg und Holzappel, Kirberg war auch dabei,
In Nassau und in dem Bad Ems, da zitterten alle Gebäud',
Von da ging es ja schnell nach Kaub, schwang Kinder aus dem Bett,
Nach Rüdesheim, nach Geisenheim, Langenwinkel mit besteht.

Aus Prag hat man ja prophezeit, an der Küst' Peru's soll's sein,
Die unterirdischen Mächte lagern sich, bei Frankfurt an dem Main.
Da brach die Revolution ja aus, in unsrer Gegend hier,
Kein Mensch kann sie vertreiben nun, als wie die Gottheit hier.
Darauf da kam die Gotteshand, biet' Waffenstillstand hier,
Der Frieden ist so weit geklärt, nun dankt all' Gott dafür.

Nun seht, daß einen Gott ja gibt, der alles machen kann,
Wie stark die Elemente sind, kein Mensch sie führen kann.
Ja, mancher glaubt, es wär' hier nichts, es wär' alles hier Natur,
Es mag ja sein noch so gering, hat's seinen Herrn hier nun.
Wir wollen all' Gott danken nun, ja für die große Gnad',
Daß man so was nicht mehr erlebt, davor uns Gott bewahrt!

FRIEDERIKE KEMPNER
(1836–1904)

Es schickt sich nicht

Hell der Himmel ist erleuchtet.
Sonnenstrahlen hin und her,
Frischer Tau den Rasen feuchtet,
Silbern glänzt das Jagdgewehr.

Eine Jagd ist's! Blutig jagend
Eilt der Jäger durch den Wald,
Für das Böse alles wagend,
Mordruf weit und breit erschallt!

Bei dem blut'gen Reh daneben
Steht der Schütze blutig rot.
»Räche, Gott, mein schuldlos Leben!«
Fleht das Tier vor seinem Tod.

Trotzig glänzt des Waidmanns Miene
Bei des jungen Rehes Blut,
Und es war, als wenn's ihm schiene,
Heute hätt' er Glück und Gut!

»Oh, daß ich den Bock erwische!«
Und so sprengt er rasend fort
Und bleibt hängen im Gebüsche,
Und das Roß trabt weiter fort,

Schleift den Jäger zu der Heide,
Wo das Tier getroffen liegt,
Still am Boden liegen beide,
Schuldlos Reh hat obgesiegt!

Endlich macht es eine Runde,
Endlich steht das mut'ge Roß,

Und in selbiger Sekunde
Geht des Jägers Büchse los,

Trifft des Jägers stiere Blicke,
Schmerz durchzuckt sein Angesicht:
Jäger, trau nicht deinem Glücke,
Wilde Jagdlust schickt sich nicht!

KLABUND
[Alfred Henschke]
(1890 – 1928)

Die Harfenjule

Emsig dreht sich meine Spule,
Immer zur Musik bereit,
Denn ich bin die Harfenjule
Schon seit meiner Kinderzeit.

Niemand schlägt wie ich die Saiten,
Niemand hat wie ich Gewalt.
Selbst die wilden Tiere schreiten
Sanft wie Lämmer durch den Wald.

Und ich schlage meine Harfe,
Wo und wie es immer sei,
Zum Familienbedarfe,
Kindstauf' oder Rauferei.

Reicht mir einer eine Halbe
Oder einen Groschen nur,
Als des Sommers letzte Schwalbe
Schwebe ich durch die Natur.

Und so dreht sich meine Spule,
Tief vom Innersten bewegt,
Bis die alte Harfenjule
Einst im Himmel Harfe schlägt.

ADOLF KUSSMAUL
(1822–1902)

Fridolin

Gern sing' ich den Biedersinn
Des Barbiers, des Fridolin,
Aber Käthchens falsche Art
Zu erzählen fällt mir hart,
Denn dies Nähtermädchen hat
Aufgebracht die ganze Stadt.

Käthchen hatt' ein schön' Gesicht,
Sittsam aber war sie nicht,
Fridolin hat mit Verstand
Dieses allzu spät erkannt. –
Ach, es macht uns sehr betrübt,
Wenn man solche Mädchen liebt.

Schon in früher Morgenstund'
Machte Fridolin die Rund',
Eilend in der Stadt herum,
Und bedient das Publikum,
Seines Messers flinker Schnitt
Bracht' ihm Ehr' und Appetit.

Doch bei Tage wie bei Nacht
Hat er Käthchens nur gedacht,
Wie ein Bild an einer Wand
Sie vor seinem Geiste stand,
Nachts erblickt' er sie im Traum
Und bei Tag im Seifenschaum.

Einen Hut mit Seidenband
Kauft' er und ein schön' Gewand,
Käthchen ward mit Recht entzückt,
Weil er ihr so vieles schickt,

Und mit einer großen Scham
Nannte sie ihn Bräutigam.

Für die unbefleckte Ehr'
Schien das Mädchen sorgsam sehr,
Abends schloß sie ihre Tür',
Fridolin durft' nicht zu ihr,
Auf daß ihrer Unschuld nicht
Schaden in der Nacht geschicht.

Nur bei hellem Tagesschein
Ließ sie ihn ins Kämmerlein,
Und vergönnt' ihm einen Kuß
Zum beglückenden Genuß;
Kam der Abend dann herbei,
Ging er in die Brauerei.

Spät noch eines Abends saß
Fridolin beim Gerstenglas,
Freute sich mit reinem Sinn
Auf den nächsten Morgen hin
Und gedacht' in einem Jahr
Sie zu führen zum Altar.

Plötzlich sprach zu ihm ein Freund,
Bastian, der's redlich meint:
»Ei pfui tausend, Fridolin,
Duldet dies dein Biedersinn,
Daß ein Reiteroffizier
Schleicht zu Käthchens Kammertür?«

Dieses Wort des Bastian
Faßt ihn sehr mit Schrecken an,
Mit den Beinen greift er aus
Eiligst nach der Liebsten Haus,
Und mit einem starken Stoß
Sprengt er das Pariser Schloß.

Da beim Lampenscheine sah –
Großer Gott, was sah er da?

»Großer Gott, verleih' mir Kraft,
Nein, das ist nicht tugendhaft,
Käthchen, nein und dreimal nein,
Käthchen, du bist nicht allein!«

Fridolin, vom Zorne rot,
Fand die Worte nur mit Not:
»O du ungetreue Braut,
Meinst du, daß mich das erbaut?
Bei dir ist ein fremder Mann,
Gott, wie greift mich dieses an!

Käthchen, Käthchen, meine Pflicht
Duldet solchen Unfug nicht,
Käthchen, noch in dieser Nacht
Ist die Brautschaft ausgemacht,
Käthchen, wenn der Morgen graut,
Hat der Pfarrer uns getraut!«

Als sie dieses Wort vernahm,
Weinte Käthchen sehr vor Scham,
Sprach gerührt der Offizier:
»Solches kam mir niemals für,
Fridolin, du edler Mann,
Sei mein Freund von heute an!«

Wer auf eine Led'ge traut,
Mensch, der hat auf Sand gebaut,
Denn ein Windhauch ohne Spur
Ist des Mädchens Liebesschwur,
Weislich knüpft der bied're Mann
Fest'res Band im Eh'stand an.

PAUL R. LEHNHARD
(1859 – ?)

Fridolin, der erblich Belastete
oder
Bazillen, Mord und Fuseldunst

O Publikum, bleib' staunend steh'n,
Du wirst jetzt nie Geahntes seh'n,
Und hast du gar ein Taschentuch,
So kannst du weinen nie genug!
Wer Hunger hat, der wein' sich satt –
Wohl dem, der noch 'ne Träne hat!

Fridolin war schwer belastet
Erblich mütterlicherseits.
Die Behauptung auch gepaßt hätt'
Von dem Vater, ach, bereits.

Denn der Alte nicht zu zügeln
Seine böse Lust verstand.
Schnapsen, Spielen, Mutter'n prügeln
Nahm bei ihm schon überhand.

Und die Mutter, voller Kummer,
Die zum Mitleid stets gab Stoff,
Trank selbst Fusel, stärkste Nummer,
Und versank so sanft in Soff.

Dieser zarten Eh' entsprossen
War nun Fridolin als Kind,
Statt Erziehung hat genossen
Er nur Mampe* und Absinth*.

Darum ward er auch nicht besser
Als die Eltern, denn – o Graus –

Er trank selbst die Tintenfässer
In der Bürgerschule aus.

Schwarz wurd' dadurch sein Charakter –
Schaudernd hör' es, Publikum –
Seinen guten Lehrer packt' er,
Dreht' ihm das Genick herum.

Als im Handumdreh'n vollendet
Er so seine Studien hat,
Schnell den Rücken drauf er wendet
Seiner Vat- und Mutterstadt.

Harmlos trat er in die Lehre
Bei 'nem Photographen ein,
Doch da trank er, statt Liköre,
Alle Chemikalien rein.

Darauf folgte denn, o Jammer,
Seine zweite dunkle Tat.
In der dunklen Dunkelkammer
Er den Herrn vergiftet hat.

Ruhlos lenkt er seine Schritte
Hin nach einem andern Ort.
Gibt's nicht Schnaps auf seine Bitte
Gleich begeht er einen Mord.

Er vermocht' en gros zu töten,
Männer, Greise, Kinder, Frau'n;
Oft, wo's gar nicht 'mal vonnöten,
Hat er Köpfe abgehau'n!

Stets der Polizei entronnen
War der arge Bösewicht,
Glaubte, an das Licht der Sonnen,
Kämen seine Taten nicht.

Schließlich Dienste er verrichtet
In 'nem großen Klinikum,

Wo Bazillen sorgsam züchtet
Man zu weisem Studium.

Was das Schicksal so bezweckte,
Sollte bald erkenntlich sein!
Er, den nie Kultur beleckte,
Leckte Reinkulturen 'rein.

Was er so für Schnaps gehalten
Und genoß zum Zeitvertreib,
Sollt' sich fürchterlich entfalten
In des Mordgesellen Leib.

Seine Not war nicht zu stillen,
Das Geschick nahm seinen Lauf,
Und es fraßen die Bazillen
Ihn mit Haut und Haaren auf.

Übrig ist von ihm geblieben
Nur aus wilder Eh' ein Kind,
Das sich wüst herumgetrieben,
Nie im Leben Ruhe find't.

Trieb zum Trinken hat befestigt
Auch in diesem Kinde sich,
Erblich ist es schwer belästigt,
Und das Kind – ach – das bin ich!

DETLEV VON LILIENCRON
(1844–1909)

Der Hunger und die Liebe
(Gänsehautballade im Bänkelsängerton)

Tunkomar und Teutelinde,
Welch ein zärtlich junges Paar.
Er gemächlich, sie geschwinde;
Furie sie, er Dromedar.
Er phlegmatisch und platonisch:
»Süßes Lindchen, Mündchen her.«
Sie, dämonisch, denkt lakonisch:
»Er ermannt sich nimmermehr.«

Sonntags: Ausflug. Treubeflissen
Jedes Mal ein leck'res Fest.
Er häuft ihr die besten Bissen,
Sich bescheidend mit dem Rest.
Dann nach Hause. Vor der Klause
Küßt er ihr galant die Hand.
Sitzt die arme, kleine Mause
Stets allein vor ihrer Wand.

Hindernisse aller Sorten
Türmen sich der schönen Braut,
Hier die Eltern, Geldschwund dorten,
Und der Bräutigam steht benaut.
Mais la femme*: Teutelinden
Wird es glücken klipp und klar,
Sich mit Tunkomarn zu binden,
Wo's auch sei, am Traualtar.

Sie beschließen zu entfliehen,
Nicht zu warten, nein, sogleich!
Und Poseidon* sieht sie ziehen
Durch sein großes Wasserreich.

Ihrer Sehnsucht höchste Höhe
Heißt das Land Amerika.
Schicksalswanzen, Fehlschlagsflöhe
Weichen dort, Halleluja!

Glatter als des Spiegels Glätte
Breitet sich der Ozean.
Plötzlich fuchtelt durch die Stätte
Ein entsetzlicher Orkan.
Wale wimmern, Aale toben;
Wogenberg und Wogental.
Mast nach unten, Kiel nach oben;
Munter hält der Hai sein Mahl.

Tunkomar und Teutelinde,
Ach, erklettern mühsam nur
Eines Eilands Felsenrinde,
Triefend von der nassen Spur.
Unter einer Sykomoren*
Ruhen sie die erste Nacht.
Und sie sehen sich verloren,
Als sie morgens aufgewacht.

Nur Korallen, nur Gerölle;
Selbst der alte Feigenbaum
Zeitigt auf der Inselhölle
Keine Frucht im Blätterraum.
Kaffee wünscht sich Teutelinde,
Und ein Brötchen Tunkomar.
Nirgends wächst ein Obstgebinde,
Gräßlich auf dem Steinaltar.

Strandschildkröten, Vögel, Eier,
Nichts von allem kommt hier vor,
Und der Hunger zieht als Freier
Frech ins kahle Siegestor.
Wer wird wohl den Ausgang finden?
Wo macht Stop des Schicksals Lauf?
Tunkomar küßt Teutelinden,
Aber diese pfeift darauf.

Eilends wird der Hunger stärker,
Immer stärker, ganz enorm;
Endlich wird er Feuerwerker
Und zersprengt die Anstandsform.
Tunkomar springt aus der Tute,
Wird Berserker! Goliath!
Teutelindchen schwimmt im Blute,
Tunkomarchen frißt sich satt.

Das alte Steinkreuz am Neuen Markt

Berlin-Cölln war die Stadt genannt
Und tat viel Lärm verbreiten,
Da lebte mal ein Musikant,
In sagenhaften Zeiten.
Der rührte so sein Saitenspiel,
Daß alles auf die Knie fiel
Vor lauter Seligkeiten.

Doch leider hat der Musikant
Zu viel Bourgogne* genossen;
Das schuf ihm manchen Höllenbrand,
Warf ihn in manche Gossen.
Ein greulich Laster trat hinzu:
Er lästert Gott und Himmelsruh'
Mit seinen Teufelsglossen.

Einst, als die Welt ihm schwankend schien,
Er war halt stark im Trane,
Stieg er den Turm von Sankt Marien
Hinauf im Söffelwahne.
Und auf der Plattform oben, quiek,
Geigt er die weltlichste Musik
Dem guten Kirchenhahne.

Ach, das war wahrlich kein Choral,
Das waren Tanz und Weisen

Und üppige Lieder, die dem Baal*
Gefallen und ihn preisen.
Und schaudernd hört der Kikeriki
Die grauenhafte Blasphemie*
Und möchte stracks verreisen.

Die Bürger unten bleiben steh'n
Und trau'n kaum ihren Ohren,
Begreifen nicht, wie konnt's gescheh'n,
Und murren und rumoren.
Und jeder sieht schon, daß er fällt,
Sich Schädel und Genick zerschellt,
Und hält ihn für verloren.

Gottvater hat es auch gehört
Und denkt: Mein Musikante,
Du bist zwar sehr vom Wein betört
Und torkelst an der Kante,
Du bist ein liederliches Vieh,
Doch bist und bleibst du ein Genie,
Das ist das Amüsante.

Drum gönn' ich eine Lehre dir,
Du wirst sie, hoff' ich, nutzen!
Das zweitemal, mein Herr Pläsier,
Darfst du nicht wieder trutzen!
Nun paß mal auf: Jetzt sag' ich eins
Und zwei und drei, und nochmals eins,
Dann wird der Sand dich putzen.

Und Purzel-Purzel-Purzelbaum,
Kopf, Arm, Bein ohne Pause,
Wie Ikaros*, durch Wind und Raum,
Geht's abwärts im Gesause.
Und schwapp, da liegt der Fiedelhans,
Ist nüchtern wie 'ne Stoppelgans,
Steht auf und – geht nach Hause.

Das Volk schreit: Ein Miraculum*!
Und tut den Platz anstieren,

Und dreht sich rechts und links herum
Und kann es nicht kapieren.
Und stiftet, während Domgeläuts,
Da wo er fiel, ein steinern Kreuz,
Den Teufel zu vexieren*.

Der Musikant hat niemals nie
Den Weinkrug mehr gehoben,
Probierte täglich sein Genie,
Um Gott den Herrn zu loben.
Ob er zuweilen doch einmal,
Wer kann das wissen, den Pokal
Ansetzte? Nur zum Proben?

HERMANN LÖNS
(1866 – 1914)

Zigeunertod

Sie führten ihn hinaus zum Tor
Beim ersten Sonnenstrahle;
»Nun sieh dich um, du junges Blut,
Zum allerletzten Male!

Mit deinen beiden Augen schau
So weit du nur kannst schauen,
Den blauen Fluß, den grünen Wald,
Die blumenbunten Auen.

Und wenn du eine Bitte hast,
Sprich aus sie ohne Zagen,
Den letzten, allerletzten Wunsch
Darf dir kein Mensch versagen.«

Er schlug die Augen langsam auf
Und sah nach allen vier Winden:
»Was lebt und blüht von Süd nach Nord
Muß welken und verschwinden.«

Er sah hinauf zum Sonnenlicht
Und sah hinab zur Erde:
»Und was auch lebt, es ist nur wert,
Daß wieder Staub es werde.

Und wenn ich einmal hängen soll,
So schenk' ich euch die Gnaden,
Werft meinen Leib den Hunden hin,
Den Käfern und den Maden.

Wein, Weib und Pfeife Kinderei!
Ich hab' damit geschlossen;

Ihr Knechte, ich hab' von alledem mehr
Als ihr zusammen genossen.

Und wenn ich heute sterben soll,
Gilt alles mir geringe.«
Er spuckte nach dem Galgen hin
Und bot sein Haupt der Schlinge.

JOHANN FRIEDRICH LÖWEN
(1727–1771)

Junker Hans aus Schwaben

Ein Junker aus dem Schwabenland
Kauft mit des Vaters Willen
Ein Fähnlein; im Soldatenstand
Der Ehre Durst zu stillen.

Die Post erscholl: Der Krieg ist nah.
Hans, den sein Geld belebte,
Zog hin; es schrie die Frau Mama,
Das Fräulein Schwester bebte.

Bei seines Kreises Kontingent*
Stieg er zum Leutnant plötzlich
Und prügelte, beim Element!
Den Musketier entsetzlich.

Nach Sachsen ging der Schneckenzug,
Die Feinde dort zu schauen.
Doch ihm und manchem Schwaben schlug
Das Herz vor Furcht und Grauen.

Bekannter ist die große Schlacht,
Als daß man sie beschreibe.

Hans rief: »Halt! Richtet euch! Gebt acht!
Und habet Herz im Leibe!«

Klein war dies Herz! Sie wurden taub
Bei Müllers Höllenschlünden;
Sie zitterten wie Espenlaub
Und floh'n nach Roßbachs Gründen.

Da kam ein tapf'rer Totenkopf
Dem Schwaben auf die Hacken;
Er spaltete des Junkers Zopf
Und schlitzt' ihm beide Backen.

Und überflügelt war ihr Heer,
Geschlagen, sonder Zweifel!
Und zittend warfen sie Gewehr
und Schnappsack zu dem Teufel.

Die Helden liefen; blutend lief
Ihr Leutnant in der Mitten.
Der Zopf war fort, das Maul hing schief,
Der Backe war zerschnitten.

Er kam, Gott und den Preußen Dank!
Noch mit geraden Beinen,
Als die Mama gleich Koffee trank,
Zu den geliebten Seinen.

»Ach Hänschen!« rief ihr blasser Mund;
»Ach!« war der Schwester Schreien.
Es heulten Wind- und Hühnerhund,
Und Jäger und Lakaien.

Der Vater schrie: »Schon wieder da!
Wie, Junge! So zerfetzet?
Doch soviel, wie bei Pultawa*,
Hat es dort nicht gesetzet.«

»Ach, was wird Fräulein Rosamund
Zu der Geschichte sagen!

Wird deine Tante wohl itzund
Sie dir zu geben wagen?«

So klagt die gnädige Mama,
Nehmt, Mütter! dies zu Herzen,
Das Glück der teuren Söhne ja
Nicht selber zu verscherzen.

Nicht für den Staat, auch nicht fürs Feld
Muß euer Söhnchen lernen,
Wißt: euer Dorf ist ihm die Welt,
Sollt' er sich draus entfernen?

Was soll sich Fritzchen mit Latein
Den schwachen Kopf zerbrechen;
Lernt er zur Not nur etwas fein
Französisch radebrechen.

Schläft nur das Junkerchen gesund;
Wenn er, wie sich's gebühret,
Die Bau'ren und den Hühnerhund
Nur meisterlich dressieret.

Ein Held zu sein, erfordert Mut
Und kostet oft das Leben:
Doch dürstet eurem Sohn nach Blut,
Ihr könnt ihm Nahrung geben.

Er hetze manches wilde Schwein,
Mag Rehen Netze stellen,
Hol' im Galopp den Hasen ein
Und lerne Füchse prellen.

Doch, soll er ja auf kurze Frist
Vom Hause sich entfernen,
So schickt ihn an den Hof und wißt,
Dort kann er Mores* lernen.

Hofdamen zeigen ihm die Spur
Galant' und feiner Sitten;

Denn hier wird von der Landfigur
Kein Überrest gelitten.

Drum, gnädige Mütter, denket ja
Weit adliger und größer:
Sonst geht's, wie Hansens Frau Mama,
Euch allen auch nicht besser.

Der Marionettenspieler

Ein Afterheld der deutschen Bühne,
Sein Name tut nichts zum Verstand,
War mit den Musen sehr bekannt,
So sehr als Scavrons Roquebrüne.

Er war, Parterr' und Loge fühlte,
Das Schwein in dem verlor'nen Sohn.
Wißt auch, daß er als Knabe schon
Oft des Tobias Hündchen spielte.

Er war Marquis in Kapriolen,
Hat brav wie Harlekin geschmaust;
Konnt' auch, als Teufel in dem Faust',
Den Doktor teufelmäßig holen.

Doch, kennt ein großer Geist auch Grenzen?
Wie mancher ist Original
Und will aus Ehrfurcht auf einmal
In einer fremden Sphäre glänzen.

Er denn, selbst ewig Marionette,
Ward Marionettenprinzipal,
sah Jahrmärkt', Mess' und Karneval,
Viel Dörfer, groß und kleine Städte.

Ein Bierfaß diente seiner Bühne
Zur Stütze; mannichmal zum Thron,
Auf dem der König Agamon*
Mit steifem Knie am Draht erschiene.

Oft ließ er manchem im Vertrauen,
Wie schrecklich der Trojansche Brand*
Durch Kolophonien entstand
Und den Trojanischen Esel* schauen.

In ** war sein Fall beschlossen.
Den Musen ist seit langer Zeit

Ein ew'ger Tempel hier geweiht,
Den Bacchus* ja mit eingeschlossen.

Er nahm von seinem Schiebekarren
Aus einem Kasten voller Schmutz
Den Kaiser mit dem Skaramuz*
Und die Prinzessin mit dem Narren.

Drei Tage mußt' er sich versäumen;
Denn wißt: es hatte kein Akteur
Vom Fahren Kopf und Füße mehr;
Selbst die Prinzessin mußt' er leimen.

Doch seht, auf einem dürren Schimmel
Trompetet' er nun durch die Stadt;
Und allen Pöbel, den sie hat,
Sieht man jetzt gaffend im Getümmel.

Er schrie: »Es sei kund und zu wissen,
Mit Obrigkeitspermission*
Wird eine Haupt- und Staatsaktion
Heut' vorgestellt. – Hanswurst wird schließen.

Banise soll euch alle rühren;
Man führet sie zum Opfer hin.
Es wird sich auch der Harlekin
Besonders lustig distinguieren.«

Um fünf Uhr, wenn in gold'nen Sälen
Das Schauspiel seinen Busch aufsteckt
Mit Dramas, die ein Franzmann heckt,
Die deutschen Quins den Kenner quälen,

Sah man den Pöbel in Karossen
Und den zu Fuß in großer Zahl
Auf einem niedrig dunkeln Saal
Vor Marionetten hingegossen.

Doch, nun entwickelt sich der Knoten
Von meiner Mordgeschichte bald.

O hört nur, mit wieviel Gewalt
Besoffene Studenten drohten.

Banise schien den Helden teuer.
Man bot für sie den halben Satz. –
Man widerstritt; erfocht sich Platz;
Man schimpfte; alles kam in Feuer.

Held, Raufbold, den man stark tuschieret,
Griff mit dem Degen in der Hand
Den Schauplatz an, schlug, was er fand,
Und ward getreulich sekundieret.

Wie Don Quichot die Marionetten
Des Meisters Peters grausam schlug,
Akteurs zerfetzte, Mohren jug,
Um Melisandern zu erretten,

So drangen zehn Studentendegen
Hier grimmig ins Theater ein;
Der hieb dem Harlekin ins Bein,
Und warf ihn Chaumigrem entgegen;

Der fiel Banisen in die Haare,
Die kaum ihr hölzern' Mäulchen schloß,
Aus dem ein Schwanenliedchen floß,
Dies: »Sollen nun die grünen Jahre.«

Wie fürchterlich! Die Degen blinken,
Wie schnell ist jeder Mord vollbracht?
Man sah in ewig-finst're Nacht
Akteur und Bühn' und alles sinken.

»Ach!« seufzte nach zwei Augenblicken
Der nun verwaiste Prinzipal:
»Wie grausam sich zu meiner Qual
Don Roderichs Gedanken schicken!

Ich war vor einer Viertelstunde
Noch Herr von einer Monarchie;

Nun hab ich nichts und geh' wie sie
Und mein Harlekin zugrunde.«

Drauf sieht er unter den Ruinen
Banisens scharfen Opferstahl:
»Komm«, spricht er, »du sollst meiner Qual,
So wie der Dolch dem Cato*, dienen!«

Allein, indem er recht bedenket
Sein nahes Ende, das ihm droht,
Sei kein Komödiantentod;
Nicht der, wenn sich Hanswurst erhenket –

So dünkt ihm doch das Leben lieber;
Er ging, zumal bei feister Hand,
Und bei noch feisterem Verstand,
Er ging und starb als Karrenschieber.

Das entweihte Nonnenkloster

Ihr lieben Leute, höret zu,
Was sich hat zugetragen
In einem Kloster, als in Ruh'
schon alle Nonnen lagen.

Die guten Dinger schnarchten sehr
Und träumten, was im Wachen
Bei keuschen Nonnen Sünde wär',
Entzückend schöne Sachen!

Ach, da pocht' eine ganze Schar
Husaren vor der Pforte
Und fluchten arg; – denn kein Husar
Flucht höflich-süße Worte.

Man hätte, war der Lärm gleich nah,
Den Lärm doch nicht gehöret,
Wenn nicht zum Glück die Domina
Das Nachtgeschirr geleeret.

Man sah, in einer Hand das Licht,
Den Nachttopf in der andern,
Ihr jungfräulich verschrumpft' Gesicht
Durch alle Zellen wandern.

»Ach«, schrie sie, »Kinder! Räuber sind
Im Kloster angekommen.
Steht auf und rettet euch geschwind! –
Die Röcke mitgenommen!«

Daß es den heil'gen Franz erbarm'!
Wer hilft den blöden Kindern?
Die stieß den Kopf, die schrammt den Arm,
Und die fiel auf den Hintern.

Die hielt den Rock mit fester Hand,
Vergaß, sich zu bedecken;

Die nahm ein Beinkleid von der Wand
Und fuhr hinein mit Schrecken.

Ein junger Mönch, der Beichtiger
Viel trostbedürft'ger Nonnen,
Der, wenn auch jede trostlos wär',
durch Zuspruch sie gewonnen;

Der hatte Klärchen diese Nacht
Viel Tröstung zugesprochen
Und war voll Angst in Klärchens Tracht
Jetzt unters Bett gekrochen.

Indes erstieg man wie der Blitz
Der Mauer hohe Zinnen;
Husaren waren im Besitz
Von keuschen Vestalinnen*.

Wie, wenn ins stille Taubenhaus
Der Mörder diebisch schleichet,
Des Räubers Stirn, von Mordsucht kraus,
Die Täubchen schnell verscheuchet.

Sie flistern, sich mit Ungestüm
Vom Räuber loszumachen,
Sie fliegen dumm und fliegen ihm
Gerade in den Rachen.

So zitterte der Nonnen Schar
Beim Anblick rauher Bärte;
Und jede floh, und keine war
Da frei, wohin sie kehrte.

Die kroch in Keller, und mit »Ach!«
Schlüpft' Julchen in den Garten.
»Ach! Schwestern! Keine schlüpfe nach!
Seht, wie dort Räuber warten.«

Ein Nönnchen, das oft nächtelang
Einsam im Bette stöhnte,

Und, immer vor Kasteien bang,
Sich gern nach Räubern sehnte,

Lief, als die Domina noch rief:
»Ach! heil'ger Franz, erbarme
Dich deiner Schäfchen!« – ach, das lief
Dem Hauptmann in die Arme.

Er hielt die schöne Beute fest,
Trug sie in ihre Zelle
Und nahm den kleinen Überrest
Der Furcht ihr auf der Stelle.

Sein Reitknecht, der ins fünfte Jahr
In Festung und im Lager
Kopie von seinem Hauptmann war,
Verbuhlt wie er und hager,

Zog blind sein Los, und griff, und hielt
(Denn fast wär' sie entronnen)
Ein hag'res Weib, das keucht und schielt,
Die Domina der Nonnen.

Doch, seht die keusche Domina
Ein Küchenmesser fassen.
Sie sprach: »So starb Lukretia*;
So will auch ich erblassen.«

Den welken Leib durchstieß die Hand:
Sie blutete; voll Schmerzen
Sank sie voll Ohnmacht in den Sand
Und starb mit keuschem Herzen.

Die Schwestern brachten sie zur Ruh'
Und sangen Klagelieder,
Und sangen: »Domina, wie du
Ersticht sich keine wieder.«

Roderich und Mazibille.

Elpin

Der schöne Schäfer auf der Flur,
Elpin, der achtzehn Sommer zählte,
Und dem kein Reichtum der Natur,
Nur bloß das Glück der Liebe fehlte,

Elpin sah einst am nächsten Teich
Des Dorfes schönste Hirtin stehen,
Er ward gerührt, beschloß zugleich,
Um ihre Gegengunst zu flehen.

Die Schönste floh. Vielleicht zum Scherz!
Was tut Elpin? – Der wird nun klagen!
O nein; der Schäfer faßt ein Herz,
Ihr morgen seine Glut zu sagen.

Er hielt, was er sich vorgesetzt,
Fand Galathe bei ihren Herden
Und sprach, wie Reimer noch wohl jetzt
Im Ton des Neukirch* sprechen werden.

Er sprach von Flammen, Glut und Brand
Und hat ihr so viel vorgeschworen,
Daß er zuletzt halb den Verstand
Bei Flammen, Brand und Glut verloren.

Sie spröde von Natur und jetzt
Noch spröder durch des Hirten Klagen,
Gebot: die Glut, die ihn erhitzt,
Nur andern Schönen anzutragen.

»Ja«, sprach er, »stolze Schäferin!
Ich will dich und die Liebe hassen,
So wahr ich jung, so wahr Elpin
Zu reich ist, sich verschmäh'n zu lassen.

Ich will – es soll die ganze Flur
Einst von Elpinens Schicksal sprechen –

Ich will die Liebe, die Natur,
Mich selbst gewaltig an mir rächen.«

Ihr Schäfer! Ist für ihn kein Rat?
Helft dem Verzweifelten doch raten!
Umsonst! Der Arme ging und tat,
Was ehmals Neukirchs Schäfer taten.

Er ging tief in den Wald hinein
Und sprach: »Ihr Wälder und ihr Wiesen,
Sagt, wenn ich nicht mehr werde sein.
Jetzt stirbt kein Schäfer wie vor diesen.«

Er stillte noch vor seinem Tod
Den heißen Durst beim nächsten Teiche,
Verzehrte noch sein Morgenbrot
Und hing sich drauf an einer Eiche.

So ward der zärtliche Elpin
Das Opfer einer spröden Schönen.
Noch hört man jeden Schäfer ihn
Bedauern, Galathe verhöhnen.

Die ihr um spröde Mädchen werbt,
O spiegelt euch an dieser Leiche!
Sorgt, daß ihr nicht am Eichbaum sterbt,
Nicht durch den Dolch, auch nicht im Teiche.

Zieht auch mit Mars nicht in den Streit,
Verzweifelnd euch dem Tod zu weihen,
Und kriecht nicht in die Einsamkeit,
Dort eure Liebe zu kasteien.

Doch, großes Glück! Solch zärtlich' Herz
zählt man jetzt unter die Gedichte;
Und nun gibt der verliebte Schmerz
Nur selten Stoff zur Mordgeschichte.

Lukretia

Keusch war Lukretia*! Zuletzt
Ließ sich ihr Herz bezwingen.
Von ihrem Kampfe will ich jetzt
Ein Mordgeschichtchen singen.
Schon lächelt jedes Weib und spricht:
»Lukretia, mich rührst du nicht!«

Es sei! Auf keine Weiberbrust
Fall' dieser Keuschheitszunder:
Doch, nennt man auch, wie mir bewußt,
Kein Weib, wie sie, ein Wunder.
Zur Sache! St! Mein Stäbchen winkt;
Das Lied hebt an; der Dichter singt:

Tarquin*, der staatsklug, wie ihr wißt,
Mohnköpfe wild zerfetzte
Und, wie man in der Chronik liest,
Aß, trank, schlief, küßt' und herzte;
Tarquin (manch Weibchen wünscht ihn sich),
Lukretia besiegte dich!

Einst, ganz mit Ambra* parfümiert,
Ohn' Dietrich, ohne Hammer,
Von keinem Junker eingeführt,
Brach er in ihre Kammer,
Von Vorgemach und Kammerherrn
War noch Roms Etikette fern.

Sie staunt, will klingeln — O Natur!
O Rom! Tarquin! O Sitten!
Der Buhler hatte längst die Schnur
Vom Glöckchen abgeschnitten.
Sie wollte laut um Hilfe schrei'n
Vielleicht aus Furcht, vielleicht aus Schein.

In solcher Schäferstund' empört
Sich schnell die Macht der Triebe.

Roms geile Majestät beschwört
Ihr kniend seine Liebe.
In dieser Stellung, wie ihr wißt,
Ein Jüngling sehr gefährlich ist.

Er kühn, sie matt, er siegreich, sie
Voll Furcht, besiegt zu werden,
Verwickelt sich, Entsetzen! Sie
Fällt rücklings, ach, zur Erde.
Und er – hier schweigt die Chronik still.
Es rate, wer es raten will.

Sie schreit! Welch Weibchen schrie da nicht,
Wär' so ihr Putz verdorben!
Doch, sagt uns jede Mordgeschicht',
Sie sei davon gestorben.
Heil euch, ihr Weiber unsrer Zeit,
Daß ihr mehr Held und stärker seid!

Der geplagte Ehemann

Ach, hört mit Furcht und Grauen,
Ihr guten Männer, an,
Wozu die Wut der Frauen
Euch alle reizen kann.

Glaubt nicht, daß ihr auf Erden
Stets euren Himmel habt,
Wenn euch bei viel Beschwerden
Der Kuß der Schönen labt.

Quält in dem Weltgetümmel
Den Mann des Eh'stands Pflicht.
So glaubt, der gute Himmel
Schloß seine Ehe nicht;

So glaubt, er kaufte teuer
Den kurzen Zeitvertreib;
So glaubt, zum Fegefeuer
Ward ihm sein liebes Weib.

In Eheprüfungsstunden
Hat mancher Hahnrei oft
Beim Trost, den er empfunden,
Auf Rache mitgehofft.

Er dacht' an seine Brüder
Und an der Ehe Lauf
Und setzte manchem wieder
Zwölfend'ge Hörner auf.

Drum nehmt, geplagte Männer,
Geduld und Tröstung wahr:
Zankt eure Frau im Jänner,
Zankt ihr im Februar.

Hat sie im März von Ränken
Das starre Köpfchen voll;

Greift im April zu Schwänken
Und macht im Mai sie toll.

So standhaft wechselt immer.
Merkt diesen kurzen Rat:
Tut nie, was einsten schlimmer
Ein armer Eh'mann tat.

Er schwieg und lief verzaget
Fünf Treppen unters Dach;
Da hat er viel geklaget. –
Ihr Brüder, klagt ihm nach!

»Ach, ist ein Mann auf Erden
Wohl so geplagt als du?
Erst muß ich Hahnrei werden,
Dann Prügel noch dazu!«

Er dachte drauf mit Schmerzen
An alle seine Not,
Und fühlte Wut im Herzen,
Und knirscht' und rief den Tod.

Der Tod, der ungebeten
Oft kommt mit Ungestüm,
Kroch doch in diesen Nöten
Nicht unters Dach zu ihm.

Und weil er nicht gekommen,
So hat er wehmutsvoll
Gar den Entschluß genommen,
Den keiner nehmen soll.

»Der, welcher sich erhenket«,
Schloß er, »fühlt keine Pein.
Mein Weib, wenn man's bedenket,
Wird stets mein Henker sein.

Was acht' ich denn der Qualen
Von einem Augenblick?

Da schon zu tausendmalen –
Komm her, geliebter Strick!«

Er, der bei grauen Haaren
Ein rasches Mädchen nahm
Und nunmehr schnell erfahren,
Wie man zu Hörnern kam;

Er glaubte, da zur Rache
Sein Alter ihn gelähmt,
Es sei ein schöner Drache
Durch Schmeicheln leicht gezähmt.

Allein, wie grimmig flogen
Nicht oft dem armen Tropf,
Der schrecklich sich betrogen,
Die Schlüssel nach dem Kopf.

Sie droht', er mußte fliegen
Und kommen, wenn sie rief,
Und unterm Stuhle kriechen,
Saß ihr das Kopfzeug schief.

Zehn scharfe Nägel fuhren
Ihm öfters durch den Bart
Und hinterließen Spuren
Von ihrer Gegenwart.

Einst, schrecklich ist's zu sagen!
Wollt' er das erstemal
Zu widersprechen wagen,
Da sah er seine Qual.

»Mir«, rief sie, »mir zu wehren!
Und ich, ich schwiege still?
Dein Wunder sollst du hören.
Ein Wort ist g'nug: ich will!«

Schon flammen ihre Blicke;
Ein Wörtchen sprach er nur,

Als schnell in die Perücke,
Glas und Pantoffel fuhr.

Landri und Kunigunde
Der königliche Hahnrei

Es war einmal ein König
Der, wie es hieß,
Der Königin nicht wenig
Den Zügel ließ.
Hört, hört mit offnem Munde,
Was sie getan.
Die Frau hieß Kunigunde,
Gilbert ihr Mann.

Er war, wie die Mordgeschichte der französischen Könige meldet, unsterblich in seine Gattin verliebt, die ihn aber, wie es damals schon Mode war, nicht wieder liebte. Er hatte zum Unglück einen Favoriten, der Landri hieß.

Der war jung und gefällig,
Einschmeichelnd, fein,
Verführerisch, gesellig,
Sie oft allein.
Zur Kreuzigung der Lüste
Dient Zeitvertreib
Oft mehr als eine Wüste
Dem frömmsten Weib.

Aber nicht fromm, schön und Königin sein — ach wie gefährlich ist da die Einsamkeit! Landri erklärt in einer von diesen einsamen Stunden der Königin seine Liebe. Er wurde gehört:

Und alles, alles weckte
Ihr geiles Feu'r.
Verschwiegenheit bedeckte
Sie mit dem Schlei'r.
Sein Kunigundchen schätzte
Fürst Gilbert sehr:
Doch Kunigund ergötzte
Ihr Landri mehr.

Einstmals ritt der König noch vor anbrechendem Tage auf die Jagd.

Wie blutig ward, o Jammer,
Der Tag für ihn!
Sein Landri sucht die Kammer
Der Königin.
Kehr, Gilbert, um! Es dürsten
Lieb', Eh'bruch, Zorn.
Kehr um! Man pflanzt auch Fürsten
Sehr leicht ein Horn.

Er kam in vollem Galopp zurück, weil ein heftiger Platzregen ihm den Gedanken eingegeben hatte. Sobald er von seinem mutigen Hengst gestiegen, schlich er durch eine heimliche Treppe zur Königin.

Noch streute Schlummerkörner
Der Gott der Nacht:
Noch war von ihr an Hörner
Nur erst gedacht.
Fürst Gilbert, schöne Taten!
Steht, gafft und neckt
Und will, sie soll erraten,
Wer jetzt sie weckt.

Ach, hätte sie geschwiegen!
Die Sich're schreit:
»Mein Landri! Mein Vergnügen!
Ich bin bereit!«
Da sich bei ihren Tönen
Kein Landri rührt,
Ruft sie: »Hat man je Schönen
So attackiert!«

Und König Gilbert?

Ach! Hahnreis Dünste steigen
Ihm schnell zu Kopf.
Wie könnt' er länger schweigen!
»Bei meinem Zopf!
Ich räche mich! Die Schmerzen
Verbluten nie!«
Er knirscht; mit Wut im Herzen
Verläßt er sie.

Gleich nach dem Ehemann kam der Liebhaber. Mit Zittern und Schluchzen red't Kunigunde den Landri so an:

»Ach! Leander! Ach, errette
Schnell dich und mich!
Gilbert – vor meinem Bette,
Hielt ich für dich!« –
»Gut! Klagen helfen wenig,
Mein Licht!« sprach er.
»Du liebst.« – Er ging. – Der König,
Ach, war nicht mehr.

Ihr Kunigunden, Damen, Frauen und Mädchen hört nun die Moral:

Die ihr vom Pfad der Tugend
Euch jung entfernt,
Macht, daß ihr in der Jugend
Auch schweigen lernt.
Ein zärtlich' Herz vor allem
Schwatzt immerfort.
Wird man euch überfallen,
So sagt kein Wort.

CHRISTIAN MORGENSTERN
(1871 – 1914)

Der Saal

Eugen, der Juwelendieb,
stahl auch Stiefel oder Hemden,
ohne daß ihm ein Befremden
über sich zurücke blieb.

Eines Tages aber stahl
er (man wird's nicht glauben wollen)
einen ganzen wundervollen
grade nicht benutzten Saal.

Mitten in dem Häuserblock
einer sehr belebten Gegend,
drin kein Mensch war Argwohn hegend,
lag der Saal im ersten Stock.

Durch den Boden einer Stube,
die darüber lag, ersann
einen Zugang er, und dann
stieg er einfach ein, der Bube.

Auf der Spree, da lag ein Kahn,
drein der Saal zunächst verbannt ward.
Freundlich lächelte der Strandwart,
sah er Eugens Karre nah'n.

Eines Tags im Juli fuhr
er gen Hamburg ganz vergnüglich,
und von da ging's unverzüglich
über's Meer nach Baltimur*.

Dort lief Eugen nach Attesten
für den lustigen Skandal –

und bereist seitdem den Westen
mit dem hier gestohl'nen Saal.

Wer jedoch beschreibt den tristen
Reiz der Sache hier zu Haus!
Selbst die ältsten Polizisten
wissen nicht mehr ein noch aus.

Nichts mehr ist zurück vom Saale.
Das nur, was dahinter war,
beut, wie eine wüste Schale,
sich dem Bürgerauge dar.

ERICH MÜHSAM
(1878–1934)

Amanda

Niemals ist es zu empfehlen,
daß sich eine Maid, die liebt,
ohne ihm sich zu vermählen,
einem Mann zu eigen gibt.

Hat sie aber doch verleugnet
einmal alle Konvention,
macht sie ja sich ungeeignet
vorher für der Liebe Lohn.

Denn die Männer sind doch schließlich
Leute, denen nicht zu traun,
und die Folgen sind verdrießlich
ganz alleine für die Frau'n.

Laßt euch einen Fall berichten,
wo dies klar zutage tritt,
und wer Töchter hat und Nichten,
sei durch ihn gewarnt hiemit.

Eine Maid hat er betroffen,
die stets keuschen Sinn bewies,
die das Beste ließ erhoffen,
und die nur Amanda hieß.

Doch als Leid auf Leid sich häufte,
ward zuletzt sie so bedrängt,
daß sie erst ihr Kind ersäufte
und sich selber dann erhängt.

Einem Mann nur wars gelungen,
der Verführten sich zu freun;
doch sie hat sich ausbedungen,
daß er sie zum Lohn sollt frei'n.

Und so harrte sie der Heirat,
doch als sie die Zeit fühlt nahn,
da entschwand auf einem Zweirad
jäh der saubere Galan.

Und es kam die schwere Stunde,
die sie ganz alleine fand,
wo mit kummervollem Munde
sie sich unter Schmerzen wand.

Wie die Liebe selbst beseligt,
ihre Folge tut es nicht,
und zumal, wenn unverehlicht
eine Jungfrau Kinder kriegt.

Denn die Welt find't das nicht schick-
und Amanda floh die Welt. [lich
Ach, ihr Los war unerquicklich – –
und besonders ohne Geld.

Ganz geheim und beistandsohne,
unter Wimmern und Gekrächz,
gab sie's Leben einem Sohne – –
und zwar männlichen Geschlechts.

Ihre Stunde war vorüber,
und verhallt der grause Schrei.
Ach, sie wollte wahrlich lieber
draufgegangen sein dabei.

Erst noch war sie sehr erschüttert,
und der Tränen manche floß,
aber dann ward sie erbittert
auf den schnöden Bettgenoß,

welcher sie im Stich ließ meuchlings
ohne Geld und Unterhalt.
Wütend um den Arm des Säuglings
war Amandas Faust gekrallt.

Wovon soll ich dich nun kleiden,
und womit dich pflegen, Kind?
Sage mir, wo ich uns beiden
Bleibe, Kost und Wartung find!

Menschen, fremd und angehörig,
stoßen mich von ihrer Tür, — —
sagen, eine Hure wäre ich.
Kind, mein Kind, was machen wir?

Doch das Kind mit bleichem Munde
schrie, jedweder Antwort bar,
was ja anders auch im Grunde
nicht wohl zu verlangen war.

Und Amanda von dem Lager
hob sich auf mit Weh und Ach —
und sie sah sich wieder mager —
doch sie war noch äußerst schwach.

Ihre Mutterlieb erwachte.
Zärtlich nahm sie auf den Arm
ihren Sprößling, küßt ihn sachte,
und preßt dann ihn an sich warm.

Und sie hüllt das Kind in Decken,
trug es an den Ort erregt,
dessen sonst zu andern Zwecken
man sich zu bedienen pflegt.

Sagte: In ein bessres Leben
sollst du jetzt, mein Liebling, gehn! —
Tat ihm auch die Brust noch geben.
Rührend war es anzusehn.

In den Trichter, erst das Köpfchen,
steckte sie's — o grausig Los! —
drückte dann aufs Messingknöpfchen
bis das Wasser sich ergoß.

Und sie sah in tausend Ängsten,
wie sich's durch den Trichter wand.
Einen Zeh sah sie am längsten,
bis auch der zuletzt verschwand.

Einmal hörte sie's noch glurksen,
dann ward's stille nach und nach —
und um selbst sich abzumurksen,
ging sie in ihr Schlafgemach.

Denn in ihrem großen Kummer
wollt sie sterben ebenfalls,
und so legt sie sich zum Schlummer
eine Schlinge um den Hals.

Als man sie des Morgens weckte,
fand man sie als Leichnam nur.
Aber wo der Säugling steckte,
davon fand man keine Spur.

Also starb Amanda Klopfer —
— dieses war ihr Vatersnam, —
sie, die als der Liebe Opfer
um ihr bißchen Leben kam.

Schuld an ihrem Mißgeschicke
hatte auch die Konvention,
und zumal in seiner Tücke
ihr Galan, der Schandpatron.

Und das Geld, das schon so viele
hoffnungsvolle Leben fraß,
war auch wieder hier im Spiele,
weil sie eben keins besaß.

Wär Amanda eine reiche
Dame, hätt sie der gefreit, —
und des Kinds und ihre Leiche
lebten sicherlich noch heut.

Trier.

KARL GOTTFRIED NADLER
(1809–1849)

Ein neues schreckliches Lied

von dem blutgierigen Zweikampf, welchen Herr v. Saracħaga und Herr v. Haber jüngst unter freiem Himmel abgehalten

Oh, höret an die Schreckenstat,
Die sich hat zugetragen,
Da ein Bankier und ein Soldat
Sich im Duell geschlagen.
Sarachaga war ein Baron,
Lag als Soldat in Garnison;
Doch Haber auch war ein Herr von
Und hat ihn totgeschossen.

Die Ehre ist ein falsches Gut,
Ich tu' danach nicht trachten,
Viel Tausend lassen drob ihr Blut,
Wenn sie einander schlachten.
Sarachaga, warum warst du
Auf Moritz Haber so jaloux*,
Daß wegen ihm dein Kamerad zu
Karlsruhe erschossen wurde?

Er schrieb an ihn ein Mordbillet
Und ließ dasselbe drucken:
Ob er auch die Courage hätt',
In ein Pistol zu gucken?
Sarachaga, du täuschest dich,
Der Haber schießt ganz fürchterlich,
Er hat ans Knallen tapfer sich
Grad so wie du gewöhnet.

Sarachaga, der hatte zwei
Gezogene Pistolen,
Die ließ er zu dem Kampf herbei
Durch seine Freunde holen;
Er lud sie gut, so wie man muß,
Mit Pulver, Pfropf und Blei zum Schuß
Und fuhr zu Wagen, nicht zu Fuß,
Hin, wo man schießen wollte.

Oh, warum bliebst du nicht zu Haus
Bei deinen Kameraden?
Sarachaga, mit dir ist's aus,
Die Kugel tut dir Schaden.
Am Kampfplatz er den Haber fand,
Das Mordgewehr schon in der Hand,
Und neben ihm ein Sekundant
Zur Rechten und zur Linken.

Bedenkt euch, eh' ihr euch entschließt,
Es gilt ein Menschenleben;
Denn wo man mit Pistolen schießt,
Kann's großes Unglück geben:
Das Pulver ist ein garstig' Kraut –
Und wer da einer Kugel traut,
Der hat auf Sand und Spreu gebaut,
Wie hier Figura zeiget.

Sarachaga schoß in den Wind,
Das tat ihn sehr verdrießen,
Denn Herr von Haber war geschwind,
Ihn gänzlich totzuschießen.
Die Kugel ging durch Rock und West'
Und setzte sich im Herzen fest;
Sie hat das Blut herausgepreßt,
Das bald den Boden färbte.

Sarachaga, noch morgens rot
Mit seinem schwarzen Barte,
Der lag nun auf der Erde tot,
Wie man alsbald gewahrte.

Der Haber warf sich mit Getös'
Zur Flucht in seine eig'ne Chais'*
Und war ob seines Sieges bös',
Weil ihn die Untat reute.

Sarachaga, voll Rachbegier
Hast du den Rhein passieret
Und wirst als toter Kavalier
Nun wieder heimgeführet!
Du siehst nicht mehr, wer um dich ist
Und Tränen über dich vergießt –
Dieweil du totgeschossen bist
Und wirst nicht mehr lebendig!

Der Haber trat nun vors Gericht
Und sprach zu den Assisen*:
Ich will ja all mein Lebtag nicht
Mich mehr mit Menschen schießen!
Doch das Gericht hielt kurzen Rat
Und sprach: Für deine Missetat
Mußt du nun ohne alle Gnad'
Ein halbes Jahr lang sitzen!

Wohlan, geliebtes Publikum,
Hüt dich vorm Hau'n und Stechen,
Denn bringst du Kavaliere um,
Tust du ein schwer' Verbrechen.
Darum sei die Historia
Vom Haber und Sarachaga
Dir in Gedanken immer nah,
Vor Blutdurst dich zu warnen.

Und wenn mein Lied dich weinen macht,
So laß die Tränen laufen,
Doch denk dabei: Der es erdacht,
Der will es auch verkaufen,
Drei Kreuzer sind ein Lumpengeld,
Du lernst dafür, wie in der Welt
Es sich mit dem Duell verhält –
Drum zahle einen Batzen!

Ein neues Lied vom Hecker

Seht, da steht der große Hecker*,
Eine Feder auf dem Hut,
Seht, da steht der Volkserwecker,
Lechzend nach Tyrannenblut!
Wasserstiefel, dicke Sohlen,
Säbel trägt er und Pistolen,
Und zum Peter saget er:
»Peter, sei du Statthalter!«

»Peter«, sprach er, »du regiere
Konstanz und den Bodensee.
Ich zieh' aus und kommandiere
Unsre tapfere Armee;
Mit Polacken und Franzosen
Wird der Herwegh* zu mir stoßen,
Und der stirbt lebendig eh'r,
Als daß er ein Hundsfott wär'.«

Pflästerer und Schieferdecker,
Alles, niederig und hoch,
Alles jauchzte unser'm Hecker,
Als er aus zum Kampfe zog.

Handwerksburschen, Literaten,
Tailleurs*, Bauern, Advokaten,
Alles folgte rasch dem Zug,
Als er seine Trommel schlug.

Rumbidibum, so hört' man's schlagen,
Rumbidibum, Dumdumdumbum;
Und bei Straf' ließ Weißhaar sagen
Rings im ganzen Land herum:
»Tut euch schnell zusammenraffen,
Gebt mir Mannschaft, Pferde, Waffen,
Oder ich bring' alles um;
Rumbidibum, Dumdumdumbum.«

Durch die Baar* tat man jetzt wandern,
Und hernach ins Wiesental,
Und daselbst stieß man bei Kandern
Auf Soldaten ohne Zahl.
Edler Gagern*, wack're Hessen,
Wollt ihr euch mit Hecker messen?
Gagern, du kommst nicht zurück,
Vivat hoch die Republik!

Gagern wollt' parlamentieren,
Doch das ist nicht Heckers Art;
»Ich«, sprach er, »soll retirieren,
Ich mit meinem roten Bart?«

Ach, nun hört man Schüsse knallen,
General Gagern sah man fallen –
Und der tapf're Hinkeldey*
Saß zu Pferde auch dabei.

Und als Gagern war gefallen,
Fing man leider auf dem Rhein,
Zur Bekümmernis uns allen,
Unser'n edeln Struwel* ein;
Man tat ihn in Eisen legen,
Aber von des Heckers wegen
Ließ der Oberamtmann Schey
Den Gefangnen wieder frei.

Kaiser, Weißhaar, Struwel, Peter,
Alle trieb man allbereits
Gleichsam, als wie Übeltäter
In die schöne freie Schweiz.
Doch der Peter, der kam wieder,
Legt die Statthalterschaft nieder,
»Denn«, sprach er, »ich werde alt,
Und verlier' sonst mein Gehalt.«

Hecker, sag, wo bist du Hecker?
Legst die Hände in den Schoß?

Auf nun, du Tyrannenschrecker,
Jetzt geht es auf Freiburg los.
Badner, Hessen und Nassauer
Stehen dorten auf der Lauer;
Doch wir kommen schon hinein,
Denn neutral will Freiburg sein.

All' die schönen Stadtkanonen,
Großer Hecker, sie sind dein;
Und man ladet blaue Bohnen
Nebst Kartätschen schnell hinein.

Langsdorf* will rekogniszieren,
Läßt sich auf den Münster führen,
Und guckt durch ein Perspektiv,
Ob es gutgeht oder schief.

Oben her vom Günterstale,
Hinter Wald und Hecken vor,
Kam im Sturm mit einem Male
Siegels* wildes tapf're s Corps.
Aber unsre Hessenschützen
Ließen ihre Büchsen blitzen,
Und das Corps zog sich zurück,
Aus war's mit der Republik.

Denn hinein zu allen Toren
Stürmte jetzt das Militär,
Und die Freischar war verloren
Trotz der tapfern Gegenwehr;
Alle, die sich blicken ließen,
Tat das Militär erschießen;
Alle Führer gingen durch,
Und erobert war Freiburg.

Doch nun kamen Herweghs Scharen,
Er und seine Frau kam nach,
Kamen in der Chais'* gefahren
Auf dem Weg nach Dossenbach.

Doch zu ihrem großen Ärger
Sah man dort die Württemberger:
Hauptmann Lipp, der grobe Schwab,
Kam von einem Berg herab.

Heckers Geist und Schimmelpfennig*
Machten da den Schwaben warm;
Herwegh sah's, er fuhr einspännig,
Und es fuhr ihm in den Darm.
Unter seinem Spritzenleder
Forcht' er sich vor'm Donnerwetter;
Heiß fiel es dem Herwegh bei,
Daß der Hinweg besser sei.

»Ach, Madamchen«, tat er sagen,
»Aus ist's mit der Republik!
Soll ich Narr mein Leben wagen?
Nein! Für jetzt nur schnell zurück!
Laß für meinen Kopf uns sorgen,
Komm' ich heut' nicht, komm' ich morgen;
Ach, wie kneipt's mich in den Leib,
Wende um, mein liebes Weib!«

Und Madam hieß ihn verkriechen
Sich in ihren treuen Schoß,
Denn er konnt' kein Pulver riechen,
Und es ging erschrecklich los;
Schimmelpfennig ward erstochen,
Manche Sense ward zerbrochen
Und erschossen mancher Mann,
Die ich nicht all' nennen kann.

Also ist's in Baden 'gangen;
Was nicht fiel und nicht entfloh,
Ward vom Militär gefangen,
Liegt zu Bruchsal auf dem Stroh!
Ich, ein Spielmann bei den Hessen,
Der kann Baden nicht vergessen,
Der den Feldzug mitgemacht,
Habe dieses Lied erdacht.

Ein schönes neues Lied

von dem weltberühmten Struwwel-Putsch

Wälzen möcht' ich mich vor Trauer
Und zerraufen meinen Bart,
Weil das Schicksal mir die schauer-
liche Mär noch aufgespart.
Ach, ich kann ja gar nicht weinen,
Totenbleich muß ich erscheinen,
Meine kalte Stirne schwitzt—
Denn der Herr von Struwwel*—sitzt!

Ach, wohl hat er schon gesessen
Zu Säckingen in dem Loch,
Brot und Wasser nur gegessen,
Wieder frei ward er jedoch,
Freiheit, Wurzeln wie auch Kräuter,
Er begehret auch nichts weiter,
Lebt als Turner frei und frisch
Und ißt weder Fleisch noch Fisch.

Und als offen ward sein Zwinger,
Floh er in das Ellensaß*
Und schrieb krumm sich alle Finger,
Bodenleer manch Tintenfaß;
Und bewies mit vielen Gründen,
Heil und Glück könnt' er nur finden
In der roten Republik;
Das bewies er Stück für Stück.

Schrieb's und zog voll Glut und Eifer
Seinen Damaszener* raus.
Und rief einen Scherenschleifer
Samt dem Karren in das Haus.
Er tat selbst am Rade drehen,
Rrrr tat der Schleifstein gehen,
Bis der Sarraß* ganz und gar
Scharf wie ein Schermesser war.

Orgeln tönen ohne Rasten,
Bertrands Abschied, Polens Not;
Putschinell in seinem Kasten
Schlägt mit Prügeln alles tot.
Hunde tanzen, Affen springen,
Harfendamen hört man singen
Und aus Böllern Krach auf Krach,
Denn 's ist Jahrmarkt in Lörrach.

Horch! Was schreit mit schrillem Tone
Dort aus dem Gemeindehaus?
Schau! Wer steht auf dem Balkone
Und streckt beide Arme aus?
Einen Säbel in der Rechten,
Tut er durch die Lüfte fechten,

Seine Schärp' ist feuerrot,
»Freiheit«, schreit er, »oder Tod!«

»Freiheit«, ruft er abermalen,
»Wohlstand, keine Steuern mehr,
Ihr braucht nichts mehr zu bezahlen,
Drum gebt euer Geld mir her!
Seht da: Heckers* alte Garden,
Italiener, Savoyarden,
Polen und noch allerlei
Steht mir heute treulich bei!«

Alle Harfendamen schwiegen,
Alle Orgeln standen still;
Putschinell muß sich verkriechen,
Weil kein Mensch ihn hören will;
Alles lauscht mit neuem Jubel
Auf den Mund der Frau von Struwwel,
Die im schwarzen Atlaskleid
Auf den Balkon tritt und schreit:

»Hört, ihr Jungfern und ihr Frauen,
Ihr dürft auch nicht müßig sein;
Geht ans Barrikadenbauen,
Macht Patronen drauf und drein;
Helfet uns, die Freiheit retten,
Bringt mir Hemden und Servietten,
Ich verschmähe so was nie,
Das gibt treffliche Charpie*«.

Damit war Madam zu Ende.
Er rief: »Ist kein Peter da?«
Sieh, nun recket man die Hände,

Hundert Stimmen schreien Ja!
»Ich—auch ich,—und ich«, rief jeder,
»Kann statthaltern grad wie Peter.«
Also griff er blind hinein
Und setzt' die Regierung ein.

Und man baute Barrikaden,
Holte Schuhe, Hemden, Geld.
Wurst, Patronen, Karbonaten,
Alles wurde rasch bestellt.
Lörrachs große freie Geister
Packten Amt und Bürgermeister,
Struwwel packt' die Kassen ein
Und ließ Lörrach—Lörrach sein.

Denn er eilte hin gen Staufen,
Weilt' in Müllheim eine Stund';
Blankenborn mußt' er sich kaufen,
Tausend Gulden zahlen rund;
Mußt' als teures Angedenken
Ihr auch seinen Wagen schenken,
Und vier Pferde obendrein,
Und sie dankte und stieg ein.

Vorwärts geht es, immer weiter,
Alles muß im Sturm herbei,
Wein und Waffen, Roß und Reiter,
Kisten, Kasten, Geld wie Heu;
Feuerzeichen, Sturmgeläute,
Freies Leben, Lust und Freude;
Und wenn die Begeist'rung glüht,
Singt man Schillers Räuberlied.

Rumbumbum, die Trommeln gehen,
Und in Staufen zieht man ein.
Züge, kaum zu übersehen,
Zehentausend mögen's sein!

Um den Hals die gold'ne Kette,
Vor den Augen die Lorgnette*,
Liegt zur angenehmen Schau
Breit im Wagen Struwwels Frau.

Hinterm Wagen her da kamen
General Löwenfels und Blind,
Siegel, und wie all die Namen
Dieser tapfern Struwwler sind.
Struwwel eilte, um die Kassen
Für die Freiheit abzufassen,
Aber eh' er sich's versah,
Waren schon die Badner da.

General Hoffmann*, der »vertierte«,
Der »entmenschte« General,
Der griff an und kanonierte
Wie ein wahrer Kannibal.
Struwwel rief: »Mein Schatz, aus Staufen
Woll'n wir im Galopp jetzt laufen;
Der könnt' so barbarisch sein,
Schöß' uns heut' noch kurz und klein.«

Von den Barrikaden schossen
Alle Struwwler scharf hinaus,
Aber die Haubitzen gossen
Ströme von Kartätschen aus;
Rauch erhebt sich, Häuser brennen,
Struwwler fallen, and're rennen,
Und vor allen Er und Sie,
Oft im Dr... bis in die Knie.

Aus war's mit den Barrikaden,
Alle riß und schoß man ein,
Und die stürmenden Soldaten
Drangen in die Stadt herein.
Frau von Struwwels Hut und Mantel
Fanden sie in einem Kandel (Rinne),
Und ein Söldling war so frech,
Riß das schöne Futter weg;

Denn der große Herwegh könnte, –
Das bildt' sich der Esel ein –
Unser Herwegh könnt' am Ende
Eingenäht dazwischen sein!
Und der sitzt doch warm und trocken;
Aber Struwwel ließ sich locken,
Ging dem Oberamtmann Schey
Jetzt zum zweitenmal ins Gäu*.

Hart und schwer durch Wald und Felder
Schleppt' die rote Republik
Ihre Wintervorratsgelder
Nach der schönen Schweiz zurück.
Ach, wie mühsam und wie sauer
Ward's dem Struwwel, Betz und Bauer,
Und dem Dusar und dem Blind
Und Madam, dem guten Kind!

»Polen ist noch nicht verloren«,
Sang Madam zwar anfangs noch,
Aber bald hat sie's gefroren,
Denn ihr Strumpf bekam ein Loch;
Ach, vor Frost tat sie erbleichen,
Ließ mit Schmink' sich rot bestreichen
Und den Schminktopf nahm nachher
Amtmann Schey ihr ab in Wehr.

Ja in Wehr ward sie gefunden,
Uns're ganze Republik,
Eingefangen und gebunden
Kam sie von der Grenz' zurück;
Als sie grad sich wollt' erquicken,
Mußte Bürgerwehr anrücken,
Und der Oberamtmann Schey,
Auch noch dieser kam herbei!

Ach, im Mund war kaum der Löffel,
Als man sie ergreifen tat,
Heiliger Sankt Zitz und Schlöffel,
Heiliger Sankt Blum schaff Rat!
Ich muß hier mein Lied beschließen,
Meine heißen Zähren fließen,
Meine kalte Stirne schwitzt,
Denn der Herr von Struwwel—sitzt!

Ich, der Spielmann bei den Hessen,
Der das Heckerlied erdacht,
Hab' nicht minder unterdessen
Diesen Putsch in Reim gebracht.
Wer dabei nicht war in Laufen,
Braucht nur dieses Lied zu kaufen,
Dann hat er es schwarz auf weiß,
So gewißlich, als ich heiß

Johann Schmitt

FRIEDRICH NICOLAI
(1733 – 1811)

Eine entsetzliche Mordgeschichte von dem jungen Werther

Wie sich derselbe den 21. Dezember durch einen Pistolenschuß eigenmächtig ums Leben gebracht. Allen jungen Leuten zur Warnung in ein Lied gebracht, auch den Alten nützlich zu lesen.

Hört zu, ihr Junggesellen
Und ihr Jungfräulein zart,
Damit ihr nicht zur Höllen
Aus lauter Liebe fahrt.

Die Liebe, traute Kinder!
Bringt hier auf dieser Welt
Den Heil'gen wie den Sünder
Um Leben, Gut und Geld.

Ich sing' euch von dem Mörder,
Der sich selbst hat entleibt.
Er hieß: Der junge Werther,
Wie Doktor Goethe schreibt.

So witzig, so anständig,
So zärtlich als wie er,
Im Lieben so beständig
War noch kein Sekretär.

Ein Pfeil vom Liebesgotte
Fuhr ihm durch's Herz geschwind.
Ein Mädchen, sie hieß Lotte,
War eines Amtmanns Kind.

Die stand als Vizemutter
Geschwistern treulich vor,

Die schmierte Brot und Butter
Dem Fritz und Theodor.

Dem Lieschen und dem Kätgen –
So traf sie Werther an
Und liebte gleich das Mädchen,
Als wär's ihm angetan.

Wie in der Kinder Mitte
Sie da mit munterm Scherz
Die Butterrahmen schnitte –
Da raubt sie ihm das Herz.

Fuhr aus, mit ihr zu tanzen
Wohl eine ganze Nacht,
Schnitt Menuetts der Franzen
Und walzte, daß es kracht'.

Sein Freund kam angestochen,
Blies ihm ins Ohr hinein:
Das Mädgen ist versprochen
Und wird den Albert frei'n.

Da wollt' er fast vergehen,
Spart' weder Wunsch noch Fluch,

Wie alles schön zu sehen
In Doktor Goethes Buch.

Kühn ging er, zu verspotten,
Geschick und seinen Herrn,
Fast täglich nun zu Lotten,
Und Lotte sah ihn gern.

Er bracht den lieben Kindern
Lebkuchen, Marzipan,
Doch alles konnt's nicht hindern,
Der Albert wurd' ihr Mann.

Des Werthers Angstgewinsel
Ob diesem schlimmen Streich
Malt Doktor Goethes Pinsel,
Und keiner tut's ihm gleich.

Doch wollt er noch nicht wanken
Und stets bei Lotten sein,
Dem Albert macht's Gedanken,
Ihm träumte von Geweihn.

Herr Albert schaute bitter
Auf die Frau Albertin –

Da bat sie ihren Ritter:
»Schlag mich dir aus dem Sinn.

Geh' fort, zieh' in die Fremde,
Es gibt der Mädgen mehr – .«
Er schwur beim letzten Hemde,
Daß sie die einz'ge wär'.

Als Albert einst verreiste,
Sprach Lotte: »Bleib von mir.«
Doch Werther flog ganz dreiste
In Alberts Haus zu ihr.

Da schickte sie nach Frauen,
Und leider keine kam, –
Nun hört mit Furcht und Grauen
Welch Ende alles nahm.

Der Werther las der Lotte
Aus einem Buche lang,
Was einst ein alter Schotte
Vor tausend Jahren sang.

Es war gar herzbeweglich,
Er fiel auf seine Knie,

Und Lottens Auge kläglich
Belohnt ihm seine Müh'.

Sie strich mit ihrer Nase
Vorbei an Werthers Mund,
Sprang auf als wie ein Hase
Und heulte wie ein Hund;

Lief in die nahe Kammer,
Verriegelte die Tür
Und rief mit großem Jammer:
»Ach Werther, geh von mir!«

Der Arme mußte weichen,
Alberten, den's verdroß,
Konnt's Lotte nicht verschweigen,
Da war der Teufel los.

Kein Werther konnt' sie schützen,
Der suchte Trost und Mut
Auf hoher Felsen Spitzen
Und kam um seinen Hut.

Zuletzt ließ er Pistolen,
Im Fall es nötig wär',
Vom Schwager Albert holen,
Und Lotte gab sie her.

Weil's Albert so wollt' haben,
Nahm sie sie von der Wand
Und gab sie selbst dem Knaben
Mit Zittern in der Hand.

Nun konnt' er sich mit Ehre
Nicht aus dem Handel zieh'n,
Ach Lotte, die Gewehre
Warum gabst du sie hin?

Alberten recht zum Possen
Und Lotten zum Verdruß,

Fand man ihn früh erschossen,
Im Haupte stak der Schuß.

Es lag, und das war's beste,
Auf seinem Tisch ein Buch,
Gelb war des Toten Weste
Und blau sein Rock, von Tuch.

Als man ihn hingetragen,
Zur Ruh' bis jenen Tag,
Begleit'n ihn kein Kragen
Und auch kein Überschlag.

Man grub ihn nicht in Tempel,
Man brannte ihm kein Licht,
Mensch, nimm dir ein Exempel
An dieser Mordgeschicht'.

FRITZ VON OSTINI
(1861 – 1927)

Frau Gerlindis auf dem Hunde

Ritt Junker Heinz in' Eichwald ein
Zur Jagd auf Elch und Sauen –
Trotz Waidmannsheil und Sonnenschein
Sah er mit einmal finster drein
Und runzelte die Brauen.

Dann rief er: »Knappe, dreh' dein Roß
Und bring' in schlankem Trabe
Auf Rotteck, meiner Väter Schloß,
Gerlindis, meinem Ehgenoß,
Die Botschaft, so ich habe:

Im Jägereifer hätt' ich gar
Die Vorsicht heut' vergessen,
Vergessen, daß heut' Montag war –
Und montags kommt doch immerdar
Der junge Pfaff' zur Messen.

Und ob ich auch Gerlinden trau',
Des andern bin ich bange.
Der Pfaff' ist jung und hübsch und schlau;
Reit heim und sorge, daß die Frau
Den Herr'n heut nit empfange!«

Drauf Kunz: »Ihr müßt für dies Gebot
Euch bess're Form ersinnen,
Ist's doch seit Evas Zeit die Not:
Was einer einem Weib verbot,
Wird sie erst recht beginnen.

Wollt' eine Frau, so geht die Sag',
Nur leichte Sündbuß üben –
Der Pfarr' im Beichtstuhl tut die Frag',
Was sie an Speis' nit leiden mag?
Sie meint: ›Die gelben Rüben.‹

›So sei Enthaltung solcher Speis'
Als Buß Dir zugemessen.‹
Sie lacht: ›Das macht mir wohl nit heiß!‹
Hat aber Rüben schüsselweis
Schon andern Tags gefressen.«

Der Ritter sprach! »Behalte Du
Die Weisheit selbst, mein Knappe!
Die Sonne steigt – drum trabe zu,

Und was ich Dir befohlen, tu!« —
Hopp — heidi! flog der Rappe.

Am riegelschweren Gittertor
Ist Kunz vom Roß gesprungen
Und brachte dann sein Sprüchlein vor,
Das freilich für Gerlindens Ohr
Ein wenig toll geklungen:

»Vieledle Frau! Mein Herr entbeut
Euch Gruß aus treuem Munde
Und läßt schön bitten, daß Ihr heut'
Euch nit an einem Ritt erfreut
Auf seinem großen Hunde.«

Da hat Gerlindis grimm gelacht:
»Ihr Narr'n im Jägerrocke
Habt wohl, schon eh' der Tag erwacht,
Im Waldkrug feuchte Rast gemacht?
Was sollt' ich auf der Dogge?«

»Das weiß ich nit. Der Ritter sprach,
Das böse Viehzeug beiße.«
Und – hui! – davon. Gerlindis, ach,
Denkt immer, immer wieder nach,
Was das Verbot wohl heiße?

»Ist auch mein Herr im Kopf gesund –
Und doch – wer weiß – am Ende –«,
Und dauert keine Viertelstund',
So sitzt Gerlindis auf dem Hund
Und gräbt ins Fell die Hände.

Den Köter aber freut dies nit,
Der nit zum Roß geboren,
Er knurrt und stutzt, tut keinen Schritt,
Gerlind' versetzt ihm einen Tritt
Und zerrt ihn an den Ohren.

Das geht dem Hunde übel ein,
Der sonst nit bös gemutet,

Er schnappt und beißt in Hand und Bein
Und schmeißt sie grob ins Gras hinein –
Sie weint und stöhnt und blutet.

Und flugs die Burgfrau da entschwand
Voll Scham in ihre Klause,
Umwand mit Linnen Fuß und Hand –
Und als der Pfaff' am Tore stand,
War sie ihm nit zu Hause!

Der Ritter jagte Elch und Sau,
Spät abends kam er wieder:
Da fand er seine holde Frau
Im Bett – ein Auge grün und blau
Und wund und weh die Glieder.

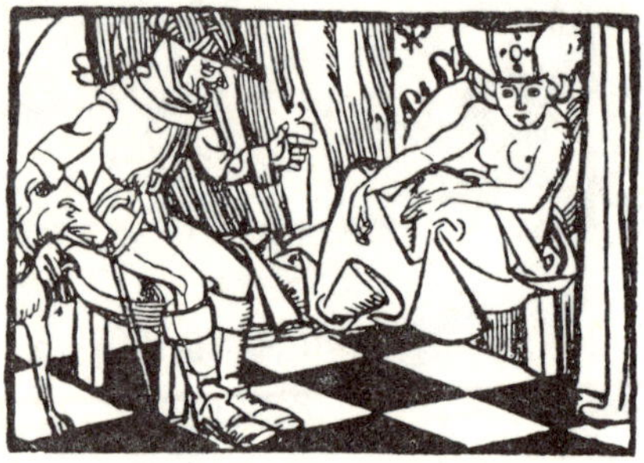

»Was gibt's?« – Da hub in Demutston
Sie zärtlich an zu bitten:
»Sei mir nit gram! Es kommt davon,
Daß ich – die Strafe hab' ich schon –
Heut' auf dem Hund geritten!

Just weil mir Kunz es untersagt,
Tat ich den Ritt verstohlen – «.
Da hat's in Heinzens Kopf getagt
Und hat sie lachend ausgefragt,
Dann ließ er Kunzen holen:

»Du bist ein Schelm, doch treu und klug!
Wohlan: fahr' hin zum Keller

Und füll' den alten Silberkrug,
Drein schon mein Urahn Beulen schlug,
Mit glüd'nem Muskateller.

Und ist zu Bett das Burggesind',
Dann trinken wir, wir zweie,
Auf's Wohl der schönen Frau Gerlind',
Daß mir und daß dem armen Kind
Die scharfe Lehr' gedeihe!«

HANS REIMANN
(1889 – 1969)

Ein Fehlschuß

Es ging einmal so ganz allein
mit Kugel und mit Schrot
der Jäger in die Welt hinein,
er ging in seinen Tod.
Das Bächlein springt,
die Amsel singt,
und friedlich liegt die Heide.

Schön Rotraut, die ihm teurer war
als Hab und Gut und Geld,
glitt ohne Achtung der Gefahr
ihm zierlich nach ins Feld.
Das Bächlein springt,
die Amsel singt,
und friedlich liegt die Heide.

Sie glitt ihm zierlich nach huschhusch,
den Liebsten zu erfreu'n –
von Strauch zu Strauch, von Busch zu Busch
im Morgensonnenschein.
Das Bächlein springt,
die Amsel singt,
und friedlich liegt die Heide.

Da plötzlich setzt' des Nimrods* Hund
'nem jungen Wildschwein nach,
das noch vor einer Viertelstund'
im Mutterschoße lag.
Das Bächlein springt,
die Amsel singt,
und friedlich liegt die Heide.

Es treibt den reinsten Schabernack,
bald trabt es, bald bleibts stehn,
bald läuft es zick, bald läuft es zack,
dem Hunde zu entgehn.
Das Bächlein springt,
die Amsel singt,
und friedlich liegt die Heide.

Doch leider findets keine Ruh,
wird überall entdeckt.
Jetzt endlich eilts dem Buschwerk zu —
dorthin, wo Rotraut steckt.
Das Bächlein springt,
die Amsel singt,
und friedlich liegt die Heide.

Der Jäger raste rasch herbei,
es raschelt was im Strauch...
Er schoß sein mörderisches Blei
Schön Rotraut in den Bauch.
Das Bächlein springt,
die Amsel singt,
und friedlich liegt die Heide.

»Weh!« stöhnt er. »Was hab ich getan!
Nein, so ein Unglücksschuß!
Ich Idiot, ich war im Tran...
Nimm diesen Abschiedskuß!«
Das Bächlein springt,
die Amsel singt,
und friedlich liegt die Heide.

Ringsum war alles kahl und leer.
Der Jäger war es auch.
Da schoß er mit dem Schießgewehr
sich gleichfalls in den Bauch.
Kein Bächlein sprang,
kein Vöglein sang,
und blutrot lag die Heide.

LUDWIG RICHTER
(1803 – 1884)

Höchst wahrhaftige
anfangs zuckersüße,
am Ende aber tragisch-scheußliche Geschichte
zweier Liebenden

Eduard und Kunigunde
geheißen;

wie sich solche in der aschgrauen Vorzeit, als sie Leute alle noch einfältig waren, begeben: unseren absonderlich erleuchteten Zeiten zur Warnung und Ergötzung

vorgestellet und mit Bildern verzieret
durch

Jodocus Buchsbaumerl.

Eigene Melodie

Vers 1

Eduard und Kunigunde,
Kunigunde, Eduard.
Eduard und Kunigunde,
Kunigunde, Eduard.

Wie der ehrenfeste Ritter Eduard seine holde Kunigunde durch einen Operngucker erblickt und wie er die Stunde der nächtlichen Zusammenkunft hinübertelegraphiert.

Vers 2

Eduard und Kundigunde,
Kunigunde, Eduard.
Eduard und Kunigunde,
Kunigunde, Eduard.

Was der Wächter auf der Zinne zufällig erblickt, da er eben im Begriff war, seine Nachtphiola* ihres Inhalts zu entledigen.

Vers 3

Eduard und Kunigunde,
Kunigunde, Eduard.
Eduard und Kunigunde,
Kunigunde, Eduard.

Verfolgter Wächter weckt seinen Gebieter, den Grafen Hugo von Bomsen, und zeigt ihm die Historie. – Es wird tragisch!

Vers 4

Eduard und Kunigunde,
Kunigunde, Eduard.
Eduard und Kunigunde,
Kunigunde, Eduard.

Die Liebe hat gesiegt. Die süße Maid entfliehet mit dem Geliebten aus der Burg ihrer Väter auf eine wahrhaft halsbrecherische Weise. Selbst der Mond vermag seine Bedenken darüber nicht zu unterdrücken.

Vers 5

Eduard und Kunigunde,
Kunigunde, Eduard.
Eduard und Kunigunde,
Kunigunde, Eduard.

Hugo von Bomsen, von Schmerz und Wut erfüllt, wirft sich eilig in die Hosen.

Vers 6

Eduard und Kunigunde,
Kunigunde, Eduard.
Eduard und Kunigunde,
Kunigunde, Eduard.

Flucht beider Liebenden auf einem höchst zweckmäßig eingerichteten zweischläfrigen Rosse.

Vers 7

Eduard und Kunigunde,
Kunigunde, Eduard.
Eduard und Kunigunde,
Kunigunde, Eduard.

Abendsoupé in der Herberge »Zu den zwei flammenden Herzen«. Man hört dumpfes Keuchen und Schnaufen in der Ferne.

Vers 8

Eduard und Kunigunde,
Kunigunde, Eduard.
Eduard und Kunigunde,
Kunigunde, Eduard.

Wie Hugo von Bomsen samt dem Wächter, da sie die Türe verschlossen finden, zufällig Tür, Gans, Kloß, Kunigunden und Eduard durchbohren und aufspießen.

Vers 9

Eduard und Kunigunde,
Kunigunde, Eduard.
Eduard und Kunigunde,
Kunigunde, Eduard.

Heimfahrt der Nibelungen
*Marcia funebre**
(Danach soll eine vortreffliche Musik von einem gewissen Beethoven in Wien komponiert sein.)

Vers 10

Eduard und Kunigunde,
Kunigunde, Eduard.
Eduard und Kunigunde,
Kunigunde, Eduard.

Wiederholung des ersten Verses

Eduard und Kunigunde,
Kunigunde, Eduard.
Eduard und Kundigunde,
Kunigunde, Eduard.

THEODOR VAN RIJSWIJK
(1811 – 1849)

Der arme Leiermann

Brave Leute, hört mich singen,
Bin ein armer Leiermann,
Der kein ander Handwerk kann
Und geboren ward zum Singen.
Wohl begriff ich es schon lang,
Daß vom Glück ich ausgeschlossen,
Doch das Schicksal hat's beschlossen,
Daß mir werde der Gesang.

Seit der Kindheit frühsten Zeiten
Saß ich froh und sorgenlos
Mit der Leier in dem Schoß,
Rührte kräftig alle Saiten;
Wenn's der Schlechtigkeit gelang,
Mit Erfolg mich zu verhöhnen,
Stimmt' ich mit erhabnen Tönen
An den mächtigen Gesang.

Was mir immer dafür werde,
Ander Ziel und andern Drang
Als den vaterländ'schen Sang
Hatt' ich niemals auf der Erde;
Heucheln lehrte mich kein Zwang,
Selbst kein Gold kann mich bewegen,
Denn besitz' ich kein Vermögen,
Ich besitze den Gesang.

Nie will ich das Schicksal fragen:
»Was verfolgst du mich so sehr?
Was bedrückst du mich so schwer?«
Das Gebotne kann ich tragen,
Stürme machen mir nicht bang,
Ketten können mich nicht binden,
Ruh' und Freiheit kann ich finden
In der Gabe vom Gesang.

Hab' ein Weib und hab' drei Kleine,
Niedrig ist mein Haus und klein,
Schmale Bissen müssen sein,
So für mich wie für die Meinen;
Aber meiner Saiten Klang
Gab ich dennoch nimmer, nimmer,
Nicht für Schätze, nicht für Schimmer,
Denn mein Leben ist sein Sang.

Sollten einst, wo Frohe singen,
Wenn ich, armer Leiermann,
Selber nicht mehr singen kann,
Meine Lieder noch erklingen,

Dann soll bei der Becher Klang,
Die von goldnem Weine blinken,
Einmal auch auf ihn man trinken,
Der so viele Lieder sang.

FRIEDRICH SCHILLER
(1759–1805)

Die Kindesmörderin

Horch – die Glocken hallen dumpf zusammen,
Und der Zeiger hat vollbracht den Lauf,
Nun, so sei's denn! – Nun, in Gottes Namen,
Grabgefährten, brecht zum Richtplatz auf!
Nimm, o Welt, die letzten Abschiedsküsse!
Diese Tränen nimm, o Welt, noch hin!
Deine Gifte – o sie schmeckten süße! –
Wir sind quitt, du Herzvergifterin.

Fahret wohl, ihr Freuden dieser Sonne,
Gegen schwarzen Moder umgetauscht!
Fahre wohl, du Rosenzeit voll Wonne,
Die so oft das Mädchen lustberauscht!
Fahret wohl, ihr goldgewebten Träume,
Paradieseskinder-Phantasien!
Weh! Sie starben schon im Morgenkeime,
Ewig nimmer an das Licht zu blüh'n.

Schön geschmückt mit rosenroten Schleifen,
Deckte mich der Unschuld Schwanenkleid,
In der blonden Locken loses Schweifen
Waren junge Rosen eingestreut.
Wehe! – Die Geopferte der Hölle
Schmückt noch jetzt das weißliche Gewand,
Aber ach, der Rosenschleifen Stelle
Nahm ein schwarzes Totenband.

Weinet um mich, die ihr nie gefallen,
Denen noch der Unschuld Lilien blüh'n,
Denen zu dem weichen Busenwallen
Heldenstärke die Natur verlieh'n!

Wehe! – Menschlich hat dies Herz empfunden!
Und Empfindung soll mein Richtschwert sein!
Weh! Vom Arm des falschen Manns umwunden
Schlief Luisens Tugend ein.

Ach vielleicht umflattert eine and're,
Mein vergessen, dieses Schlangenherz,
Überfließt, wenn ich zum Grabe wandre,
An dem Putztisch in verliebten Scherz?
Spielt vielleicht mit seines Mädchens Locke,
Schlingt den Kuß, den sie entgegenbringt,
Wenn, verspritzt auf diesem Todesblocke,
Hoch mein Blut vom Rumpfe springt.

Joseph! Joseph! Auf entfernte Meilen
Folge dir Luisens Totenchor,
Und des Glockenturmes dumpfes Heulen
Schlage schrecklich mahnend an dein Ohr –
Wenn von eines Mädchens weichem Munde
Dir der Liebe sanft Gelispel quillt,
Bohr' es plötzlich eine Höllenwunde
In der Wollust Rosenbild!

Ha Verräter! Nicht Luisens Schmerzen?
Nicht des Weibes Schande, harter Mann?
Nicht das Knäblein unter meinem Herzen?
Nicht, was Löw' und Tiger schmelzen kann?
Seine Segel fliegen stolz vom Lande!
Meine Augen zittern dunkel nach.
Um die Mädchen an der Seine Strande
Winselt er sein falsches Ach!

Und das Kindlein – in der Mutter Schoße
Lag es da in süßer gold'ner Ruh',
In dem Reiz der jungen Morgenrose
Lachte mir der holde Kleine zu,
Tödlichlieblich sprach aus allen Zügen
Sein geliebtes teures Bild mich an,
Den beklomm'nen Mutterbusen wiegen
Liebe und – Verzweiflungswahn.

Weib, wo ist mein Vater? Lallte
Seiner Unschuld stumme Donnersprach',
Weib, wo ist dein Gatte? Hallte
Jeder Winkel meines Herzens nach –
Weh, umsonst wirst, Waise, du ihn suchen,
Der vielleicht schon and're Kinder herzt,
Wirst der Stunde uns'res Glückes fluchen,
Wenn dich einst der Name Bastard schwärzt.

Deine Mutter – o im Busen Hölle!
Einsam sitzt sie in dem All der Welt,
Durstet ewig an der Freudenquelle,
Die dein Anblick fürchterlich vergällt.
Ach, mit jedem Laut von dir erklingen
Schmerzgefühle des vergangnen Glücks,
Und des Todes bittre Pfeile dringen
Aus dem Lächelns deines Kinderblicks.

Hölle, Hölle, wo ich dich vermisse,
Hölle, wo mein Auge dich erblickt,
Eumenidenruten* deine Küsse,
Die von seinen Lippen mich entzückt,
Seine Eide donnern aus dem Grabe wieder,
Ewig, ewig würgt sein Meineid fort,
Ewig – hier umstrickte mich die Hyder* –
Und vollendet war der Mord.

Joseph! Joseph! Auf entfernte Meilen
Jage dir der grimme Schatten nach,
Mög' mit kalten Armen dich ereilen,
Donn're dich aus Wonneträumen wach,
Im Geflimmer sanfter Sterne zucke
Dir des Kindes grasser Sterbeblick,
Es begegne dir im blut'gen Schmucke,
Geißle dich vom Paradies zurück!

Seht, da lag's entseelt zu meinen Füßen –
Kalt hinstarrend, mit verworr'nem Sinn
Sah ich seines Blutes Ströme fließen,
Und mein Leben floß mit ihm dahin –

Schrecklich pocht' schon des Gerichtes Bote,
Schrecklicher mein Herz!
Freudig eilt' ich, in dem kalten Tode
Auszulöschen meinen Flammenschmerz.

Joseph! Gott im Himmel kann verzeihen,
Dir verzeiht die Sünderin.
Meinen Groll will ich der Erde weihen,
Schlage, Flamme, durch den Holzstoß hin! –
Glücklich! Glücklich! Seine Briefe lodern,
Seine Eide frißt ein siegend Feu'r,
Seine Küsse, wie sie hochauflodern! –
Was auf Erden war mir einst so teu'r?

Trauet nicht den Rosen eurer Jugend,
Trauet, Schwestern, Männerschwüren nie!
Schönheit war die Falle meiner Tugend,
Auf der Richtstatt hier verfluch' ich sie! –
Zähren? Zähren in des Würgers Blicken?
Schnell die Binde um mein Angesicht!
Henker, kannst du keine Lilie knicken?
Bleicher Henker, zittre nicht!

JOHANN FRIEDRICH SCHINK
(1755–1835)

Oldar und Käthchen

Ein König, schon bei Jahren,
Vermählte sich
Trotz seinen grauen Haaren
Recht säuberlich
Mit einem schönen Mädchen
Von seiner Art.
Ihr Nam' war, dünkt mich Käthchen;
Sie war sehr zart.

Wie Hyazinthen blühen,
So blühte sie,
Wie junge Rosen glühen,
So glühte sie.
Ihr Auge strömte Wonne,
Von Reiz umkränzt;
Sie strahlte, wie die Sonne
In Purpur glänzt.

Peters, so hieß der alte König, liebte sie wie sein Leben und glaubte, der glücklichste Mann auf dem Erdboden zu sein. – Aber Käthchen

Seufzt oft in bangen Klagen:
»O wehe mir!
Bestimmt zu Trauertagen
Sitz' ich nun hier;
Ich muß der Jugend Blüte
Dem Alter weih'n,
Und ihm muß mein Gemüte
Ergeben sein.

Der Liebe süße Freuden
Entfernen sich;
Und ach, in bangen Leiden
Verzehr' ich mich!
Mein Leben flieht mit Jammer
Und Kummer hin:
Ich klag' in meiner Kammer,
Die Freuden flieh'n.«

So klagt die arme junge Frau. Acht Tage waren schon verflossen, und sie hatte sich ihre kleinen Äugelein ganz rot geweint, als sie in ihren Schloßgarten ging, um in der Einsamkeit zu klagen. Da begegnet ihr der Ritter Oldar; sie stutzte.

Es glühten seine Wangen
Im Jugendglanz,
Die Liebesgötter sprangen
Um ihn im Tanz.

Sein Reiz fing zu behagen
Dem Mädchen schon;
Er war, es kurz zu sagen:
Schön wie Adon*.

Der Ritter hatte die Dame schon lange geliebt, sie ihn auch; welch ein Glück, daß sie sich hier trafen. Noch wußte Oldar nichts von der Vermählung der Dame; er war gestern von den Kreuzzügen zurückgekommen, und da er Tränen in Käthchens Augen sah, so wurde er bewegt:

»Was weinst du, trautes Mädchen?«
Hub Oldar an,
»Sag mir, du süßes Käthchen,
Sag mir, was kann
Dich so zu Tränen zwingen?
Was mag es sein,
Daß helle Zähren dringen
Vom Auge dein?

Laß mich, o laß mich wissen,
Du trautes Herz,
Warum die Zähren fließen,
Und deinen Schmerz!
Denn wiss' (du mußt es hören),
Ich liebe dich,
Und diese deine Zähren
betrüben mich.«

Die Königin klagte ihm ihr ganzes Unglück und bat ihn, indem sie ihn mit ihrer seid'nen Hand sanft drückte, ihr Elend zu erleichtern. Und was tat Oldar? Er küßte ihre Marmorhändchen und deklamierte:

»Sieh' hier bei dieser Zähre,
O Königin!
Bei meiner Liebe schwöre
Ich treuen Sinn!
Dir will ich mich ergeben,
Mich ganz dir weih'n,
Mein Herz, mein ganzes Leben
Soll deine sein.

O komm, du mein Entzücken,
Umarme mich!
Dich an die Brust zu drücken
Heisch' sehnlich ich.
Komm', laß' mich Wonne trinken
Aus deinem Blick;
Dein sanftes Augenwinken
Ist Götterglück.«

Die junge Königin stand nicht lange an, den Ritter zu erhören; sie lief ihm in die Arme, küßte ihn und merkte gar bald, daß seine Küsse von ganz andrer Art wären, als die ihr der alte Peters gäbe. Käthchen fing an zu glühen, Oldar nicht weniger, und sie wurden bei dieser zärtlichen Pantomime so rasch, daß sie, sie wußten selbst nicht wie, auf einen Rasen niedersanken.

Auf sanften Rasenbetten
Lag' er und sie,
Und kleine Amoretten
Umflogen sie.
Die kleinen Götter lächeln
Voll von Gefühl,
Und kühle Winde fächeln
Im Amorspiel

Um Oldar und um Käthchen,
Die sanft da lag,
Umscherzt von Zephyreichen
Der Liebe pflag,
Bis die, die sich vergnügten,
Von Lust berauscht,
Im sanften Traum sich wiegten,
Vom Schlaf belauscht.

O, warum schliefen sie doch ein? Denn Peters, dem es ganz ungewöhnlich am Vorderhaupt juckte, ging in den Garten hinunter, sein Käthchen zu suchen, und rief durch die langen Gewölbe nach ihr:

»Wo bist du denn, mein Täubchen,
Mein Käthchen schön!
Komm' doch, du liebes Weibchen,
Und laß dich seh'n!

O komm', du meine Treue,
Dein Peter ruft!«
So tönet sein Geschreie
Hin durch die Luft.

Indem kam er an eine dicht zusammengewachsne Jasminlaube – er sah sie beide voll von den Freuden der Liebe süß schlafen; Käthchen hatte ihren weißen Arm um ihren Liebling geschlungen. Da fing Peters an zu glühen. Ein schreckliches Unwetter zog sich über die Falte seiner Stirne herauf, seine Muskeln fingen an zu schwellen und machten das erbärmlichste Mienenspiel.

»So muß ich es denn sehen«,
Hört man ihn schrei'n,
»Muß ich mit Hörnern gehen
Und Hahnrei sein?

Es treffe Fluch, Verderben
Den Zeitvertreib!
Beim Herkul, du sollst sterben,
Untreues Weib!«

Er fuhr auch wirklich mit der Hand nach dem Busen und langte einen Dolch hervor, das arme Käthchen, die eben mit ihrem Ritter erwacht war, zu durchstechen. Hier winkte die Dame dem Ritter zu entwischen; sie aber fiel auf ihre schönen Knie und hub kläglich an:

»Wie? Und du willst mich töten,
O mein Gemahl?
Und nimmst, ohn' zu erröten,
Den blut'gen Stahl
Und willst damit durchbohren
Mein treues Herz?
Oh weh, ich bin verloren!
Ach, welch ein Schmerz!

Was fehlt dir dann, mein König,
Was fehlet dir?« –
»Sah ich etwa zuwenig?«
Antwort't er ihr.
»Ich sah ihn bei dir liegen;
Dich drauf bedacht,
Dich mit ihm zu vergnügen:
Es sei vollbracht!«

Eben wollt' er sie durchstoßen, sie aber hielt ihn zurück, indem Silbertränchen ihre Wangen herabflossen, und schluchzend sagte sie:

»Nun gut, so will ich sterben.
Durchbohre hier! (Sie wies auf die
Den Dolch mit Blut zu färben [Brust.)
Gefället Dir.
Färb' ihn mit deinem Blute,
So keusch, so rein!
Durchstich mit frohem Mute
Das Herze dein!

Hier, wo sich Veilchen gatten,
Sieh selbst es an,
Hier täuschte dich mein Schatten,
Als wär's ein Mann.
Da, siehst du etwas liegen,
Mein bestes Herz?
Mein teuerstes Vergnügen,
War's nicht dein Scherz?«

Der gute König glaubte Madame Käthchen und umarmte sie zärtlich. Oldar und Käthchen kamen noch oft zusammen. Er stand dabei, und da seine Augen immer dunkler wurden, glaubte er immer, Kätchens Schatten zu sehen. Nun, lieber Leser, merke dir noch den locum communem*:

So knirscht noch oft in unser'n Zeiten
Ein Ehemann,
Trifft er bei solchen Lustbarkeiten
Sein Weibchen an.
Er knirscht, doch eine Trän' im Blicke
Verscheucht den Zorn,
Und eine große Staatsperücke
Bedeckt sein Horn.

AUGUST WILHELM SCHLEGEL
(1767 – 1845)

Ballade
vom Raube der Sabinerinnen
und von der neuentdeckten Stadt Quirium

Hört, ihr Quiriten*, insgesamt
Die wunderneue Märe!
Von wannen euer Name stammt,
Das ist's, was ich euch lehre.
Von Quirium! Von Quirium!
Trallirum, larum, lirium!

Von Eures im Sabinerland
Ließ man Quiriten kommen.
Doch das ist nur ein alter Tand:
Jetzt hab' ich's baß vernommen:
Von Quirium! Von Quirium!
Trallirum, larum, lirium!

Dort auf dem Kapitolium,
Da lag das feine Städtchen.
Die Leute waren nicht so dumm,
Sie hatten hübsche Mädchen
Von Quirium! Von Quirium!
Trallirum, larum, lirium!

Da wurde noch nicht Jovis'* Dom
In voller Pracht geschauet.
Es hatte Romulus sein Rom
Am Palatin erbauet,
Bei Quirium! Bei Quirium!
Trallirum, larum, lirium!

Doch wohnten am Palatium*
Fast lauter Galgenschwengel,
Und kein Sabiner wollte drum
Zum Eidam solchen Bengel
In Quirium! In Quirium!
Trallirum, larum, lirium!

Der Romulus, an Listen reich,
Verkündigt' ein Spektakel:
Da kamen die Sabiner gleich,
Zu schauen das Mirakel,
Aus Quirium! Aus Quirium!
Trallirum, larum, lirium!

Die Römer hatten bald gepackt
Der Mädchen Röck' und Mieder.
Beim Sträuben wurde manche nackt;
Sie schrien und wollten wieder
Nach Quirium! Nach Quirium!
Trallirum, larum, lirium!

Es half nicht, schrien sie noch so laut:
Man schleppte sie nach Hause,
Und jeder schlief bei seiner Braut
Nach lust'gem Hochzeitschmause,
Aus Quirium! Aus Quirium!
Trallirum, larum, lirium!

Die Mädchen lebten frisch und froh
Bei ihren Übeltätern;
Doch scholl ein Zetermordio
Von Müttern und von Vätern
Aus Quirium! Aus Quirium!
Trallirum, larum, lirium!

Zwei Heer rückten an zum Strauß
Auf dem Gemüsemarkte.
Sie nahmen beiderseits Reißaus,
Bis erst ihr Mut erstarkte
Vor Quirium! Vor Quirium!
Trallirum, larum, lirium!

Nun kamen mit zerstreutem Haar,
Mit ihren schwangeren Leibchen,
Mit Kindern an den Brüsten gar,
Herbeigerannt die Weibchen,
Vor Quirium! Vor Quirium!
Trallirum, larum, lirium!

Aus zweien ward ein Königtum,
Der Friede schön vermittelt;
Roms Volk, zu der Sabiner Ruhm,
Quiriten auch betitelt,
Von Quirium! Von Quirium!
Trallirum, larum, lirium!

Die Stadt hieß Rom vor aller Welt:
Doch ihr geheimer Name,
Worauf ihr Schicksal war gestellt
Und ihrer Herrschaft Same,
Hieß Quirium! Hieß Quirium!
Trallirum, larum, lirium!

Dies saugt' ich aus den Fingern nicht;
Ich bin ein Bänkelsänger.
Was Niebuhr* sagt, das hat Gewicht:
Er spinnt es noch viel länger
Mit Quirium! Mit Quirium!
Trallirum, larum, lirium!

FELIX SCHLOEMP
(?–?)

Die Liebe im Leichenkeller

Eine klinische Ballade nach einer wahren Begebenheit

Mieze Klumpatsch war 'ne Krankenschwester
In der königlichen Charité*,
Und ihr Ruf war stets ein allerbester,
Bis sie traf das erste Liebesweh.

Er war Leichenschinder in dem Institute,
Mußte stets im Leichenkeller sein,
Alle Leichen reinigt er vom Blute
Und schob sie in einen Ofen 'rein.

Dieser Leichenofen gab nicht Wärme,
Sondern Eiseskälte zum Gefrier'n,
Wenn dann steifgefroren die Gedärme,
Konnte man sie mit Genuß sezier'n.

Doch die Liebe zu dem Leichenschinder
Machte sie vor lauter Sehnsucht krank,
Währenddem er bei zwei kleinen Kinder-
Leichen seinen Abendschoppen trank,

Sprach sie: »Ach, er muß mich wiedersehen,
Sag' ich dabei auch der Welt Lebwohl!«
Tat hierauf zur Apotheke gehen,
Kaufte dort sich für zwei Mark Lysol*.

Setzte sich in eine Autodroschke,
Die sie fand vor einem Varieté,
Dieser Wagen ist schnell wie ein Frosch ge-
Fahren mit ihr nach der Charité.

Als man sie dort aus dem Wagen holte,
War sie eine Leiche steif und starr,
Die nur mit den treuen Augen rollte,
Bis auch dieses bald vorüber war.

Nun kam sie zu ihrem Schinder 'runter,
Der die Ärmel sich schon hochgestreift,
Und den Leichnam stillvergnügt und munter
Wie die andern alle abgeseift.

Dann schob er sie in den Ofen eisig,
Hat dabei sich gar nicht mal gehärmt,
Denn er hatte schon 'ne and're bei sich,
Die mit ihrer Liebe ihn gewärmt.

Die Moral vernehmet, liebe Kinder:
Wollt ihr glücklich sein beim Kerzenschein,
Muß es doch nicht g'rad' ein Leichenschinder
Und in einem Leichenkeller sein!

Heimlich schlich sie sich zum Leichenkeller,
Und bei einer Kerze Stearin
Gab sich Mieze ihm in einer schnellen
Wallung der Gefühle gänzlich hin.

Und so blühten unter toten Leichen
Ihrer Liebe Rosen nächtlich spät,
Doch das Schicksal tat sie bald erreichen
Bei 'nem süßen Chari-Tete-a-tete.

Eine Oberin kam Arges witternd
Angelockt vom matten Kerzenschein,
Ängstlich kroch die arme Mieze zitternd
In den Ofen zu den Leichen rein.

Beinah hätte sie sich so getötet,
Doch die Oberin zog sie heraus,
Und die Wangen eis- und schamgerötet
Schmiß man sie dieselbe Nacht hinaus.

Die Ballade vom zugeknöpften Mädchen

Adolar sah einst 'ne holde Jungfer,
Deren Wuchs einfach junonisch* war,
Weshalb er sogleich voll Seelenschwung ver-
Liebt in sie, und zwar platonisch war.

Bat er sie, sich neben ihn zu setzen,
Sagte Adelgunde seufzend: »Nein!«
Um das enge Kleid nicht zu verletzen,
Das sie schnürte wie 'ne Preßwurst ein.

Zwar war schlankgebaut sie wie 'ne Pinie,
Aber niemals hatte sie sich hingesetzt,
Denn des Körperrückens Wellenlinie
War mit vielen Knöpfen dicht besetzt.

Darum konnte sie ihn nicht erhören,
Sprach er ihr von seinem Liebesweh
Und war g'rad' beim besten Liebesschwören,
Hüpfte sie nervöse in die Höh'.

Immer spürte sie die Knöpfe kratzen,
G'rade dort, wo sie am weichsten saß,

Und vor Angst, es könnte einer platzen,
Sprang sie auf und wurde leichenblaß.

Und der Jüngeling war ganz gebrochen,
Glaubte sich verschmäht und hat getobt,
Und vor Gram nach zwei, drei Wochen
hat er anderweitig sich verlobt.

Adelgunde wurde immer blasser,
Doch ihr Körper schlanker noch als schlank,
Da sie nie nichts aß, nur Selterswasser
Oder höchstens Himbeerlimonade trank.

Niemals setzte sich die eitle Blonde,
Knöpfte niemals sich die Robe auf,
Als sie schließlich nicht mehr stehen konnte,
Nahm sie 'n Strick und bammelte sich auf!

Schrecklich ist der Eitlen Tod gewesen,
An den Knöpfen klappert ihr Gebein,
Drum ihr Damen, die ihr dies gelesen,
Flieht der Humpelröcke* Pein!!!

Tiefsinnige Tiefseeballade

Auf dem versunk'nen Schiff
Dicht am Korallenriff
Flüstert ein Meermännlein:
»Meerweib sei mein!

Sieh, wie ich blaß! Erweiche!
Sonst als 'ne Wasserleiche
Findet man morgen mich
Ganz sicherlich!«

Aber die nasse Type
Schwärmt nur für Rasseliebe:

»Sie sind mir zu blasiert
Und degeneriert!

Ihre Meerschweinigelei'n
Bei unser'm Stelldichein
Lassen mich kalt wie 'n Fisch,
Oh, je m'en fiche*!«

Drauf er voll Liebesgram
Schnell sich das Leben nahm,
Schnitt sich den Hals enzwei
Am Sägehai.

Aus ihrer Ritter Zahl
Wählt sie den Zitteraal,
Der sie, voll Lieb' gerührt,
Elektrisiert.

Doch gleich beim ersten Kuß
Tötet sie der Kurzschluß,
Da er zu heiß entbrannt,
War »überspannt«.

Dies selbst die Flundern wundert,
Tränen viel mehr als hundert
Sind still geflossen
Von ihren Flossen...

HEINRICH SEIDEL
(1842–1906)

Die Musik der armen Leute

Der Herr Musikprofessor spricht:
»Die Drehorgeln, die dulde man nicht!
Sie sind eine Plage und ein Skandal!«
Mein lieber Professor, nun hören Sie mal:
Ein enger Hof – kein Sonnenschein
Fällt dort das ganze Jahr hinein.
Da herrscht ein seltsam muffiger Duft,
Nach Armut riecht's und Kellerluft,
Da blüht keine Blume, da grünt kein Laub,
Die Kinder spielen in Müll und Staub.

Nun kommt ein Leiermann hervor
Und schleppt seinen Kasten durch's offene Tor.
Einen lustigen Walzer spielt er auf,
Da rennt es herbei in schnellem Lauf,
Da krabbeln aus ihren Höhlen heraus
Die Kinder in dem ganzen Haus,
Und über die blassen, ernsten Gesichter
Fliegt es dahin wie Sonnenlichter.
Sie tanzen und wiegen sich hin und her
Im Walzertakt – was will man mehr?
In der Kellertür steht ein schlumpiges Weib,
Ihr hängen die Kleider um den Leib,
Den Säugling hält sie in dem Arm,
In ein Wollentuch gewickelt warm.
Sie läßt ihn tanzen, und wie er sich regt
Und mit den mageren Ärmchen schlägt,
Ist über die vergrämten Wangen
Ein Strahl von Mutterfreude gegangen.
Das Mädchen für alles im ersten Stock,
Es faßt mit den Fingerspitzen den Rock
Und trällert die Weise und reckt sich und lacht:

An den blauen Dragoner hat sie gedacht;
Des Sonntags nach vollbrachtem Werk
Im »Schwarzen Adler« zu Schöneberg –
Er war so unbeschreiblich flott
Und tanzte den Walzer wie ein Gott.
Der Leiermann hat die Blicke erhoben
Und wartet auf den Segen von oben.
Dann kommt – das hört ein jeder gern:
»Einst spielt' ich mit Zepter, Krone und Stern.«
Der arme Schreiber in seiner Kammer
Vergißt eine Weile den täglichen Jammer.
Er läßt die kritzelnde Feder steh'n
Und seinen Blick zu den Wolken geh'n,
Die über die Dächer dahin gezogen.
So hoch sind einst seine Träume geflogen
Von Ruhm und Glück und Sonnenschein:
»O selig, o selig, ein Kind noch zu sein!«

Der Leiermann dreht seine Kurbel um,
Seine Blicke wandern ringsherum.
Ein anderes Stück nun stellt er ein:
»Ich bitt' Euch lieben Vögelein!«
Die Näherin läßt die Maschine steh'n,
Und ihre Traumgedanken geh'n
Zum letzten Roman, den sie gelesen.
Wie edel ist doch der Graf gewesen,
Daß er das arme Mädchen nahm,
Obgleich es doch fast zur Enterbung kam.
Dann seufzt sie. Ach, sie weiß wie es geht:
Die edlen Grafen sind dünn gesät!
Doch wenn auch kein Graf, wenn einer nur käme,
Den sie möchte, und der sie nähme.
Draußen schießen die Schwalben vorbei,
Sie blickt ihnen nach und summt dabei:
»Ich bitt' Euch lieben Vögelein,
Will keins von Euch mein Bote sein?«
Der Leiermann aber schaut sich stumm
Von einem Fenster zum andern um,
Zieht sein Register und spielt mit Schall:
»Es braust ein Ruf wie Donnerhall!«

In seiner Werkstatt der Schuster nun
Läßt eine Weile den Hammer ruh'n.
Er war bei Wörth und bei Sedan
Und vor Paris und Orleans,
Und wie er denkt an jene Zeit,
Wird sein Soldatenherz ihm weit!
Er klopft mit kampfgewohnter Hand –
Mit Gott für König und Vaterland –
Gar mächtig auf das Leder ein:
»Lieb' Vaterland, magst ruhig sein!«

Der Leiermann aber blickt und späht,
Damit sein Lohn ihm nicht entgeht.
Und sieh', der Segen bleibt nicht fern,
Denn Armut gibt der Armut gern.
Bald hier, bald dort mit leisem Klapp,
In Papier gewickelt, fällt es herab.

Und ob auch der Herr Professor schreit –
Hier fühlt man nichts als Dankbarkeit,
Denn ein wenig Licht ins graue Heute
Bringt die Musik der armen Leute.

Erschütternde Schüttel-Knüttel-Reimballade

Auf den Rabenklippen
Bleichen Knabenrippen,
Und der Mond verkriecht sich düster ins Gewölk,
Rings im Kringel schnattern
Schwarze Ringelnattern,
Und der Uhu naht sich mit Gebölk.

Mit den Tatzen kratzen
Bleiche Katzenfratzen
An dem Leichenstein der Modergruft.

Furchtbar, schrecklich, gräßlich,
Greulich, eklig, häßlich
Tönt ihr Wehgewinsel durch die Luft.

Tief im Moore brodelt's,
Und im Chore jodelt's
In die kohlpechrabenschwarze Nacht hinaus.
Keine Brandungslücke,
Keine Landungsbrücke
Gibt's in diesem Moor aus Schreck und Graus.

Selbst ein dummer Stänker
Wird ein stummer Denker,
Wenn er soviel Grauses hört und schaut.
Trinkt noch schnell 'nen Bittern,
Sinkt zur Stell' mit Zittern
Mit 'ner Kreidehaut ins Heidekraut.

Drum, ihr tollen Zecher,
Hebt die vollen Becher,
Besser sitzt es sich doch hier beim Wein
Als auf Rabenklippen,
Wo die Knabenrippen
Bleichen bei des Neumonds finsterm Schein!

KARL SEYFERT
(?–?)

Die Hussiten vor Naumburg

Die Hussiten* zogen gen Naumburg,
Über Jena her und Kamburg;
Auf der ganzen Vogelwies'
Sah man nichts als Schwert' und Spieß',
An die hunderttausend.

Als sie nun vor Naumburg lagen,
Kam darein ein großes Klagen;
Hunger quälte, Durst tat weh,
Und ein einzig Lot Kaffee
Kam auf sechzehn Pfennige.

Als die Not nun stieg zum Gipfel,
Faßt' die Hoffnung man beim Zipfel,
Und ein Lehrer von der Schul'
Sann auf Rettung und verful
Endlich auf die Kinder.

Und zu Ehren des Mirakel'
Ist nun jährlich ein Spektakel;
Kennt ihr nicht das Kirschenfest,
Wo man's Geld in Zelten läßt?
Freiheit und Viktoria!

Dem Prokopen* tät' es scheinen,
Kirschen kaufte er den Kleinen;
Zog drauf sein langes Schwert,
Kommandierte: Rechts um, kehrt!
Hinterwärts von Naumburg.

Kinder, sprach er, ihr seid Kinder
Unschuldsvoll und keine Sünder!
Ich führ' zum Prokop euch hin,
Der wird nicht so grausam sin,
Euch zu massakrieren.

LUDWIG THOMA
(1867–1921)

D'Marie

Maria Seibold war nun schon
Drei Jahre in der Kondition
Als Kellnerin beim Hackerbräu.
Auch war sie fleißig, ehrlich, treu.

Das Leben einer Kellnerin
Fließt nicht in lauter Unschuld hin.
Die Gäste werden leicht frivol,
Beeinflußt durch den Alkohol.

Sehr häufig zeigt ein alter Mann
Gefühle, die er nicht mehr kann;
Die Zote ist der letzte Trieb,
Der ihm von allem übrigblieb.

Die Kellnerin ist das Objekt
Für Witze, die man sonst versteckt,
Wie meckert so ein alter Greis,
Wenn er was Ordinäres weiß!

Wie herzlich lacht der Großpapa,
Und tut hihi und tut haha!
Und denkt sich, eine Kellnerin
Nimmt jeden Unflat gerne hin.

In der Welt der Sinnenlust
Blieb Marie immer selbstbewußt,
Was sie vernahm, war oft gemein,
Jedoch ihr Herz blieb sittenrein.

Kein Fähnrich und kein Korpsstudent
Erschütterte ihr Fundament,

Ja, selbst der schönste Offizier
Erreichte niemals nichts bei ihr.

In ihrem Busen war kein Platz
Für Liebe oder einen Schatz,
Sie blieb das ganze Jahr allein
Und mochte nicht und sagte »nein«.

Indessen, wer es recht versteht,
Der weiß ja selber, wie das geht.
Die Tugend ist ein Zwangssystem
Und insofern nicht angenehm.

Ihr Gegenteil ist ein Genuß,
Man hat sie bloß, weil man sie muß,
Man gibt sie weg, sobald man kann,
Es fragt sich nur: mit wem und wann.

Er hieß mit Namen Konstantin
Und kam durch einen Zufall hin.
Als Maler brauchte er Kredit
Und teilte es dem Mädchen mit.

Sie pumpte ihm. Man weiß es ja:
Vertrauen bringt die Herzen nah,
Und so erwachte auch für sie
Der erste Keim der Sympathie.

Ein Weib fühlt stets für einen Mann,
Dem es mit etwas helfen kann,
Die Regung schöner Zärtlichkeit,
Die dann naturgemäß gedeiht.

Das Wohlgefallen wächst an Kraft,
Die Neigung wird zur Leidenschaft,
Und wenn das Schicksal sie nicht trennt,
Kommt der geschlechtliche Moment.

Auch hier in dem besondern Fall
Ging es wie stets und überall,

Am dritten Tag war Konstantin
Das Ideal der Kellnerin.

Er selber nahm es mehr als Scherz,
Denn ein erprobtes Männerherz
Gibt mancherlei Gefühlen Raum
Und tändelt bloß und merkt sie kaum.

Indessen auch im leichten Spiel
Verfolgt man das bewußte Ziel,
Das jenseits von der Tugend liegt,
Die selten kämpft und niemals siegt.

Natürlich nahm es Konstantin
Als ziemlich selbstverständlich hin,
Daß sie ihm gern und liebevoll
Das Allerbeste opfern soll.

Sie sträubte sich; doch war der Ton,
Mit dem sie's tat, Gewährung schon.
Es klang in das verschämte »Nein«
Ganz leise hörbar »Ja« hinein.

»O Marie, tu nur zimperlich!
Was wetten wir, ich kriege dich!«
So sprach sehr oft der Konstantin,
Indem er heimging, vor sich hin.

Die Zeit für einen Sündenfall
Ist sicherlich der Karneval,
Man hat den Ort, man hat die Zeit,
Verführung und Gelegenheit.

Man sagt ganz harmlos: Ach herrjeh!
Wie wär's mit einem *bal paré?*
Man bietet sich zum Schutze an,
Damit das Mädchen gehen kann.

Das arme Ding, das gar nicht ahnt,
Was man so nebenbei noch plant,

Sagt höflich: »Ja, da gehen wir.«
Es denkt nur an das Tanzpläsier.

Das Lamm, das auf der Wiese springt,
Folgt seinem Metzger unbedingt
Und denkt an keine arge List,
Bis daß es dann geschlachtet ist.

Der Schmetterling fliegt in das Licht
Und denkt an keine Folgen nicht;
Der Vogel merkt den Leim erst dann,
Wenn er nicht mehr von hinnen kann.

Und kurz und gut, manch schönes Kind
Ist harmlos, wie die Tierchen sind.
So fiel auch Marie ohne Arg
Und Ahnung in den Tugendsarg.

Die Geige klingt, die Flöte pfeift;
Wie so ein Walzer uns ergreift!
Das Herz des Mädchens quillt empor,
Es kommt ihm alles göttlich vor.

Tira – la – lala – ach, wie gut!
Es klopft der Puls, es wallt das Blut,
Er tanzt auch links mit viel Geschick,
Und immer feuchter wird der Blick.

»Mein Herr, Sie tanzen gar zu eng!«
»Das kommt von selber im Gedräng',
Entschuldigung, das war mein Knie,
Ich höre auf.« – »Nein, bleiben Sie.«

Wie das sich Arm im Arme wiegt!
Wie das sich Herz am Herzen liegt!
»Bist du mir gut?« – »So sei doch still!«
»Nein, sag' mir, was ich wissen will!«

Es rötet sich das Angesicht.
»Ach, Konstantin, ich sag' es nicht,

Ach, Konstantin, du weißt es schon!«
Da schweigt der süße Geigenton.

Sie ist erschöpft. Ein Gläschen Sekt
Erleichtert ihm, was er bezweckt;
Es kommt nun, wie es kommen muß:
Ein langer Kuß, und noch ein Kuß.

»Um Gottes willen, Konstantin!
Wo denken Sie denn wirklich hin?«
»Und sträube dich nicht immerzu,
Es gibt kein ›Sie‹, wir sagen ›du‹.«

Im Palmengarten wird es schwül,
Es steigert sich das Lustgefühl;
Wie sich ihr Busen hebt und senkt!
Ihr Auge sagt, was sie sich denkt.

O, Marie, du bist auf der Bahn,
Die abwärts führt. So geht es an.
Ein Kuß ist so gefährlich nicht,
Doch schlimm ist das, was er verspricht.

Sie schmatzen wieder. Tätere – tä!
Man bläst das Zeichen zum Fraßä.
Autsch Mädchentugend! Autsch Marie!
O kehre um! Jetzt oder nie!

Sie bleibt und spricht der Sitte Hohn.
Ihr guter Engel ist entflohn,
Und nun entwickelt sich im Saal
Das wohlbekannte Bacchanal*.

Es steigern sich bei jeder Tour
Die wilden Triebe der Natur!
Es fliegt das Bein, es fliegt der Rock,
Ein jeder Jüngling wird ein Bock.

Beim Tanz gilt keine Kunst.
Man dreht sich nur in toller Brunst,

Man jauchzt besessen, schreit und stampft,
Man lacht und brüllt und schwitzt und dampft.

Du süße Unschuld, lebe wohl!
Das andre macht der Alkohol.
Du hast's erreicht, mein Konstantin!
Sie ist verloren. Nimm sie hin!

Und bei dem letzten Flötenpfiff
Erlosch ihr letzter Schambegriff,
Sie duldet jeden Händedruck,
Verzichtet auf den Tugendschmuck.

Und das Programm entwickelt sich,
Verliebt, begehrlich, liederlich,
Sie ißt noch Weißwürscht, geht zu ihm.
Nun sind ja wieder zwei intim.

Maria ist nach dieser Nacht
In seinem Atelier erwacht,
Und von derselben Stunde an
Geriet sie auf die schiefe Bahn.

Sie schäkert jetzt mit jedem Gast
Und freut sich mehr als jede fast,
Wenn so ein ordinärer Greis
Am Stammtisch was Gemeines weiß.

KURT TUCHOLSKY
(1890–1935)

Wenn die Igel in der Abendstunde

Für achtstimmigen Männerchor

Wenn die Igel in der Abendstunde
still nach ihren Mäusen gehn,
hing auch ich verzückt an deinem Munde,
und es war um mich geschehn –
Anna-Luise –!

Dein Papa ist kühn und Geometer,
er hat zwei Kanarienvögelein;
auf den Sonnabend aber geht er
gern zum Pilsner in'n Gesangverein –
Anna-Luise –!

Sagt' ich: „Wirst die meine du in Bälde?",
blicktest du voll süßer Träumerei
auf das grüne Vandervelde,
und du dachtetst dir dein Teil dabei,
Anna-Luise –!

Und du gabst dich mir im Unterholze
einmal hin und einmal her,
und du fragtest mich mit deutschem Stolze,
ob ich auch im Krieg gewesen wär ...
Anna-Luise –!

Ach, ich habe dich ja so belogen!
Hab gesagt, mir wär ein Kreuz von Eisen wert,
als Gefreiter wär ich ausgezogen,
und als Hauptmann wär ich heimge-
kehrt –
Anna-Luise –!

Als wir standen bei der Eberesche,
wo der Kronprinz einst gepflanzet hat,
raschelte ganz leise deine Wäsche,
und du strichst dir deine Röcke glatt,
Anna-Luise –!

Möchtest nie wo andershin du strichen!
Siehst du dort die ersten Sterne gehn?
Habe Dank für alle unvergesserlichen
Stunden und auf Wiedersehn!
Anna-Luise –!

Denn der schönste Platz, der hier auf
Erden mein,
das ist Heidelberg in Wien am Rhein,
Seemanslos.
Keine, die wie du die Flöte bliese ...!
Lebe wohl! Leb wohl.
Anna-Luise –!

KARL VALENTIN
(1882–1948)

Ja, so war'n s', die alten Ritterleut'

Ein uralter Rittersong mit neuen Versen von Karl Valentin. Der Vortragende ist mit Wams und Ritterhelm kostümiert. Maske: Dicke Nase und riesiger Schnauzbart. Die drei letzten Zeilen von jeder Strophe werden eventuell vom Publikum mitgesungen.

1

Da herunt an diesem Ort
Sicherlich – mein Ehrenwort –
Da habn edle Ritter ghaust,
Denen hats vor gar nix graust.
Refrain Ja, so warn s', ja so warn s',
Ja, so warn s', die alten Rittersleut',
Ja, so warn s', ja, so warn s', die alten Rittersleut.

2

Gsuffa habn s' und dös net wia
Aus die Eimer Wein und Bier,
Habn s' dann alls zammgsuffa ghabt,
Dann san s' unterm Tisch drunt gflackt.
Refrain wie oben

3

Auch für Wein, Weib und Gesang
Schwärmte jeder Rittersmann.
Schwärmt er für Gesang allein,
Mußt er schon ein Siebz'ger sein.
Refrain wie oben

4

So ein früh'rer Rittersmann
Hatte so viel Eisen an,
Die meisten Ritter, i muaß sagn,
Hat deshalb da Blitz daschlagn.
Refrain wie oben

5

Jeder Ritter allbekannt
Trug a ganz a blechers Gwand,
Hat er sich a Loch neigrissen,
Hat's der Spengler löten müssn.
Refrain wie oben

6

Ritt ein Ritter auf dem Roß,
War das Risiko oft groß,
Hat so a Roß an Hupferer do,
Lag im Dreck der gute Mo.
Refrain wie oben

7

Hatt ein Ritter den Katharr,
Damals warn die Mittel rar,
Er hat der Erkältung trotzt,
Er hat gräuschpert, gschnäuzt und
Refrain wie oben [grotzt.

8

So ein früh'res Ritterwei
War dem Manne niemals drei,
Dem Ritter war das einerlei –
Der war auch nur halbedrei.
Refrain wie oben

9

D'Ritter, die warn lustige Leut
In der guten alten Zeit,
's war ja no a schöners Lebn,
's hat no koa Finanzamt gebn.
Refrain wie oben

10

Meckrer gabs in alter Zeit
Damals nicht so viel wie heut,
Denn das Leben war damals schön,
's hat auch nix zum Meckern gebn.
Refrain wie oben

11

Friedlich warn die Ritter nicht,
Hielten es für heil'ge Pflicht,
Schwertgeklirr war ihr Symbol,
Nur im Kampf war ihnen wohl.
Refrain wie oben

12

D'Ritter waren auch sehr reinlich,
Jeder Dreck war ihnen peinlich,
Waren auf sich selbst bedacht,
Selten habn s' in d' Hosn gmacht.
Refrain wie oben

13

Bayerns Ritter waren kühn,
Ritten einmal nach Berlin,
Ritten bald drauf wieder heim –
Was mag da gewesen sein?
Refrain wie oben

14

Wenn die Ritter lange ritten,
Habn sie sich oft aufgeritten,
Ach, der Wolf tat gar so weh,
Schrieen oft Herrjemine.
Refrain wie oben

15

Und der Ritter Habenichts,
Der hat nämlich wirklich nichts,
s' einzge, was der Ritter hott,
Ist ein chronischer Bankrott.
Refrain wie oben

16

Vom Färbergrabn die Rittersleut
Lebn nicht mehr seit langer Zeit,
Nur die Geister von densölben
Spuken nachts in den Gewölben.
Refrain wie oben

Das Volksauto

Es war einmal ein junger Mann
Und eine junge Frau,
Die kauften sich ein Auto,
Das war sehr schlau.

Ein Volksauto um 1000 Mark
Das schafften sie sich an,
Es hatten alle beide
Viel Freude dran.

Er machte einen Autokurs,
Bekam den Führerschein,
Und fuhr mit seiner Gattin
Nach Garmisch 'nein.

Doch bei der allerersten Fahrt,
Es war als wie ein Traum,
Da fuhren sie vor Garmisch
An einen Baum.

Der Baum, der war ein Hindernis,
Der Baum, der gab nicht nach,
Doch das Auto ward zertrümmert,
O welche Schmach!

Da lagen alle dreie,
Sie – er und's Autolein,
Verwundet und zerschellet
Im Abendschein.

Das Auterl wurde abgeschleppt,
Es sah ganz furchtbar aus,
Und ihn und sie – sie fuhr man
Ins Krankenhaus.

Daß »Er« dabei den Kopf verlor,
Das leuchtet jedem ein,

Und »Sie« wurd' aufgenommen
Im Witwenheim.

Zum Autofriedhof, wie sie seh'n,
Fuhr man das Auto 'naus,
Es hauchte, kaum geboren,
Sein Dasein aus.

Und die Moral von der Geschicht'
Ich offen sagen muß:
Ihr Leute, fahrts nicht Auto,
Gehts lieber – z'Fuß!

Die Loreley

Ansager Folgen Sie mir im Geiste, wenn Ihnen das möglich ist, an das linke Rheinufer, wir setzen uns auf das gegenüberliegende Ufer des Loreleyfelsens. Hier sehen Sie jetzt beim bleichen Mondenschein oben auf dem Felsen die Loreley, sie hat eine Leier in der Hand, und während unten in einer Gondel auf den silberschimmernden Wellen des Rheins ein Schiffer vorbeifährt und zu ihr hinaufblickt, singt sie im Abendäther ein Lied in die dunkle Nacht.

Valentin

Grüß Gott und ich habe die Ehre,
das heißt, ich bin halt so frei,
Sie werden mich alle wohl kennen,
man heißt mich kurz die Loreley.
Was wurd über mich schon gesungen
und offen muß ich es gestehn
und niemand hat mich noch gesehn
und ich bin doch so fabelhaft schön!

Viel tausend Jahr hock ich hier oben
bei Sonnenschein, Regen und Schnee
auf diesem steinigen Felsblock,
mir tut schon mein Rückgebäud weh.

Ich singe und zupfe die Harfe,
ich wüßt ja net, was i sonst tat,
ich weiß nicht, was soll es bedeuten,
das Lied wird mir jetzt schon bald fad!

Wenn morgens vom Schlaf ich erwache,
dann kämm ich mein goldenes Haar,
das ist ja mein einziger Reichtum
denns Gold is gegnwärtig rar.
Ich gäbe zwar Gold her für Eisen,
da mach ich mir schließlich nix draus,
doch eiserne Haar —! 's wär a Blödsinn,
des haltet mei Kampe net aus!

Ich hab keine menschliche Seele,
ich leb nur als Märchen dahin,
drum ist es auch ganz leicht erklärlich,
daß viel tausend Jahr alt ich bin.
Wär ich eine menschliche Jungfrau,
ich sage es offen heraus,
hielt ich es so viel tausend Jahre
allein da heroben net aus!

Ein Schiffer, ein bildschöner Jüngling,
fährt oft mit dem Kahn hier vorbei,
er liebt nur ein einziges Wesen,
er liebt nur mich, die Loreley.
Da kommt er schon wieder gefahren,
was willst denn, du närrischer Tropf,
wenn du dich net glei aus dem Staub machst,
dann wirf i dir d'Musik an Kopf!

Nun haben d'Loreley Sie gesehen,
vergessen Sie nie diese Pracht,
und nun werd ich wieder verschwinden,
es dunkelt schon heimlich die Nacht,
's wird finster und immer finsterer
und langsam geh ich zur Ruh,
und daß wissen, daß aus is,
dreh ma das Mikrophon zu.

FRIEDRICH THEODOR VISCHER
(1807 – 1887)

Der Edle von Klebansky
Klebrig tragische Ritterballade

War ein Edler von Klebansky,
Seßhaft an der Weichsel Strand,
Für das Ritterfräulein Minka
Ritterlich in Lieb' entbrannt.

Liebte sie noch erst von ferne,
Doch man schrieb sich Briefelein,
Und in seiner Sehnsucht wagt er
Eine Bitte kühn und fein.

Fleht sie an um eine Locke
Von des Haarschmucks braunem Wald,
Und die holde Jungfrau liest es
Und erhört ihn alsobald.

O, wie fühlbar, Gott Cupido*,
Ist doch deine Herrschermacht,
Da der Edle von Klebansky
Handelte so unbedacht!

Minka, die sich ihrer Locke
Hat so minnevoll beraubt,
Wünscht sich item* eine Locke
Von dem teuren Ritterhaupt.

Ist er nun nicht hochbeglücket?
Nein! Er schüttelt trüb den Kopf,
Denn der Edle von Klebansky
Hatte einen Weichselzopf.

Hieraus schöpfe man die Lehre:
Sei in Wünschen nicht zu frech!
Pech ist klebrig. Gerne hängt sich
Neues Pech an altes Pech.

Leben und Tod des Joseph Brehm,
gewesten Helfers zu Reutlingen,
am 18. Juli 1829

Der ich von des Datpheus Leben
Und wie sich sein Mord begeben,
Wie man ihn dann abgetan,
Ein Gedicht gemachet han*!

Ich, der alte Schartenmayer,
Komme abermalen heuer,
Herzusagen eine Geschicht',
Wo mir fast das Herz abbricht.

So weit ist es jetzt gekommen,
Daß den Kopf man abgenommen
Einem von der Geistlichkeit;
Dies ist keine Kleinigkeit.

Immer noch tut es mir grieseln,
Wie ich sah sein Blut hinrieseln,
Dieses hat mich sehr erschöpft,
Daß man einen Helfer köpft'.

Tretet vor! Ich tu' erzählen,
Wie man ihn beraubt der Seelen,
Sage ich dem Publiko,
Wer und was und wie und wo.

An dem fünften Januare,
Grad' vor sechsundsiebzig Jahre,
Kam zu Neustadt an der Lind
Joseph Brehm zur Welt als Kind.

Wie ein Knab' er war geworden,
Kam er in die Schule dorten,
Gut hat er sich aufgeführt,
Konjugiert und dekliniert.

Nachdem er das Fest gefeiert,
Wo den Taufbund man erneuert,
Kam er auf's Gymnasium
Zu Stuttgart, und war nicht dumm.

Denn es ist gar bald geschehen,
Wie man in der Klass' gesehen,

Daß mein Brehm der Fünfte war
In der ganzen Knabenschar.

In dem Jahr nach Anno elfe,
Wo es achtzehnhundertzwölfe,
Kam er hin nach Tübingen
Zu gelehrten Übingen.

Da er wollt' auf dieser Erden
Künftighin ein Pfarrer werden,
Tat man ihn im Stifte ein,
Wo die Theologen sein.

Allda war er gar nicht träge,
Fleißig saß er im Kollege*
Las viel in dem Testament,
Und wie man sonst die Bücher nennt.

Wie ein Bäck' an seiner Mulde
Fand man ihn stets an dem Pulte

Mit der Feder in der Hand,
Tint', Papier und Silbersand.

Doch es hat sich bald gezeiget,
Daß sein Herz zum Stolz sich neiget,
War kein guter Kamerad,
Widerwärtig früh und spat.

Der zwar geht auf bösen Wegen,
Der sich auf den Trunk tut legen;
Und der Satan kommt verschmitzt,
Wenn man einen Rausch besitzt.

Doch dem Guten ist's zu gonnen,
Wenn am Abend sinkt die Sonnen,
Daß er in sich kehrt und denkt,
Wo man einen Guten schenkt.

Doch zu Haus' in seiner Ecken
Aß der Brehm kaum einen Wecken.
Nein, o Brehm, es tut nicht gut
Schnöder Geiz und Übermut.

Da das Studium fertig ware,
Ist er 'worden ein Vikare,
Plochingen, Neuneck, Freudenstadt
Sind die Ort', wo man ihn hatt'.

Endlich auch in Zuffenhausen
Tat er als Vikare hausen,
Bis er nach dem Examen
Helfer ward in Reutlingen.

Wie Du da bist eingezogen,
Fuhrest durch des Tores Bogen,
Sahest wohl die Häuser drin,
Kam Dir da wohl in den Sinn:

Daß Du einst heraus wirst fahren,
Brehm, auf einem Schinderkarren?
Schartenmayers Zähre rennt;
O du Zeit, wie hat sich's g'wend't!

Gut nun hat er sich betragen,
Niemand hatte was zu klagen,
Als er fing zu amten an;
Denn er schien ein frommer Mann.

Endlich erst nach vielen Jahren,
Hat man nach und nach erfahren,

Daß der Brehm ein Geizhals sei,
Diene auch der Heuchelei.

Als ein Eh'weib er genommen,
Ist es bald sehr schlimm gekommen:
Trieb durch Geiz sie fort von sich;
Helfer, das war liederlich!

Weil's nicht gehen wollt' in Frieden,
Ward er dann von ihr geschieden.
Alsdann hat der Helfersmann
Eine Magd sich angetan.

Mehr und mehr nach diesen Schritten
Hat der Teufel ihn geritten,
Und man sah, o Wüstenei!
Daß das Weib in Hoffnung sei.

Zwar sie taten es verhehlen;
Doch es konnte gar nicht fehlen,

Daß die Magd ein Kind gebar
Im August vor einem Jahr.

Brehm nun hätte diese Sachen
Alle können anders machen,
Wenden ab den bösen Schein. –
Geiz schlug ihm die Augen ein.

Geld, das ging ihm über's Leben,
Keinen Kreuzer Geld ausgeben
Wollte der verstockte Mann! –
Jetzo rückt der Teufel an.

Und das Würmlein, kaum geboren,
Nimmt der Helfer bei den Ohren,
Trägt es auf die Bühne fort
Schnell an einen finstern Ort.

Läßt es liegen siebzehn Stunden,
Hat ihm auch das Maul verbunden;

Da es dennoch ward nicht stumm,
Dreht er ihm den Kragen um.

Doch, 's ist nichts so fein gesponnen,
Endlich kommt es an die Sonnen,
Und die kluge Polizei
Merkt bald, was dahinter sei.

Plötzlich nahm man ihn gefangen,
Und es ist kein Jahr vergangen,
Sprach das peinliche Gericht:
»Brehm, den Kopf behältst du nicht!« –

Zwischen Reutel- und Bezingen,
Horch, da tut die Axt erklingen;
Was soll's geben, lieber Gott?
Dort erricht't man ein Schafott.

Als der nächste Tag gekummen,
Tut's wie Bienenschwärme summen,
Und es kimmt zu diesem Ding
Eine große Menschenming'.

Wer soll da die Tränen heben?
Ach! So mußt Du's denn erleben,
Reutlingen und Geistlichkeit,
Dieses große Herzeleid.

Alles ist bereits versammelt,
Kopf an Kopf fest eingerammelt,
Laute Seufzer höret man:
»Jetzo kommt der Helfer an.«

Hinter den Gendarmenscharen
Kommt ein Fuhrwerk angefahren;
Drin der Brehm in weißem Kleid,
Zwei auch von der Geistlichkeit.

Hinter ihm zwei Schinderknechte,
Die am Strick ihn haben rechte,
Dies sah aus so schauderig;
Alles war ganz mauderig.

Jetzo steigt er ab vom Karren,
Nimmt Abschied von beiden Pfarren,
Und es macht von allem Haar
Ihm ein Mann den Nacken bar.

Ach, jetzt kommt er schon gestiegen
Zum Schafott herauf die Stiegen!
Tränen fließen um und um
Von dem armen Publikum.

Seht, von Knechten halb geschoben,
Schaut man ihn bereits dort oben,
Bleich sind alle Leut' im Ring,
Selbsten fast der Henkerling.

O mein Gott, welch ein Gefuhle!
Schaut, er sitzt schon auf dem Stuhle,
Und zum Hieb, – o Todesgraus! –
Zieht den Frack der Richter aus.

Nimmt alsdann sein Schwert dadranden,
Hebt und schwingt es hoch in Handen;
Haut es dann mit Blitzesschein
Grad' in seine Ank* hinein.

Laut hört man es knarveln, schallen,
Und der Kopf ist abgefallen. –
O verehrtes Publikum,
Bring' doch keine Kinder um!

FRANK WEDEKIND
(1864–1918)

Der Tantenmörder

Ich hab' meine Tante geschlachtet,
Meine Tante war alt und schwach;
Ich hatte bei ihr übernachtet
Und grub in den Kisten-Kasten nach.

Da fand ich goldene Haufen,
Fand auch an Papieren gar viel
Und hörte die alte Tante schnaufen
Ohn' Mitleid und Zartgefühl.

Was nutzt es, daß sie sich noch härme –
Nacht war es rings um mich her –
Ich stieß ihr den Dolch in die Därme,
Die Tante schnaufte nicht mehr.

Das Geld war schwer zu tragen,
Viel schwerer die Tante noch.
Ich faßte sie bebend am Kragen
Und stieß sie ins tiefe Kellerloch. –

Ich hab' meine Tante geschlachtet,
Meine Tante war alt und schwach;
Ihr aber, o Richter, ihr trachtet
Meiner blühenden Jugend – Jugend nach.

CHRISTIAN FELIX WEISSE
(1726 – 1804)

Hannchen

Als ich auf meiner Bleiche
Ein Stückchen Garn begoß,
Da kam aus dem Gesträuche
Ein Mädchen atemlos;

Das sprach: »Ach, ach! Erbarmen!
Steht meinem Vater bei!
Dort schlug ein Fall dem Armen
Das linke Bein entzwei.«

Mitleidig, ach, verweilte
Ich keinen Augenblick.
Ich lief ihr zu: Da eilte
Sie ins Gebüsch zurück.
Kaum war ich drin, so kamen
Zwei Reiter mit dem Schwert,
Ergriffen mich und nahmen
Mich mit Gewalt auf's Pferd.

So sehr ich schrie und weinte,
So ließ man mich nicht los
Und bracht', eh' ich's vermeinte,
Mich auf des Grafen Schloß;
Von da ward ich bald weiter
(Es war schon finstre Nacht)
Begleitet durch die Reiter,
Ach, nach der Stadt gebracht!

Hier war der Graf. Mein Schreien
Half nichts. Durch jede Kunst,
Durch Droh'n und Schmeicheleien
Warb er um meine Gunst.
Doch war mein Haß nur größer,
Und nun sperrt' er mich ein;
Und dies gefiel mir besser
Als seine Schmeichelei'n.

Mein Fenster ging in Garten.
Heut' stand ich morgens früh,
Die Sonne zu erwarten,
Voll Kummer da, und sieh!
Das Pförtchen an der Mauer
Stund auf; gleich fiel mir ein,
Obgleich mit manchem Schauer,
Mich jetzund zu befrei'n.

Gedacht und auch geschehen!
Das Fenster war nicht hoch.
Und sicherer zu gehen,
Nahm ich mein Bettchen noch;
Das warf ich schnell herunter,
Ich sprang und sprang nicht tief;
Worauf ich dann ganz munter
Auf und von dannen lief.

WILHELM WOLFF
(1856–1885)

Der schwarze Joseph
oder
Die Geheimnisse des Schornsteins
oder
Der Mord im dustern Keller
oder
Das schlotterige Gerippe am Galgen

Ihr Leute, merket auf ringsum,
Entsetze dich, o Publikum!
Wohl niemand nie gesehen hat
So eine graus'gc Moritat.
Nur unter wüt'gen Kannibal'n
Kann so was Grausiges vorfallen!

In Ritzebüttel war er einst geboren
Als Sohn von einem weisen Müllersmann;
Als Name ward ihm Joseph auserkoren.
Weil er so keusch war—wie man sehen kann.

Warum der Müller nun den Sohn gegeben
Zum Schornsteinfeger in die Lehre hin,
Das wird man niemals nicht erfahr'n im Leben,
Auch nicht von einer Kartenlegerin.

Der Joseph mußte nun in 'n Schornstein klettern
Und wurde drum am ganzen Leibe schwarz;
Und bald darauf, so sagten Basen, Vettern,
Auch seine Seele und sein Herze ward's.

War früher er ein sanfter, frommer Knabe,
So ward er jetzt ein böser Mordkujon*;

Er konnte rauben, stehlen wie ein Rabe,
Verhunzt die Schornsteinfeger-Profession.

Hoch auf den Dächern quälte er die Katzen,
Nur Blut und Mord, das war jetzt sein Begehr;
Er würgte ab die Tauben und die Spatzen,
Die flogen tot nun in der Luft umher.

Auch warf er bald darauf sein sündhaft Auge
Auf seine tugendhafte Meisterin;
Sie wußte wohl, daß Joseph nicht viel tauge,
Wies streng ihn von sich drum mit keuschem Sinn.

Heimtückisch schlich verleum'drisch er zum Meister,
Sagt, daß sie eine Ehebrecherin;
Sie wollt' verführen ihn – so falsch beweist er;
Das raubt dem Meister seinen klaren Sinn.

Aus Eifersucht der Meister griff zum Besen,
Erschlug damit sein braves, keusches Weib;
Drob macht die Polizei kein Federlesen
Und trennt den Kopf schnell von des Meisters Leib.

Der Joseph führte dann ein Luderleben,
Nahm sich zwei Konkubinen auf einmal;
Blutgierig war von jetzt ab nur sein Streben,
Hohn lacht' er aller Sitte und Moral.

Der einen stahl er die gesparten Groschen,
Lockt' sie in 'n duster'n Keller 'rin – o Graus!
Dort hat er sie so lange totgestochen,
Bis daß dem Mädel ging die Puste aus.

So haust' er weiter, wie ein Kannibale,
Murkst' auch die zweite der Geliebten ab;
Dann warf er sie des Nachts in ›dem‹ Kanale,
Das tiefe Wasser ward ihr feuchtes Grab.

So tat von Sünd' zu Sünd' er weiter taumeln,
Verfiel der Trunkenboldenhaftigkeit;

Doch bald tat sein Gerippe schlott'rig baumeln.
Weil ihn verhaftet die Obrigkeit.

Sieh' hier, o Publikum, den großen Galgen,
Man hung an ihn den schlechten Kerl auf;
Um seinen Leichnam sich die Raben balgen,
So endet der schwarze Lebenslauf.

Und die Moral: Nichts ist so fein gesponnen,
Und wer es hier nicht glauben will, der irrt,
Es kommt doch einmal an die Sonne,
Und jede Moritat gerochen wird!

JUST FRIEDRICH WILHELM ZACHARIAE
(1726 – 1777)

Die untreue Braut

Ihr Herrn und Damen, lernt hier fein,
Wie schön es ist, getreu zu sein,
Damit euch einst nicht widerfährt,
Was ihr in diesem Märlein hört.

Ein hübsches Mädchen, wohlbekannt
Im angenehmen Sachsenland,
Das Greis und Jüngling reizend pries
Und nur das schöne Hannchen hieß,
Ward, wie man leicht gedenken kann,
Von manchem jungen Ehrenmann
Zur Frau begehrt. Allein ihr blieb
Vor allem nur ihr Wolmar lieb,
Der mit ihr aufgeblühet war,
Und dem sie schon im zwölften Jahr
Ihr Herz geschenkt. Ein guter Junge
War Wolmar auch. Mit süßer Zunge
Sprach er ihr lauter Schönes vor.
Oft, wenn des Taues Silberflor
Die schlummernde Natur umfloß,
Riß er sich aus der Ruhe Schoß,
Nahm seine Zither: »Kling, kling, klang!«
Stimmt' er an ihrem Fenster, sang
Bei liebegünst'gem Mondenschein
Ein angenehmes Lied darein,
Bis Hannchen sich am Fenster wies
Und freundlich-bös ihn schlafen hieß.
Im Lenze wußt' er allemal
Ein heimlich sonnenreiches Tal,
Wo er die ersten Veilchen fand
Und sie zu einem Strauß ihr band;
Und wenn ein Röschen nach und nach

Im Sommer aus der Knospe brach:
So ward's gewiß von ihm entdeckt
Und Hannchen an die Brust gesteckt.

Einst, als sie auf dem Blumenrasen
Zufrieden beieinander saßen,
Sprach Wolmar, als er sie geküßt:
»Du, mein geliebtes Hannchen, bist
Mein alles! Aber, ach! Verbitt're
Mein Leben nicht! Gewiß, ich zitt're,
Wenn ich manchmal gedenken muß,
Daß du einst diesen Honigkuß
Auch einem andern schenken könntest
Und ungetreu dich von mir trenntest!«
»Auch einem andern? Nimmermehr!«
Sprach Hannchen drauf, »hier, Freund, gib her
Die liebe Hand! In meinem Leben
Will ich mich keinem andern geben!
Und halt' ich nicht, was ich dir sage,
So führ' an meinem Hochzeitstage
Der böse Feind mich durch die Luft.«—
»Topp!« sagte Wolmar drauf und ruft
Den Himmel und den Wald zu Zeugen,
Indem verstummet in den Zweigen
Das frohe Lied der Nachtigall;
Dafür ertönt ein Unglücksschall
Aus großer, schwarzer Rabenkehle;
Doch der Verliebten trunk'ne Seele
Gab auf dies Zeichen wenig acht
Und fühlte nur der Liebe Macht.

Doch was geschieht? Nach wenig Tagen
Erscheint in einem gold'nen Wagen
Ein reicher Wucherer; hält an
Um Hannchen; ihm wird schöngetan
Vom Herrn Papa, der Frau Mama,
Und er erhält der Eltern Ja.
Zwar Hannchen will von ihm nichts wissen,
Läßt viele Tage Tränen fließen,
Rauft sich die gold'nen Locken aus

Und füllt mit Ach und Weh das Haus;
Bis einst Mama spottlächelnd spricht:
»Sei so ein albern Mädchen nicht
Und stoß ein solches Glück von dir,
Das manche wünschten. Sage mir,
Was fehlt Herrn Fixen? Etwas alt?
Ei nun, das tut nichts! Von Gestalt
Nicht allzu reizend? Das sind Possen!
Dagegen fährst du in Karossen,
Hast zwanzig Schlender, Brüssler Kanten
Bei ganzen Stücken, Diamanten
In jedem Ohr, in jeder Locke;
Gehst stets geputzt wie ein Docke*;
Trägst deine Brust beständig bloß;
Hast Perlen, echt, wie Bohnen groß,
Um Hals und Arm; brillant'ne Ringe
An jedem Finger; und der Dinge
Viel mehr, als ich hier nennen kann.
So was kann doch wohl einen Mann
Noch ziemlich uns erträglich machen.
Nicht wahr?« So fragte sie mit Lachen.
Indem erschien in langen Reih'n
Ein Trägerheer. Man trug herein
Viel Kistchen, Kästchen, Schächtelchen,
Viel Schlender, Roben, Mäntelchen;
Der Hauben zehnerlei dazu;
Saloppen und gestickte Schuh'
Und eine prächtige Toilette,
Wie eine Gräfin gern sie hätte,
So daß das schöne Hannchen ganz
Verblendet ward von allem Glanz.
»Gut!« rief sie. »Ich will mich bequemen!
Es sei! Ich will Herrn Fixen nehmen!«

Bald drauf ward mit der größten Pracht
Zur Hochzeit Zurüstung gemacht.
Der Tag erschien, und fünfzig Gäste
Begaben sich zum Schmausefeste.
In braunem Samt, mit Gold gestickt,
Erscheint Herr Fix. Die Braut entzückt

In Silberstoff; und nach dem Mahl
Eröffnet man im hohen Saal
Den lauten Tanz. Indessen sitzt
Der arme Wolmar racherhitzt
Um Mitternacht auf seinem Zimmer
Bei einer Lampe düsterm Schimmer.
Auf einmal ruft er wütend aus:
»O du, der in der Hölle Graus
Die Herrschaft hat! Wie? Siehst du,
Beelzebub, gelassen zu,
Daß dir die Untreu Nasen dreht,
Und man so deine Macht verschmäht?
Du weißt es, sie hat sich vermessen,
Daß, würde sie mich einst vergessen,
Beelzebub sie holen soll.
Auf! Hole sie! Ihr Maß ist voll!«

Er sprach's. Und Herr Beelzebub
Nahm ohne längeren Verschub
Den Weg zum Tanzsaal. Parfümiert,
Geputzt, geschminket und frisiert,
In einem schönen roten Kleide,
Mit Gold gestickt, kam er zum Neide
Von allen jungen Herrn herein
Und trat mit in der Tänzer Reih'n.
Nach kurzer Zeit bot er galant
Der liebenswürd'gen Braut die Hand;
Doch seine Hand war höllenheiß,
Die Braut befiel vor Angst ein Schweiß;
Denn sie und ihrer Gäste Heer
Sah'n an dem Kavalier nunmehr
Mit Schrecken einen Pferdefuß;
Und ein Gestank von Pech und Ruß
Zog durch das ganze Tanzgemach,
Bis endlich so der Böse sprach:

»Ha! Falsche! Hält man besser nicht,
Was man der armen Treu verspricht?
Nach deinen feierlichen Schwüren
Sollt' ich jetzt durch die Luft dich führen.

Doch diese Strafe wäre dir
Nicht groß genug. Nein! Nein! Bleib hier!
Dein Mann soll dich statt meiner quälen!
Er wird dir als Tyrann befehlen,
Wird stets voll Eifersucht dir dräu'n
Und selber doch dir untreu sein.
Kein Seufzer soll von dir ihn rühren!
Sein Hab und Gut soll er verlieren!
Und ob er gleich so häßlich ist,
Daß niemand sonst als du ihn küßt,
So wird er doch noch häßlicher,
Bis bettelarm, vom Kummer schwer
Du ihn unzähligmal verfluchst
Und in Verzweiflung Rettung suchst!«

Der Böse sprach es und verschwand.
Indes die Braut versteinert stand,
Lief alles aus dem Tanzsaal fort.
Beelzebub wahrsagend Wort
Ward nach der Hochzeit schnell erfüllt.
Herr Fix, der Grobheit Ebenbild,
Ward bald aus einem Ehemann
Der eifersüchtigste Tyrann.
Sein Auge wachte Tag und Nacht;
Am Tor stand Argwohn und Verdacht
Und machte von Verliebter Heer
Gar bald die finstre Wohnung leer.
Zum Zeitvertreib trank er dabei
Der Weine viel und mancherlei.
Sein Antlitz, das schon sonst erschreckt,
Ward nun mit Finnen* überdeckt;
Karfunkeln, blau und rot und grün,
Bedeckten Wangen, Stirn und Kinn.
An seinen Augen hingen Blasen;
Auch wuchsen ihm drei junge Nasen
Aus seiner Nase, daß zuletzt
Er vor sich selber sich entsetzt.
Nun fing er noch zu spielen an;
Und als er all sein Gut vertan,
Da flogen Schlenter, Brüssler Kanten

Und Ringe, Perlen, Diamanten
Der armen Frau zum Juden hin.
Ihr eitler Stolz, ihr hoher Sinn
Ward tief gebeuget. Spät und früh
Sah sie nur Jammer. Brauchte sie
Vom Teufel so geholt zu werden?
Die Hölle hatte sie auf Erden.

Moritaten und Bänkellieder unbekannter Verfasser

Von süßer Liebe und fürchterlichen Tragödien

Lob der Träne

Es zeigt die Träne in des Menschen Auge
Uns treu den Spiegel seines Innern an,
Sie gibt den Ton aus jedes Menschen Herzen
In klarer Harmonie der Seele an.
Oft zeigt sie sich im Schmerz, oft in der Freude,
Schon bei dem Kinde kann man's deutlich seh'n;
Wie mancher Mann weint eine bitt're Träne,
Muß er zum Kampfe von den Seinen geh'n.

Da steht die Braut vor Gottes Traualtare,
Weint eine Träne mit dem Bräutigam,
Der Jüngling, wenn er von der Heimat scheidet,
Weint eine Träne, eh' er gehen kann.
Und kehrt er einst zum Vaterlande wieder
Mit seinem Wanderstabe in der Hand,
So füllt sein Auge sich mit Freudentränen,
Und weinend grüßet er sein Vaterland.

Oft weint der Mann im Kummer eine Träne,
Wenn er das Brot für seine Kinder schafft,
Die Mutter blickt mit Tränen auf zum Himmel
Und spricht: Herrgott, verleih uns Mut und Kraft.
Und steht der Greis mit seinem Pilgerstabe
Am Ziele, muß er von den Seinen geh'n,
So fällt vom Aug' ihm still noch eine Träne,
Und spricht: Lebt wohl, lebt wohl, auf Wiederseh'n.

So ist das ganze Leben eine Träne,
Von Gott gelegt ins Menschenherz hinein,
Wer sie nicht hat, kann nimmer hier auf Erden,
Und wenn er noch so reich ist, glücklich sein.
Sie zeigt uns schon das Paradies hienieden,
Nimmt manche Lebenssorge von uns ab,
Drum wollen wir der Träne Lob besingen,
Bis unsre letzte fällt vom Aug' herab.

Genoveva, der frommen Pfalzgräfin Leiden und Errettung

Wohl war sie der Schmuck der Frauen,
Genoveva, zart und rein,
Ihresgleichen in den Gauen
Deutschlands mochte nimmer sein,
Drum als Siegfried mußte ziehen
In den heil'gen Gotteskrieg
Fühlte Golo Liebesglühen,
Welches immer höher stieg.

Siegfried hatt' ihm anbefohlen,
Als er schied, sein ganzes Gut,
Golo kündet unverhohlen
Seiner Herrin seine Glut.
Als sie ihm Verachtung zeigte,
Schreibt er Siegfried, daß sie sich
Hold zu einem Knechte neigte;
Drob des Grafen Liebe wich.

Genoveva soll verderben
Durch ein knechtisch Mörderpaar,
Mit ihr soll ihr Söhnlein sterben,
Das im Kerker sie gebar,
Doch das Paar, es fühlt Erbarmen

Bei der Gräfin Tränenflut,
Und es schont in ihren Armen
Ihres Kindes und ihr Blut.

Doch mit heil'gem Eide schwören
Muß sie, daß sie stets dem Wald,
Drin sie jetzt weilt, will gehören,
Wie's auch wehe rauh und kalt.
Sieben Jahre seh'n sie weilen
In des Waldes tiefstem Ort,
Muß mit ihrem Sohne teilen
Schlechte Nahrung fort und fort.

Eine Hirschkuh war des Knaben
Treue Spielgefährtin hier,
Ihre Milch, sie mußt' ihn laben
In dem dunklen Waldrevier.
Da auf einmal tönt ein Knallen
Wie von Peitschen durch den Wald,
Hussahruf und Hörnerschallen
Froher Jäger laut erschallt.

Und an Genoveva eben
Schmiegt sich eng ihr treues Tier,
Sie durchfährt ein eisig Beben;

Denn der Pfalzgraf steht vor ihr;
Längst schon ist der Wahn geschwunden,
Der ihm einst die Ruh' geraubt,
Jubelnd jauchzt er, da gefunden,
Die er lange tot geglaubt.

Treue Dienerhände tragen
Sie zurück samt ihrem Sohn,
Golos Stunde hat geschlagen,
Ihn ereilt der Sünde Lohn.
Und wo Genovevas Schmerzen
Einst geschaut der dunkle Wald,
Steht, ein Trost für Dulderherzen,
Eine hohe Kirche bald.

Die geraubte Grafentochter
oder
Die Gewalt der Mutterliebe

Von des Schicksals dunklen Wogen,
Brausend wie der Sturmeswind,
Ward in zarter Jugendblüte
Früh ergriffen schon ein Kind.
Harmlos spielt am Bergeshange
Marie, das Töchterlein
Eines ungarischen Grafen,
Bei des Mondes Silberschein.

Plötzlich stürzt aus finsterm Walde
Gierig ein Zigeunerweib,
Packt mit ihren Knochenhänden
Schnell das Kind am zarten Leib.
Sie verschwindet mit der Kleinen,
Ach, wer ahnte diesen Raub,
Und bleibt gegen Fleh'n und Bitten,
Heiße Tränen kalt und taub.

In des alten Försters Hause
Blüh'n die Rosen ihr des Glücks,
Da von neuem wird das Mädchen,
Ach, ein Spielball des Geschicks,
Denn in finsterer Räuberhöhle
Schürt man wild die Flammen an,
Und sie scheint verloren,
Doch sieh, Gottes Engel nah'n.

Wieder irrt die arme Kleine
Bettelnd, hungernd in der Welt.
Flüchtig ist sie jetzt geworden,
Schlafend unterm Sternenzelt.
Auf des Dorfes bunter Wiese
Steht das Volk und lispelt leis',
Alle lenken ihre Blicke
Hin auf einen würd'gen Greis.

Dieser spricht: Ein junges Mädchen,
Gott verleih' dem Kinde Heil,
Wird als Künstlerin besteigen
Dieses hohen Turmes Seil.
Lächelnd tanzt sie in den Lüften,
Alles staunt das Mädchen an,
Freundlich winkt sie nach der Loge,
Eh' sie weicht von steiler Bahn.

Himmel, was hat sich begeben?
Sieh, die reiche Gräfin weint,
Sinkt dem Kinde in die Arme,
Gott hat endlich sie vereint.
Denn sie fand die Tochter wieder,
Drückt sie an das Mutterherz,
Tränen heil'ger Rührung fließen,
Und in Freud' kehrt sich der Schmerz.

Des Adlers Horst
oder
Das durch Mutterliebe aus dem Neste des Adlers gerettete Kind

Eine wahre und rührende Geschichte, welche sich in Tirol vor kurzem zugetragen hat

Dort in den Tiroler Gauen,
Vom Gebirge scharf umgrenzt,
Ist ein kleines Dorf zu schauen,
Das von Reben schön umkränzt.
Dort ein Pärchen liebend brennet
Nach der Ehe festem Band,
Und doch wurde es getrennet
Durch des Vaters harte Hand.

Doch in der Gesundheit Fülle
Blüht ein Kind, der Liebe Pfand,
Und wenn auch des Vaters Wille
Alle Hoffnung fast verbannt,
Hat die Mutter doch in Liebe
Aufgezogen treu ihr Kind,
Denkend, daß der Liebste bliebe
Gegen sie stets treu gesinnt.

Da an einem heit'ren Tage
Lag das Kindlein vor der Tür,
Als mit grimmem Flügelschlage
Naht' ein Adler voller Gier,
Und er hielt mit seinen Klauen
In den Windeln es sehr fest,
Trug's, entsetzlich anzuschauen,
In sein hochgeleg'nes Nest.

Als die Mutter dies gesehen,
Wie ihr Kind so arg geraubt,

Schneller als des Windes Wehen
Eilt sie, wo das Nest sie glaubt.
Und sie nimmt das Kind, und fliehen
Will sie, als der Adler naht;
Des Geliebten Schuß ohn' Mühen
Ihn sogleich erleget hat.

Beide eilten voller Freude
Mit dem Kind ins Dorf zurück,
Und es lächelte für beide
Nun der Ehe wonnig Glück.
Maxl's Vater, der gerühret
Durch der Mutter kühne Tat,
Nun sein Ja, wie sich's gebühret,
Endlich doch gegeben hat.

So besiegte Mutterliebe
Hier ein starres Vorurteil,
Riß das Kind im Rettungstriebe
Von dem Felsen, hoch und steil.
Treue Liebe führte beide
An das Ziel, so heiß ersehnt,
Und in reinster Lust und Freude
Nun des Glückes Kranz sie krönt.

Wahnsinn und Mutterliebe
oder
Die schreckliche Tat der Verzweiflung

Auch eine Tat des Schreckens ist
Schon wiederum geschehen!
Mit Schaudern und Entsetzen liest,
Wer sie nicht selbst gesehen.
Kaum glaublich ist die grause Tat,
Die kürzlich sich begeben hat.

In einem Dorf lebt' Mann und Frau,
Arm, aber reich an Kindern;
Sie lebten knapp und sehr genau,
Um jede Not zu lindern.
Ein Knabe und zwei Mägdelein
Der armen Eltern Herz erfreu'n.

Veruntreut eine Kleinigkeit
Hat jüngst die Frau des Mannes
Dem Brotherrn, und der böse Neid
Im Orte brachte an es;
Im Kerker soll die Ärmste nun
Für ihr Vergehen Buße tun.

Da denkt die Frau, ein Schreckenswahn
Umnachtet ihre Triebe:
Der Kinder Tod ist wohlgetan,
Meint ihre Mutterliebe:
Ich töte sie, von allem Leid
Und Kummer sind sie dann befreit.

Und jetzt, nach einem letzten Kuß –
Mit Schaudern, dann voll Grausen
Wirft sie die Kinder in den Fluß,
Daß hoch die Wellen brausen;
Der bleiche Mond staunt schreckerfüllt
Ob diesem grauenhaften Bild.

Man schleppt die Mörderin vor Gericht,
Der Wahnsinn hat geteufelt,
Sie leugnet ihre Bluttat nicht,
Ob sie auch jetzt verzweifelt.
Das Todesurteil trifft ihr Haupt,
Die ihrer Kinder sich beraubt!

Die gräßliche Schlittenfahrt

Hört, ihr Leute, was gescheh'n
an Rußlands Grenzen, die sehr weit,
im Jahre achtzehnhundertzehn
in harter, kalter Winterszeit.
Da fuhr ein Weib auf ihrem Schlitten,
mit einem Pferdchen nur bespannt,
zu ihrem Mann, zu ihrem dritten,
der als Soldat im Lager stand.

Vier Kinder hatt' sie mitgenommen,
weil ihr nicht schwante die Gefahr,
die über sie so bald sollt' kommen
und ihrer aller Unglück war.
Denn dreiundvierzig Wölfe sprangen
aus einem nahen Wald herfür,
um Pferd und Menschen zu erlangen
mit wahrer, hungriger Begier.

Das Weib erschrak, sie trieb mit Eile
Ihr Pferdchen an, als sie dies sah,
jedoch nach einer kurzen Weile
Die Wölfe waren wieder da!
Die ersten zwei schon wollten fassen
das Pferd, da warf voll Schreckenssinn
die arme Mutter mit Erblassen
zwei Kinder diesen Wölfen hin.

Die beiden waren schnell zerrissen,
nach neuer Beute lechzten sie.
Der Mutter fiel der Knab' zu Füßen,
hielt fest umklammert ihre Knie.
»Was tust du denn, ach liebe Mutter,
nicht wahr, du wirfst mich nicht – o je –
so wie die Schwestern hin zum Futter
für blut'ge Wölfe in den Schnee!«

»O doch! O doch!« rief sie mit Beben,
»rett' ich mir diesen Säugling hier,
Gott wird die Sünde mir vergeben,
drum, guter Junge, fort mit dir!«
Sie warf auch ihren ält'sten Knaben
trotz seines Fleh'ns, den Wölfen hin
und glaubt, gerettet sich zu haben,
doch greulich täuschte sich ihr Sinn.

Denn schauerlich, mit blut'gen Bissen,
ward ihr, was doch ihr Liebling war,
der Säugling von der Brust gerissen
von dieser wilden Bestien Schar.
Sie sank in Ohnmacht von dem Schrecken,
jedoch ihr Pferdchen sprengte fort
mit letzter Kraft um tausend Ecken
in einen nahegeleg'nen Ort.

Dort sprang's hinein, dort sank es nieder,
zerfetzt von vieler Wölfe Biß;
Die Frau ermannte sich bald wieder
Als Menschenhilf' sich blicken ließ.
Und wie sie suchte, zu entdecken
den Hausgenossen ihre Not,
schlug sie, zu aller andern Schrecken,
der Sohn des Hauses auch noch tot.

Als dies der Ehemann nach Jahren
erfuhr, da dachte er geschwind:
Man soll fast nie im Schlitten fahren,
wenn Wölfe grade hungrig sind.

Uroch, der Böse

Ballade

Der Ritter sitzt im Hungerturm,
Und draußen heult der finst're Sturm,
In seinem Innern nagt ein Wurm;
Die Wetterfahne kreischet,
Er wurde sehr enttäuschet.

Er liebte Emma, eine Maid,
Er hat um sie sogar gefreit
In löblicher Bescheidenheit.
Allein ihr liebster Uroch,
Der warf ihn in das Hund'loch.

Dort hat er lang geschmachtet,
Doch ruhig auch betrachtet,
Was unser Sein umnachtet,
Und wie den falschen Frauen
Nicht immer zu vertrauen.

Er hat es lang getragen,
Doch endlich ward der Magen

Gar schwach von Mißbehagen.
Er starb, — das ist 's Dilemma:
Mit einem Fluch auf Emma.

Als Geist drauf kam er nächtig
Zu Urochs Lager, prächtig,
Und nannt' ihn niederträchtig.
Auch Emma sagt' voll Klarheit
Er ungeschminkt die Wahrheit.

Die beiden starben elend,
Den Tod freiwillig wählend,
Die Seel' dem Herrn empfehlend.
Doch schau'n sie als Gespenster
Allnächtig aus dem Fenster.

Die Folgen einer unglücklichen Liebe

Wenn einst in ein junges Herze
Zieht die wahre Liebe ein,
Treibt dann, Eltern, keine Scherze
Mit der Kinder Liebespein.
Trauet nur voll Zuversicht,
Treue Liebe wanket nicht.

So auch Heinrich und Marie
Liebten sich mit Zärtlichkeit.

Doch den Vater spät und frühe
Mußten flieh'n sie weit und breit.
Bis er bei süßem Hoffen
Und Küssen sie getroffen.

Und in eine finst're Kammer
Wurde sie dann eingebracht;
Mußte hier bei großem Jammer
Seufzen so bei Tag und Nacht,
Bis sie mit Entschlossenheit
Aus dem Kerker ward befreit.

Heinrich holt sie aus dem Keller,
Worin sie verweilt' mit Ruh',
Beide fliehen dann gleich schneller
Von dem Haus dem Walde zu;
Wollen so am andern Ort
Lieben sich stets fort und fort.

Noch im Wald zu übernachten,
Waren sie gesonnen gleich;
Doch nicht beide hier erwachten,
Marie war am Morgen Leich',
Und beim nächsten Sonnenschin
War verschwunden ihre Pein.

Heinrich, der Verzweiflung nahe,
War das Leben nicht mehr lieb;
Als Marien tot er sahe,
Es auch ihn zum Selbstmord trieb.
Bracht' mit einem jähen Schuß
Dieser Welt den Scheidegruß.

Als der Vater hört' die Kunde,
Hielt er's länger nicht mehr aus,
Er ward wahnsinnig zur Stunde,
Man bringt ihn ins Irrenhaus,
Wo er dann in großer Not
Starb einen jammervollen Tod.

Ein Liebesdrama aus Eifersucht

Der Schneider Holzmann lebt zufrieden
Mit Weib und Kind die Tage hin,
Von gütigem Geschick beschieden
War ihm ein stiller, froher Sinn;
Und hat er auch nicht Geld und Gut,
Verlor er nimmer doch den Mut.

Sein ält'stes Mädel, die Marie,
Liebt einen schmucken jungen Mann;
An seiner Seit' ihr Glück erblühe
Auf dornenvoller Erdenbahn!
Das hat der Thomas ihr geschworen,
Als er zur Braut sie auserkoren.

Doch Dornen stehen bei den Rosen,
Wie sinnig einst der Dichter sang;
Und auch der beiden Liebeskosen
Ein banges Ahnen oft durchklang.
Noch kann Marien er nicht frei'n,
Er muß zuvor Soldat erst sein.

Und bald schlägt auch die Scheidestunde,
Zur Fahne rufet ihn die Pflicht,
Noch einen Kuß von Liebchens Munde,
Dann auf zum Regiment er bricht;
Und ob auch Sehnsucht ihn verzehrt,
Die Trennung ja nicht ewig währt.

Im frohen Schaffen sucht Vergessen
Marie von der Trennung Schmerz,
Doch kaum, daß sie hiervon genesen,
Trifft neue Trübsal, ach, ihr Herz:
Die gute Mutter unverweilet
Vom jähen Tode wird ereilet.

Als Hausfrau nun Marie waltet,
Und bald vernarbt auch diese Wund',

Doch scheint's, als ob die Lieb' erkaltet
Und schloß ihr Herz ein'n neuen Bund.
Doch war's nur eine Tändelei,
Von jeder ernsten Absicht frei.

Und doch, durch dieses zweite Lieben
Dem Mädchen das Verderben droht,
Weil sie dem ersten treu geblieben,
Schwört ihr der zweite blut'gen Tod;
Und als der Heimat jener naht,
Vollführt er auch die Freveltat.

Marie sinket hin zu Boden,
Ihr Mörder aber will entflieh'n,
Doch kaum, daß ihr entfloh'n der Odem,
Kann man auch schon ergreifen ihn,
Und sühnen auf dem Hochgericht
Wird nun die Tat der Bösewicht.

Das ist des Liebesdramas Ende!
O Gott, sei du der Armen Stab,
Die nun verzweifelt ihre Hände
Jetzt ring'n an einem kühlen Grab.
Gieß Balsam in ihr wundes Herz,
Laß sie vergessen einst den Schmerz.

Eine wahrhafte Geschichte der beiden Treuliebenden Friedel und Elise, die auf eine schauderhafte Art ihr Leben endeten

Im einsamen Dörfchen, Zypresse genannt,
War einst ein vertrauliches Pärchen,
Gelobten sich Liebe mit Mund und Hand
Und wurden darüber zum Märchen:

Denn Friedel war reich und Elise war arm,
Drum machten die Eltern der Liebenden Harm
Und heischten Gehorsam und Trennung.

Doch ließen die beiden Traulichen nicht nach
Und pflogen verbotene Liebe.
Der Jüngling war feurig, das Mädchen war schwach,
Gebrauchten nicht Vorsicht bei Liebe.
O wehe! Bald rief es mit brennendem Schmerz
Dem lieben Mädchen ins bebende Herz:
Bist Mutter, bist Mutter geworden!

Bist Mutter geworden, so hallet es nach;
Zu spät war die Reue und Klage.
Bald schaute die Welt die verborgene Schmach,
Bald lag das Verbrechen am Tage.
Drauf schlossen die Eltern des Jünglings ihn ein
Und zwangen ihn wütig, mit Schmach und mit Pein
Ein reicheres Mädchen zu freien.

Die Eltern Elisens erschauten mit Graus
Die Schmach der verlassenen Dirne.
Sie stießen wohl zürnend das Mädchen hinaus
Mit drohend gefalteter Stirne:
Hinaus mit dir, ehrlose Dirne, hinaus,
Hinaus, du Verworf'ne, von Hof und von Haus,
Von Vater und Mutter und Bruder!

Das Mädchen durchwandert in Schmach und in Not
Viel Dörfchen und Städte und Orte,
Sie flehte wohl oft an den Türen um Brot
Und hörte herzkränkende Worte.
Beim Wandern durch einen verödeten Hain
Gebärt die Unglückliche ein Knäbelein
Und krümmet wehklagend sich lange.

Ein Wandrer erquickt sie in sterbender Not
Und kühlet die brennende Lippe,
Noch einmal verläßt sie der nahende Tod
Mit seiner hellblinkenden Hippe*.

Sie decket ihr Söhnlein mit Lumpengewand
Und ziehet dann weiter durch Stadt und durch Land
Und träget ihr Knäblein am Busen.

Doch müde von Jammer, gesättigt von Gram,
Erhebt sie zur Heimat sich wieder.
O weh, da ergreift sie herzkränkende Scham,
Sie sinkt vor dem Dörfchen danieder.
Sie kämpfet wohl lange mit Schmach und mit Gram,
Da engt's ihr den Busen, da sieget die Scham:
Das Mädchen erhebt sich zu sterben.

Es fließt um das Dörfchen ein Wasser herum,
Mit wildem, mit weinendem Rauschen.
Das Mädchen erhebt sich verzweifelnd und stumm,
Den Jammer mit Tod zu vertauschen.
Hinunter, hinunter in schaurigen Grund!
Sie drücket ihr Knäblein an Herz und an Mund
Und stürzt sich mit ihm in die Fluten.

Nach Tagen geht Friedel am Wasser herum,
Lustwandelnd am blumigen Rande;
Er denkt, sein verlassenes Mädchen, hum! hum!
Da liegt's wie ein Leichnam im Sande.
Ein Mädchen liegt starrend, hat's Söhnlein im Arm,
Da läuft's ihm vom Rücken, so kalt und so warm,
Weh! weh, es ist Liebchen und Söhnchen.

Bist du es, mein Liebchen? Ha! Bist du schon tot?
Du trägst ja ein Knäbchen am Herzen!
Ha, Mädchen, du littest wohl eiserne Not,
Du Mutter des Sohnes der Schmerzen!
Hu! Hu! Mich ergreifet zu sterben die Lust!
Hier Eisen, hier ist die geängstete Brust,
Hinunter, hinunter im Busen!

Er stößt sich ein Messer ins Herz, da entflieht
Die Seel' ihm mit Weh und mit Grauen.
Bald singt man den Eltern das schaurige Lied;
Sie kommen, den Greuel zu schauen.

Sie nehmen wohl weinend die Toten in Arm,
Zu spät ist die Reue, zu spät ist der Harm:
Die Toten erwachen nicht wieder.

Sei, Jüngling, nicht feurig, sei, Mädchen, nicht schwach,
Gebrauchet stets Vorsicht in Liebe;
Es folget des Jammers, des Harms und der Schmach
Gar viel auf verbotene Liebe.
Ihr Eltern, verschließt nicht das eiserne Herz
So lächelnd, so kalt vor der Liebenden Schmerz,
Einst nagt euch die Reu' an der Seele.

Am Weidenbaum

Am Weidenbaum, am Weidenbaum
Da trafen sie sich nächtlich.
Sie wußten es nicht ganz gewiß,
Ob Lieben ein Verbrechen ist.
Am Weidenbaum, am Weidenbaum,
Da trieben sie's geschlechtlich.

Am Weidenbaum, am Weidenbaum
Hat sie ihr Kind begraben.
Sie hob sich auf die Krinolin'*,
Verfluchte sich und es und ihn.
Am Weidenbaum, am Weidenbaum,
Da hackten sie die Raben.

Am Weidenbaum, am Weidenbaum,
Da fand er ihr Gerippe.
Er drückt die Knochen an sein Herz;
Sonst hat er weiter keinen Schmerz.
Am Weidenbaum, am Weidenbaum,
Hing er sich an 'ne Strippe.

Barbara Blotz

Barbara Blotz ward ehedem geboren
In einem Dorfe nah bei Engelland,
Wo es im Winter sehr viel hat gefroren,
Weil dieses Dorf schon halbwegs Frankreich stand.
Und als sie zwanzig Jahr',
Da sagte sie: »Juchhe,
Jetzt geh' ich nach Berlin und an die Spree.«

Und als sie eben nach Berlin gekommen,
Ging sie sogleich zu dem Geheimerat,
Der sie auch gleich als Köchin hat genommen,
Weil er sonst fürchtete ein Attentat.
Die Frau Geheimrat sprach:
»Ach, lieber Mann, juchhe.
Jetzt hab' ich wieder eine Küchenfee.«

Barbara sah die Damen all' in Schleppen
Von großer Läng' durch dick und dünne geh'n,
Drum fragte sie die Exzellenz von Meppen,
Wie ihr wohl möchte so 'ne Schleppe steh'n.
Die Exzellenz, die sprach:
»Mein liebes Kind, juchhe,
Mach' sie's nur grad als wie die Hautevolee*!«

Doch die Frau Rat war drüber sehr im Zorne,
Als sie die Köchin sah im Modekleid,
Schnitt mit der Scher' die Schlepp' ab hint' und vorne,
Zum mindestens drei ganze Meter breit.
Als dies die Köchin sah,
Rief wütend sie: »Juchhe!«
Hob racheschreiend Hand und Fuß in die Höh'.

Tat den Revolver aus der Schublad' reißen,
Legte ihn dem Rate zwischen's Butterbrot,

Als dieser grad gemütlich 'rein wollt' beißen,
Da ging er los und schoß ihn mausetot.
Als dies die Rätin hört,
Rief schluchzend sie: »Juchhe,
Jetzt bin ich wieder eine Wittiwe.«

Drauf ging die Blotz zu Ratens krankem Kinde,
Dem stündlich sie 'ne Pille geben sollt',
Nahm einen roten Bügelstahl geschwinde,
Den die Frau Rätin grad verbügeln wollt'.
In Oblat wickelt ihn
Die böse Magd, juchhe,
Gab ihm dem Kinde, das verbrennete.

Drauf tat die Blotz zu einem Krämer gehen
Und kaufte dort acht Pfunde Dynamit,
Tat sie der Rätin in den Rock 'reinnähen
Und das ging los beim zwö-ö-ölften Schritt.
Als in die Luft sie flog,
Da rief die Frau: »Juchhe!
Das tat die Blotz gewiß aus Raache!«

Doch jetzo kam der Schutzmann stramm marschieret
Und sprach: »Mamsellken, kommen Sie einmal!«

Und hat sie wohlgefesselt abgeführet
Vor das Berliner Kriiiminal.
Die Herren war'n bereit
Und sprachen gleich: »Juchhe!
Die geht durch Krauts schon morgen in die Höh'!«

Und die Moral von dieser Mordgeschichte,
Sei mit kurzen Worten hier gesagt:
Es mache sich 'ne Schleppe niemals nichte
'ne Köchin oder Stuuubenmagd.
Und diese Blotz, die könnt'
Noch rufen heut': »Juchhe!«
Bloß ihr Schlepp' brach ihr das Geenücke.

Der Tod auf den Schienen

Es war ein Mädchen, jung an Jahren,
Betört durch Männerschmeichelei,
Doch mußte sie schon bald erfahren,
Daß sie allein betrogen sei.

Vom Elternhause ganz verstoßen,
Ging sie am Sonntag weit hinaus;
Sie hatt' in ihrem Herz beschlossen,
Nie heimzukehr'n ins Elternhaus.

Sie ging von Hamburg bis nach Bremen,
Von dort bis zu der Eisenbahn,
Sie legt' ihr Haupt da auf die Schienen,
Bis daß der Zug von Barmbeck kam.

Die Führer hatten's wohl gesehen
Und bremsten an mit starker Hand.
Jedoch der Zug, er blieb nicht stehen,
Ihr rotes Blut floß in den Sand.

Das Bänkellied von der Seiltänzerin Elvira Madigan und den Folgen der Liebe des Leutnants Graf Sparre zu diesem Frauenzimmer

Traurig sind die Dinge wahrlich,
Die man heut' besingen kann.
Doch am traurigsten erging es
Der Elvira Madigan.

Sie war schöner als ein Engel,
Blau die Augen, Wangen rot.
Lilienschlank war ihre Taille,
Grausam griff nach ihr der Tod.

Wenn sie auf dem Seile tanzte,
Schien ein Vöglein sie zu sein,
Und es kam ein Beifallsjubel
Stets aus der Bewund'rer Reih'n.

Um sie warb Leutnant Graf Sparre,
Von der Schönheit ganz betört,
Und sie hat sein Liebesflehen
Herzenszitternd gern erhört.

Doch es hatte Weib und Kinder
Dieser junge Edelmann,
Und drum floh er aus der Heimat
Mit Elvira Madigan.

Fühlten sie zu Haus in Schweden
Sich noch hoffnungsvoll und stark,
Waren sie sehr bald verzweifelt
Ohne Geld in Dänemark.

Niemand diesen Liebesleuten
Auch nur eine Krone gab;

Um dem Hunger zu entfliehen,
Suchten Ruhe sie im Grab.

Zitternd hob er die Pistole,
Doch er traf genau ihr Herz,
Und sie starb in der Sekunde,
Ohne Seufzer, ohne Schmerz.

Merket auf, ihr jungen Leute,
Packt die Liebe anders an,
Daß ihr nicht im Blut müßt baden
Wie Elvira Madigan!

Die Rache des betrogenen Ritters

Mit seinen wilden Knappen zwo
Reitet der finstere Ritter Hugo,
Er reitet dahin in heftigem Zoren
Und stachelt die Mähr' mit spitzigen Sporen.

In heftigem Zoren dahin er reit',
Weil ihn betrogen die schändliche Maid,
Die ihre Ehre gar sehr verloren,
Drum reitet er hin in heftigem Zoren.

Mit seinem langen großmächtigen Speer
Ersticht er der Maid ihren Liebhaber,
Ersticht er die Maid, die ihre Ehr' verloren,
ersticht er sich selbst in heftigem Zoren.

Also verstarben diese drei,
Da waren noch die Knappen zwei.
Und da sie sonst nichts mehr hier verloren,
Erstachen sie sich ganz ohne Zoren.

Rosalia Mortimer
oder
Der Tod im Turm

Was klagt dort aus dem finstern Turm,
Am Meeresstand erbaut?
Es brüllt und tobt der wilde Sturm
In diese Klagen laut.

Rosalia von Mortimer,
Ach, hört ihr Klagen an;
Vernehmet, wie entsetzlich schwer
Es Fräuleins treffen kann.

Sie war so keusch, so engelsrein,
Als unschuldsvoll bekannt,

Der Vater fiel in einer Schlacht
Im Sarazenenland.

Ihr Onkel, Ritter Manfred, ward
Zum Vormund ihr bestellt;
Jedoch dem nichts am Fräulein lag,
Aber viel an ihrem Geld.

Er sprengte aus im ganzen Land
Die schauerliche Mär,
Daß Fräulein Rose Mortimer
An Pest gestorben wär'.

»Auf ewig hin, auf immer tot,
O Rose Mortimer!
Nun milderst du der Witwen Not,
Der Waisen Schmerz nicht mehr!«

Jedoch der Ohm im Turm sie barg,
Erfüllt von Moderduft!
Aus List senkt er den leeren Sarg
Wohl in die Vätergruft.

Das Fräulein horchte still und bang
Der Todeslitanei'n,
Durch ihres Kerker Gitter drang
Der Fackeln fahler Schein.

Sie ahnte schaudernd ihr Geschick,
Ihr ward das Herze schwer.
In Todesnacht erstarb der Blick,
Sie starb – und war nicht mehr.

Als ein Gespenst noch heute tritt
Sie aus dem Turme her!
Beweint mit mir das bös' Geschick
Der Rosa Mortimer!

Die drei Recken vom Wütrichsteine

Es waren einst drei Recken;
Der erste hieß Graf Kuno
Von Weilheim an der Tecken;
Der zweit', aus Pampeluno,
War Don Xaver Cravatto;
Der dritt' Signor Mamugo
Vom Stamm der Cervelatto; –
Die ritten zu Herrn Hugo,

Genannt der Wüterich.

Der trank just Muskateller;
Zur Seiten ihm am Söller
Spann seine Tochter Bertha;
Schwül ward es jedem, der da
Geschaut dies Magedein.

Die Recken schrien: »Sei klug, o
Du wüterischer Hugo!

Gib uns Dein Kind zur Gattin,
Weil sie gemacht uns hat in
Die Herzen einen Eindruck,
Drob wie von einem Steindruck
Es uns beschweret ist!«

Vom väterlichen Wüterich
Durchbohrt, sank spornstreichs Bertha
Ins Burgverlies; wie niedrig
Lag sie jetzt tot umher da,
Sie stets so jung und ledig!
Der Himmel sei ihr gnädig
Und geb' ihr, was sie braucht!

»Der Mord war nicht gesetzlich«,
Ahnt Hugo jetzt urplötzlich;
Die Reue packte scharf ihn
Und Berthas Schatten warf ihn
Hinab ins Burgverlies.

Das hatt' den Recken allen
Drei gar nit baß gefallen;
Sie ritten stumm selbander,

Gen rechts der ein', der ander'
Gen links und gen die Mitte
Der Welt der dritte ritte:

Sie wünschten sämtlich Tod.

Graf Kuno, der von Weilheim,
Trug in der Brust den Pfeil heim,
Bracht' erst um den Verstand sich,
Köpft' dann mit eigner Hand sich –
Das mocht' gar schaurig sein.

Und Don Xaver Cravatto,
Der kauft sich akurat so
Viel Gift beim Mönche Bruno
Daheim in Pampeluno,
Als man zum Tode braucht.

Signor Mamugo aber
Vom Stamm der Cervelatto,
Der lebte noch bis dato,
Doch ging auch bald zu Grab er;
Denn als einst, Kühlung fächelnd,
Es Nacht ward, sprang er lächelnd
In schnöde Wasserflut.

Weil aber die drei Recken
Sich alle selbst gebracht um,
Geh'n zu der Menschheit Schrecken
Sie alle Tag und Nacht um
Als grausliche Gespenster
In vollmondlichem Scheine,
Leis trommelnd an die Fenster
Des Schlosses Wütrichsteine
Mit ihrer Geisterhand.

Schauderhafte und greuliche Moritat

welche sich am 5. November 1835 zwischen Pfingsten und dem Klinkertore zu Augsburg wirklich zugetragen hat

O kommt, ihr Leute, all herbei,
Vernehmt die Moritaterei,
Wie sich ein Mägdlein, gar scharmant,
Bedeckt mit Grausamkeit und Schand',
Nehm' jeder ein Exemplum dran,
Studier' es wohl und wend' es an!

Es war einmal ein Schwalangscheer*,
Der litt an Herzensweh gar sehr.
Ein Mägdlein liebte längst er schon,
Allein sie wußte nichts davon.
Der Schwalangscheer litt fürchterlich:
Das ist 'ne traurige Geschicht'.

Doch einstens an dem Klinkertor,
Als sie ging aus der Stadt hervor,
Macht er vor ihr sein Positur
Und spricht: O Schönste der Natur,
Wirst du nicht bald heiraten mich,
Verschieß ich mich elendiglich.

Ei, schieße du nur immerzu,
Das ist mir ganz und gar parduh.
Ich lieb' dich nicht, ich mag dich nicht,
Ich heirat' nicht, bleib' lediglicht;
Denn mich gelüst's gar nicht sehr,
Zu heißen Madam Schwalangscheer.

Und um die stille Mitternacht
Steht der Langscheer auf seiner Wacht.
Er ladet sechsfach sein Gewehr
Und setzt es auf die Brust daher.
Drauf drückt er los und schießt sich tot:
Der Mond scheint auf sein Blut so rot.

Am andern Morgen fand man ihn,
Als seine Seel schon längst dahin.
Ein Brieflein hielt er in der Hand,
Worauf mit Blut geschrieben stand,
Daß jener Dirne Sprödigkeit
An seinem Tod die Schuldigkeit.

Zum Mägdlein zog's Gerichte hin
Und hebt sie auf als Mörderin.
Sie trug für ihre Sprödigkeit
Gar bald das schwarze Totenkleid.
Da weint und jammert sie gar sehr,
Daß sie getötet den Langscheer.

Merkt, Mägdelein, euch diese Lehr'
Von einem toten Schwalangscheer.
Die Sprödigkeit ist niemals gut,
Wie die Moral beweisen tut.
Das ist das Ende der Geschicht' –
Vergessen Sie das Trinkgeld nicht!

Eduard und Kunigunde

In Bayreuth ward er geboren,
Wo sein Vater war der Schloßkast'llan;
Doch den er sich zum Morden auserkoren,
War ein reicher Privatmann.

Seine Mutter, eine gebor'ne Lerche,
Hat das ganze Unglück angericht't,
Denn sie hielt ihn nicht zur Schule, nicht zur Kerche,
Soff gar sehr und starb dann an der Gicht.

In Leipzig bei einem Schustermeister
Lernte er das grasse Metier,
Warf der Meisterin den Topf mit Kleister
An den Kopf und rief: »Du Bestie!«

Gottlob Käsemayer huß der Arme –
Sechzehn Messerstich' durch Arm und Brust
Gab er ihm, daß Gott erbarme!
Und sein Lebenslicht war ausgepust.

Kunigunde, seine Vielgeliebte,
Trug noch größ're Schändlichkeit zur Schau,
Denn mit einem Strumpfenband verübte
Sie den Mord an Käsemayers Frau.

Sieh, o Mensch, im Hintergrunde
Einen Galgen aufgericht't!
Daran hängt die schöne Kunigunde,
Eben durch des Henkers Hand verblicht.

Mit gelass'ner, kaltblütiger Miene
Besteigt Eduard das Blutgerüst,
Wirft noch einen Blick nach seiner Konkubine,
Aber stirbte doch als guter Christ.

Ein Gendarm mit schnurrig-bärt'ger Miene
Gibt dem Unglücksel'gen einen Klaps –
Geht darauf zur Marketendrin Katherine
Und verlangt kaltlächelnd einen Schnaps.

Diese Grausamkeit erregt im Publikum
Lautes Murmeln ringsumher –
Da dreht sich der Gendarm wütend um,
Und es verstummen alle Murmeler,

Drum, o Mensch, bezähme deine Triebe
Hier in dieser Zeitlichkeit,
Denn das sind die Folgen von der Liebe
Und der mütterlichen Trunkenboldigkeit.

Entsetzliche Ballade

Erster Teil

Es sitzt die Gräfin auf der Zinne ihrer Burgen,
Das Angesicht umflort von Kummer und von Surgen.

Halb welk ist schon die jugendliche Holde;
So schaut sie tief hinab auf das Gefolde.

Da blühet alles in des Frühlings Prangen;
Und Jubel tönet von der Vöglein Zangen.

Die Rosen duften und die Nelken sprossen;
Und Philomele flötet aus Zyprossen.

Die Lerchen schmettern und die Käfer summen;
Da klagt die Gräfin: »Wann wird er wohl kummen?«

Ob mich ein Dämon seiner wohl beraubet?
Wo säumt der Mann, den meine Seele laubet?

Ist er mir jetzt schon gram? Will er mir trotzen?
Daß er mich läßt auf dieser Zinne sotzen?

Bricht er die Treue, die er mir geschworen,
Bricht er die Treue schon nach dritthalb Johren?

Hab ich's verschuldet, daß er meiner spottet?
War mein Geschick mit seinem nicht verkottet?

So klagt die Gräfin und ihr Aug', ihr schwarzes,
Es rinnt im Übermaß des tiefsten Schmarzes.

Ihr Wort erstickt im bittersten Geschluchze,
Und in Verzweiflung faßt sie eine Buchse.

Sie spannt den Hahn – von Satanas verlocket –
Druckt los und – ach! – schon liegt sie hingestrocket.

Sie liegt entseelt, durchschossen auf dem Boden
Und neben ihr die Waffe, die sie selbst geloden.

Zweiter Teil

Kaum aber hat ihr Leben sie verloren,
Sieht man auf's Schloß zu einen Ritter gallopporen.

Schon ist er da; schon springt er von dem Rappen
Und eilt hinauf auf die langen Wendeltrappen.

Schon ist er auf der Zinne, ach, und sieht mit Schrecken
Die starre Leiche vor den starren Blecken.

Da stampft er wild den Boden mit den Stiefeln
Und ruft: »Warum, o Gräfin, mußtest du verzwiefeln?

Warum konnt'st du, o Holdeste der Holden,
Dich nicht noch einen Augenblick gedolden?

Und muß ich dich als blut'ge Leiche schauen,
Was soll ich jetzt in dieser Welt noch tauen?« –

Er spricht's; es funkeln seine wilden Augen,
Und aus der Scheide zieht er seinen Daugen.

Und schwingt ihn keck und mit dem grimmsten Trotze
Stößt er sich in die Brust die scharfe Spotze.

Er sinket um mit einem Schmerzenslaute,
Und schon liegt er entseelt in seinem Blaute.

Mit Schrecken sieht man bald vom Zinnengatter
Den Leichnam von der Gräfin und dem Ratter.

Nutzanwendung

Der Übereilung kann nichts Gutes nicht entwachsen;
O hüte dich vor Degen, Dolch und Bachsen!

Und wisse, daß sein Grab sich selber schaufelt,
Wer an dem eigenen Geschick verzwaufelt.

Die Husarenbraut
oder
Treue Liebe bis zum Tode

Nimm, Florian, des Vaters Segen,
Nimm, guter Sohn, der Mutter Kuß!
Geh hin auf rauhen Kriegeswegen,
Füg dich des Himmels weisem Schluß.
Dein Bräutlein hat dir Treu' geschworen,
Für dich allein ist es geboren.

Der Eltern einzig Kind und Erbe
War Florian, ein braver Sohn.
Mit ihm ward Anna aufgezogen,
Ein Waisenkind, um Gotteslohn.
Für sie zu leben und zu sterben,
Wollt' er den Lorbeer sich erwerben.

Vom Ungarland zur türk'schen Grenze
Zog er als stattlicher Husar,
Geliebt von seinen Kameraden,
Geschätzt von Obern er auch war.
Die Mutter schickt ihm manch Dukätchen
Und manches auch sein treues Mädchen.

Doch plötzlich war versiegt die Quelle,
Kein Brief, kein Goldstück kam mehr an,
Des Sohnes Herz war voll von Sorgen;
Hab' ich nicht meine Pflicht getan?
Hat Mutter mich, und Braut vergessen?
Ach, meine Qual ist nicht zu messen!

Da bringt ein Jugendfreund ihm Kunde:
Ein Böser hat dein Glück geraubt!
Er wollte deine Anna lieben,
Doch sie tat nicht, was unerlaubt.

Die Braut und Eltern müssen's büßen
In Armut vor des Wichtes Füßen.

Und Florian, entflammt vom Grimme,
Nimmt Urlaub, geht der Heimat zu,
Bald findet er den losen Buben,
Der ihm geraubt des Herzens Ruh'.
Er läßt's ihm fühlen ohn Erbarmen.
Doch weh, was wird nun aus dem Armen?

Er soll den Sündertod erleiden,
Die Kugel in das treue Herz.
Nichts half der Eltern heißes Flehen,
Nichts Annas großer Liebesschmerz.
Dort kniet er. Kameraden zielen,
Nach seiner Brust zehn Schüsse fielen.

Doch keiner traf, Gott war ihm gnädig!
Da stürzt herbei die teure Braut,
Wirft sich an seinen nackten Busen:
Nun schießt! Ich bin ihm anvertraut!
Die Kameraden zittern, weinen:
Mög' doch des Kaisers Gnad' erscheinen!

Sieh da, ein Retter kommt geflogen,
Mit weißem Tuch hoch in der Luft!
Gnad', Gnade! klingt's von aller Lippen,
Gnad', Gnade, jetzt der Reiter ruft.
Dem Himmel Dank und Dank dem Kaiser!
Dem Brautpaar weiht man Kranz und Reiser.

Theodor vom edlen Feuer

Theodor vom edlen Feuer
War der deutschen Freiheit wert.
Für sie nur tönte seine Leier,
Nur für sie hob er sein Schwert.

Theodor, in seiner Wiege
Schon geweiht zum frommen Mann,
Warb sich in dem heil'gen Kriege
Bei die Preuß'schen Jäger an.

»Und du willst die Braut verlassen?«
Sprach mit Weinen Dorothee,
»Willst das schöne Leben hassen?
Wilder Jäger, geh, o geh!«

Dennoch hielt sie ihn umschlungen
In dem weißen lieben Arm,
Nannte ihn den Götterjungen,
Nannte sich verwaist und arm.

»Wer kann das Geschick beklagen?
Geh und kämpfe ritterlich.
Frankreichs Männer wirst du schlagen,
Frankreichs Mädchen schlagen dich.«

Stumm und bleich wie eine Büste
Nahm er von ihr das Abschiedsweh.
Und an Mund und Busen küßte
Er ein flammendes Adje.

Husch, mit dem Araber sprengte
Er durchs bunte Blumental,
Und das fromme Mädchen schwenkte
Segnend ihren weißen Schal.

Schwenke du mit deinem Schale,
Schwarzgelockte Jägerbraut.

Ach, ich fühl's, zum letzten Male
Hast den Bräutigam geschaut.

Von der kriegerischen Sage
Aus der vorgefall'nen Schlacht
Raubten ihr die Ruh' am Tage
Und die Hoffnung bei der Nacht.

Nur wenn Theodor geschrieben,
Daß er lebt und sie allein
Bis zum Tode würde lieben,
War die Hoffnung Sonnenschein.

Doch das Ehrenrad der Stunden
Rollte fort im ew'gen Gleis;
Lenz und Sommer war' verschwunden,
Und der Herbstwind pfiff durchs Reis.

In drei hellen heißen Tagen
War das große Werk erfüllt:
Bonaparte, aufs Haupt geschlagen,
Floh wie angeschoß'nes Wild.

Tausend von den deutschen Söhnen
Eilten hin zur Heimat Flur.
Fließet, fließet, heil'ge Tränen,
Denn hier fiel auch Theodor.

»Freiheit«, rief er halb gebrochen,
»Freiheit, Dorothee, mein Weib!«
Und kaum hat er's ausgesprochen,
So trennt sich die Seel' vom Leib.

Seine Kameraden schlugen
Seinen Sarg mit Wehmut zu,
Und zwölf düstre Jäger trugen
Ihn zur ew'gen Grabesruh'.

Rosen-Tony

Das Gewissen ist kein Spott
oder
Der Mensch denkt und Gott lenkt

Gibt es wohl ein höher Glück
Als die treue, süße Liebe?
Schrecklich macht ein Mißgeschick
Ihre klaren Wellen trübe,
Wenn dies Mißgeschick die Frucht
Teuflisch-schwarzer Eifersucht.

Rosen-Tony, holde Maid,
Welchem göttergleichen Leben
Hattest du im Blütenkleid
Schöner Jugend dich ergeben!
Ach, an deines Wilhelms Brust
Fühltest du der Liebe Lust.

Doch die Neidsucht gönnte euch
Nicht das Kosen und das Scherzen:
Einer aus dem Höllenreich,
Schwarze Bosheit tief im Herzen,
Sinnet teuflisch Tag und Nacht,
Wie er euch unglücklich macht.

Und er legt die Frevelhand
An zwei teure Menschenleben
Und begeht Raub, Mord und Brand,
Macht die stärksten Herzen beben,
Mordet mit Hyänenwut,
Wühlt dem Tiger gleich im Blut.

Sich zu retten vom Verdacht,
den Verhaßten zu vernichten,
Schleudert er mit aller Macht
Lug und Trug vor den Gerichten
Auf den unschuldsvollen Mann,
Der sich nicht verteidigen kann.

Holde Tony, ach, du starbst;
Dein Geliebter auch soll sterben:
Wie du jugendlich verdarbst,
Soll er unschuldvoll verderben!
Siegt der Bosheit Schlangentück,
Dann erliegt er dem Geschick.

Aber nein, es lebt ein Gott,
Der den Frevler weiß zu finden.
Das Gewissen ist kein Spott,
Zwingt den Mord, sich selbst zu künden.
Treibt den Mörder vor Gericht,
Bringt die Unschuld an das Licht.

Mag die Unschuld noch so tief
Schmachten in des Kerkers Ketten:
Noch kein Mensch vergebens rief,
Daß ihn möge Gott erretten.
Drum vertraut auf Gottes Macht,
Tag folgt selbst der trübsten Nacht.

Die Rache der betrogenen Braut
oder
Adele Torilla,
das schöne Landmädchen von Mexico

In Mexiko, dem Land der Monzanilla,
Dort lebte still mit ihrem Töchterlein
Die Witwe namens Señora Torilla
Auf ihrem Wohnsitz, der bescheiden klein.
Dort lebte sie mit still zufried'nem Sinn
Samt ihrer Tochter die Tage hin.

Und schön, schön war ihr Töchterlein Adele,
An Geist und Körper reich und anmutsvoll,
Den Eigenschaften ihrer schönen Seele,

Bracht' mancher junge Mann Tribut und Zoll;
Denn jeder hätte gern die junge Maid
Als liebe Eh'genossin sich gefreit.

Doch einem nur ihr Herze schlug entgegen.
Henri del Crespo war der Kavalier,
Bei dessen Nah'n von ihres Herzens Schläge
Adele drohte zu ersticken schier.
Gern lieh dem jungen Manne sie ihr Ohr,
Als er ihr unverbrüchlich Treue schwur.

»Kind«, sprach die Mutter, »zügle deine Liebe
Und gib dich nicht so unbedachtsam hin,
Vorsichtig sei mit deines Herzens Triebe,
Ein Kavalier hat einen leichten Sinn.
Auch sind die Crespos gar so stolz und reich,
Und nehmen dich als Tochter nicht sogleich.«

Doch konnte das Adelens Herz nicht rühren,
Verstand Henriquez doch die Liebeskunst.
Sie glaubte des Geliebten heißen Schwüren,
Bewahrte ihm stets ihre Gunst.
Doch bald, bald sollte es ihr werden klar,
Daß sie von ihm schmachvoll betrogen war.

Denn eine reiche Erbin hat erwählet
Henriquez sich als seinen Eheschatz.
Mit ihr ward binnen kurzem er vermählet,
Sie ward ihm Gattin an Adelens Platz.
Das fuhr Adele schrecklich durch den Sinn,
Und —»Rache! Rache!« rief die Spanierin.

Ja, Rache an dem Schurken war ihr Streben,
Der frech zertrat ihr ganzes Erdenglück;
Mit Gift bracht' seine Gattin sie ums Leben,
Ein Dolchstoß endet seinen Lebensblick.
Sie selbst vom hohen Felsen sprang herab
Und fand zerschmetternd in der Tief' ihr Grab.

Moral:

Das sind der Liebe Lust, der Liebe Wehen,
Wie sie noch stets der Menschheit Herz berührt.
Und schrecklich, wie das Ende hier geschehen,
Es täglich neu zu aller Zeit passiert.
Wie glücklich macht der Liebe Lust das Herz,
Wie unglücklich der Liebe Leid und Schmerz!

Eskimo und Eskimaid

Es lebt' in *dulci jubilo*
In Grönland einst ein Eskimo,
Der liebt' voll Liebeslust und -leid
Die allerschönste Eskimaid
Und nannt' im Garten sie und Haus
Bald Eskimiez, bald Eskimaus.

Im wunderschönen Eskimai
Spazieren gingen froh die zwei,
Geschminkt die Wangen purpurrot,
Wie's mit sich bringt die Eskimod',
Und setzten sich ganz sorgenlos
Ins wunderweiche Eskimoos.

Still funkelte am Horizont
Der silberklare Eskimond.
Da schlich herbei aus dichtem Rohr
Othello, Grönlands Eskimohr.
In schwarzer Hand hielt fest den Dolch
Der eifersücht'ge Eskimolch.

Und stach zwei-, dreimal zu voll Wut
In frevelhaftem Eskimut.
Vom Doch getroffen sanken beid',
Sank Eskimo und Eskimaid.
Da rannt' im Sprunge des Galopps
Herbei der treue Eskimops.

Trier

Und biß mit seinen Zähnen stark
Den Mörder bis ins Eskimark,
Der bald, zerfleischt vom Eskihund,
Für immer schloß den Eskimund.
So ward, das ist der Schlußakkord,
Gerächt der blut'ge Eskimord.

Im Tode vereint
oder
Die treue Liebe ist kein leerer Wahn

Nicht weit von Prag ein edles, junges Paar
In treuer Lieb' schon lange glücklich war;
Ob Wenzel reich auch ist an Gut und Geld
Ihm doch Josepha nur allein gefällt,
Die leider arm, doch dafür hold und schön,
Wie er im Dorfe keine noch geseh'n.

Ja, Wenzel und Josepha sind ein Herz
Und tändeln froh in Liebeslust und Scherz,
Bis auch für sie die bange Stunde kam,
In der ihr stilles Glück ein Ende nahm.
Nach Prag zur Fahne rief ihn seine Pflicht
Und scheiden muß er, ob sein Herz auch bricht.

Ich bleib' dir treu, ich bleibe ewig dein,
Soll ich für jetzt auch ferne von dir sein.
Behalte du nur immer frohen Mut
Und bleibe mir von ganzem Herzen gut!
So spricht zu der Geliebten tröstend er,
Als sie die Hand ihm reicht zum Abschied schwer.

So schwand die Zeit, bald war der Sonntag da,
Als er zum ersten Mal sie wiedersah.
Auf der Petinka* sind sie lustig heut'
Und froh genießen sie die Spanne Zeit:

Im tollen Tanze rasen sie dahin,
Das Leid ist aus, vergnügt ihr Herz und Sinn.

Das Glück schien ihnen wieder hold zu sein,
Doch leider sollte es ihr Unglück sein.
Denn Wenzels Mutter man es heut' verriet,
Daß er sich mit Josepha wiedersieht.
Und wild hat sich das Mutterherz empört,
Daß Wenzel liebt, es schien ihr unerhört.

Für immer aus dem Hause sie ihn bannt,
Reicht er dem armen Mädchen einst die Hand.
Sie will begrüßen ihn nicht mehr als Kind,
Wenn er nicht eines Bessern sich besinnt.
Wenn er das reiche Mädchen ihrer Wahl
Nicht nehmen will zu seinem Eh'gemahl.

Doch Wenzel kannt' nichts als Josepha nur,
Und treulich hielt er seinen Liebesschwur;
Ob auch die Mutter kalt ihn von sich stieß,
Er die verlobte Braut doch nicht verließ.
Soll er sie meiden, wie's die Mutter bot,
So soll vereinen sie — der kalte Tod.

Und die Josepha, ach, sie bebte nicht,
Als Wenzel ihr von seinem Vorsatz spricht,
Doch noch zuvor woll'n sie mit frohem Blick
Genießen all des Erdenlebens Glück;
Auf der Petinka lustig und vergnügt
Die beiden noch der frühe Morgen sieht.

Jetzt, als der junge Tag im Osten graut,
Entfernt sich Wenzel schweigend mit der Braut,
Und bald ein Schuß die Morgenstill' durchdringt,
Worauf Josepha leblos niedersinkt.
Noch einen zweiten hört man gleich danach,
Von welchem Wenzel tot zusammenbrach.

Ja, treue Liebe ist kein leerer Wahn,
Wie man an diesem Bilde sehen kann.

Und immer wird auf Erden sie besteh'n,
Ob sie erdulden muß auch Leid und Weh'n,
Ob wilder Sturm sie zu zerstören droht:
Sie bleibt getreu, – getreu bis in den Tod.

Die grausige Moritat des Friedrich Wilhelm Schulze

So manche grause Schreckenstat passiert noch heut',
Die über viele Menschen bringt Not und Leid:
Der Vater bringt die Kinder um, die Frau den Mann,
Und mancher aus Verzweiflung fängt das Saufen an.
Also hat in jüngster Nacht
Jemand eine Tat vollbracht,
Lausig, grausig, ruppig, struppig, hundsgemein,
Sperrt sein Weib im Keller ein,
Hackt sie, packt sie, knufft sie, pufft sie, murkst sie ab,
Bis sie ihren Geist aufgab.

Friedrich Wilhelm Schulze hatt' ein Weib, Marie,
Ein treues Weib voll Biedersinn, wie keines nie.
Wer nie sein Brot in Tränen aß und nie die Nacht
Auf einem Bette weinend sitzend zugebracht,
Der kennt nicht die Pein, die Qual,
Die ihr machte der Gemahl,
Raufen, saufen, stündlich, schwindlig, voll und dick,
Schenkte er ihr keinen Augenblick,
Bis ihr riß ihr, wie sie sagt sie, die Geduld,
Friedrich Wilhelm Schulze war an allem schuld.

Neben diesem Schwindelschulze im Zimmer nebenan
Wohnt' ein and'rer Schulze, ein solider Mann.
Während jener Schulze in der Kneipe trank,
Blieb der and're Schulze heimwärts tagelang,

Dem vertraut sich die Marie
Aus Hypochon- und Melancholie,
Schmerzlich, herzlich, innig, minnig fühlt er mit,
Was Madame Schulze litt,
Heilend, teilend fühlt er, kühlt er ihren Gram,
Bis ihr Mann nach Hause kam.

Zwar waren beide sich nun gar nichts Böses nicht bewußt,
Sie war betrübt, er tröstete die trostesleere Brust;
Doch selbst der Tugend Wege geh'n zuerst durch grüne Au'n,
Ihr Fortgang aber bringt Gefahr, wie man hier auch kann schau'n.

Eines Abends um halb neun
Dachten sie allein zu sein,
Saßen, aßen *dulce,* Schulze, dachte sie
Käm' nicht vor des Morgens früh,
Tränke, sänke endlich schändlich untern Stuhl,
Wo er ja so oft schon fuhl.

Doch Eifersucht und Leidenschaft, Verrat und Niedertracht,
Die hatten Friedrich Wilhelm Schulze um den Durst gebracht,
Sein Herz entbrannte drob voll böser Jalousie*,
Er ahnte des Sängers Fluch bei seiner Frau Marie,
Trank darauf noch ein Glas Anis,
Ein Glas Kümmel überdies,

Fluchte, suchte seinen kleinen Bambus drauf,
Schlich sich zu Haus in stillem Lauf,
Wankend, schwankend trat er bitter in die Tür,
Wo er findet ihn mit ihr.

Frau Schulze wurde ganz perplex, obgleich sie schuldig nicht,
Der Nachbar Schulze verlor den Kopf, knöpft zu den Rock sich dicht,
Und Friedrich Wilhelm Schulze stand wie ein geknicktes Rohr
Und sprach mit fürchterlicher Stimme: Wie kommest du mir vor?
Wie Frau Schulze ihn noch beschwört,
Schulze jetzt auf nichts mehr hört.
Drücket, knicket, fletschet, quetschet zornentbrannt
Den unschuld'gen Schulze an die Wand,
Trampelt, strampelt, zufft und knufft mit Bein und Fuß,
Bis die Seele ihn verluß.

Das erste Opfer war nun tot, jetzt packt ihn Weiberhaß;
Noch war die Wand neutapeziert von Schulzes Blut ganz naß,
Da schreit er höhnisch: Spaß muß sint, die Liebe ist mich not!
Schleppt die Marie ins Kellerloch und kitzelt sie dort tot,
Hackt sie noch lebendig klein,
Pökelt sie wie Salzfleisch ein,
Steckt sich schließlich einen Regenschirm in'n Leib,
Spannt ihn auf zum Zeitvertreib,

Platzt sich dann auf solche Weise selber tot.
Gnade seiner Seele bei Gott!

Ende gut, alles gut

Es zog ein Wandersmann so still einher,
Sein Herz schlägt ihm ja so gewaltig schwer.
Er sehnte sich nach seinem Heimatort,
Zehn Jahre war er von zu Hause fort.

Er will sich holen seine junge Braut,
Auf die er all sein ganzes Glück gebaut.
Vor einem Häuschen bleibt er plötzlich steh'n,
Vor Schrecken blaß, was mußte er da seh'n!

Sie sitzt am Fenster, bleich und abgezehrt,
Wie man auch deutlich Kinder weinen hört.
Ihn faßt ein Grau'n, er eilt mit raschem Schritt:
»Gewähr mir Platz, ich bin so matt, so müd'.«

»So setzt euch nieder«, spricht sie dann und weint,
»Belaben kann ich Euch nicht, bester Freund.

Ich und die Kinder leiden selber Not,
Mein Mann ist krank und ringet mit dem Tod.

Denn Gottes Strafe bleibet niemals aus,
Mein Schatz zog in die Welt hinaus.
Nur ich allein, allein brach ihm den Schwur.
Ach wollte Gott, er käme nie retour.«

»Bin dein Geliebter, dem du brachst die Treu',
Bist nicht mehr ledig, bist auch nicht mehr frei.
Nimm dieses Gold, dein Glück soll ewig blüh'n,
Und ich will wieder in die Fremde zieh'n.«

Und weinend gab sie ihm noch ihre Hand:
»Verzeih, Geliebter, was ich hab' getan.
Du kamst zu spät, zu spät kamst du zurück,
Und ganz vernichtet ist mein Lebensglück.«

Da richtet sich der Mann vom Lager auf,
Ganz deutlich spricht er diese Worte drauf:
»Nimm sie nur hin, sie ist bald wieder frei,
Denn meine Sterbestunde naht herbei.«

Von schändlichen Mördern, Räubern und Dieben

Der Mord von Ramsdonk

Kommet, Freunde, laßt uns seh'n,
was in Ramsdonk einst gescheh'n.
Es wohnte dort ein Ehepaar,
das glücklich miteinander war.
Der Mann, der war ein Halbidiot
und fühlte ständig sich bedroht;
die Frau, die war eine Xanthipp'*,
grundhäßlich und mit frecher Lipp'.

Die zwei, die hatten etwas Geld,
dem haben die Mörder nachgestellt,
und in 'ner rabenschwarzen Nacht,
da legten sie sich auf die Wacht.

Und als im Bett sie lagen, o Graus,
da drangen sie hinein ins Haus!
Es wurd' die Frau, trotz Fleh'n und Bitten,
in der Länge durchgeschnitten!

Der Mann, der rief: »Ach Gott, ach Gott,
auf die Art wird man mausetot!«
Doch half kein Schrei'n und kein Gebrumm,
man begoß ihn mit Petroleum
und mit 'nem Zündholz steckte man
ihn als Petroleumfackel an!
Die Tochter schwamm, o Not, o Graus,
im eig'nen Blut zur Tür hinaus.

Der Bürgermeister war ein Mann,
der alles faßte richtig an!
Er packte zu und fackelt' nicht,
bracht' schnell die Mörder vor Gericht.
Der Richter sprach: »Die Königin
schickt gnadlos euch zum Galgen hin!«
Die Mörder kratzten sich am Hals,
dort traf es sie nun jedenfalls!

Man schleift' sie bebend zum Schafott,
sie wimmerten: »Macht's kurz, o Gott!«
Der Henker zog mit viel Geschick
die Leiter fort, da brach 's Genick!
Der Teufel tat sogleich sie holen,
so, wie 's die Königin befohlen.
So ward, eh' noch der Frühling grünt,
der Mord von Ramsdonk rasch gesühnt.
Van vieral valdera, van vieraderom
van via bom bom.

Das rote Kind
oder
Die Taten
eines furchtbaren Bösewichts in Ungarn,
welcher
in sieben Jahren 96 Mordtaten begangen hat

Furchtbar dunkel, grausend sind die Pfade,
Die den Menschen hier das Schicksal führt!
Oh, wo ist denn endlich das Gestade,
Das, erhellt, der Zweifel nicht berührt:
Ob ein guter Gott die Welt gegeben
Und dem Sterblichen den Werderuf?

Das blutbegier'ge Wild verbirgt
Sich in des Waldes Höhlen,
Das grausam seine Beute wirkt,
Den Fang nicht zu verfehlen.

Doch wie der grause Tiger flieht
Ein Mensch den Strahl der Sonne;

In seinen tiefen Schluchten sieht
Er Blut nur – seine Wonne!

Hier hauset er mit arger Wut
In seinem Schreckensgrunde:
Er rötet ihn mit Menschenblut
In mancher schwarzen Stunde.

Bewaffnet mit der Keule Macht
Und mit des Dolches Spitze,
Entschlüpft der Mörder seiner Nacht
Hin zu dem Rasensitze.

Von Bäumen schauerlich umhüllt,
Wenn lieblich Luna* blinkte,
Mit Blutgedanken stets erfüllt,
Wenn friedlich Luna winkte,

Verweilt er bis zur Frühezeit,
Verteilt die Todeslose;
Er ist der Schrecken weit und breit;
Doch in der Erde Schoße

Bleibt unbekannt der blut'gen Tat
Vollender lange, lange,

Eh' seine letzte Stunde naht,
Wo er den Lohn empfange.

Es fiel durch seine grause Hand
So mancher holde Knabe!
So manches holde Mädchen schwand
Hinab zum finster'n Grabe.

Er schleppte sie ins dunkle Haus,
Und – furchtbar anzuschauen! –
Riß er das Herzlein ihnen aus,
Verzehrt' es sonder Grauen.

Einst zog ein blühend junges Weib
Ganz arglos ihre Straße!
Er schlang sich wild um ihren Leib
Zum Mord und Herzensfraße.

Doch ihrer Tränen Tau bezwang
Des Frevlers starren Willen,
Und er vergaß, wie sie so rang,
Den blut'gen Durst zu stillen.

Er zwang sie drauf durch einen Eid
– Voll Schrecken und voll Grausen –,
Bei ihm die ganze Lebenszeit
Gehorsam stets zu hausen.

Sie fügte sich in ihr Geschick,
Gebar drei holde Kinder;
Es fraß – o kurzes, flücht'ges Glück! –
Die drei der grause Sünder.

Doch des allsicht'gen Gottes Blick
Entdeckte den Verbrecher;
Mit einem blut'gen Endgeschick
Bestraft er ihn, ein Rächer.

Als er die schwere Tat vollbracht,
Ergreift's der trauten Seele,

Daß sie, was er in schwarzer Nacht
Vollendet, nicht verhehle.

Zum Prediger begibt sie sich
Und offenbart die Lage,
Wie schrecklich und wie jämmerlich
Verflossen ihre Tage.

Alsbald erfährt es jedermann
Und waffnet sich zum Fange
Des grausen Menschen, wie er kann,
Mit Spieß und Schwert und Stange.

Und bei der Höhle kommt man an
Und findet ihn beim Schmause
Der Kinder – reißet ihn sodann
Aus seinem Mörderhause.

Und gliederweis' wird er zerfetzt
Durch heißerglühte Zangen
Und an vier Stiere dann zuletzt
Sein Körper angehangen.

Beglückt war nun des Weibes Los
Bis an das Ziel der Tage;
Vergessen in der Freude Schoß
Nun alle Last und Plage.

Um jene Schreckenshöhle weh'n
Recht schaurig noch die Lüfte;
In mitternächt'ger Stunde geh'n
Durch dunkle Felsenklüfte

Der Kinder Geister – es verhallt
Ihr Seufzen; blutig ziehet
Der Mond, wenn er vorüberwallt
Auf seiner Bahn und – fliehet.

Münchner Moritat

Seine Mutter Hebamm' war in München,
Und sein Vater nährte sich vom Tünchen,
Sie waren beide kreuzbrave Leute,
Doch der Apfel, der fiel weit vom Stamm.
Wie das kam!

Hulda Meier hieß seine Verlobte,
Doch er merkte, daß sie ihn nur foppte;
Mit einem andern tät sie stets wandern,
Dieweil sie ihm die treue Liebe schwur.
Man denke nur!

Sie tanzte einstmals grade eine Pulka,
Seine innigst heißgeliebte Hulda,
Da naht er diebisch und sticht ihr bübisch
Einen Dulch von hinten in die Brust.
Und das mit Lust!

Doch der Bösewicht, er stach daneben,
Und die Hulda blieb noch ein'ge Zeit am Leben.
Es schwamm die Gute in ihrem Blute,
Vorher war sie fröhlich und gesund.
O du Hund!

Darum siehst du, guter, frommer Christe,
Aufgerichtet steht ein Blutgerüste.
Dieses besteigt er, ach, und dann zeigt er,
Daß er ohne jegliche Moral.
So 'n Skandal!

Denn als der Pater mit dem Kruzifixe
Sich ihm naht mit einem tiefen Knixe,
Um von den Sünden ihn zu entbinden,
Da streckt er ihm die Zunge ins Gesicht.
Das schickt sich nicht!

Und so wurde er denn hingerichtet,
Nachdem er auf sein Seelenheil verzichtet.
Man hieb ihm munter den Kopf herunter
Mit einer scharfgeschliff'nen Guillotin'.
Da war er hin!

Ausführlicher Bericht über die in der Alster bei Hamburg gefundene, geheimnisvolle Leiche

der Charlotte Runge aus Elmshorn sowie die Entdeckung des Täters Peter Heinrich Meyer

An der Alster kühlem Strande
Rauscht es leis' und schauerlich,
Denn der Winter zieht ins Lande,
Bald verjüngt die Erde sich;
Und es geht, um Schilf zu holen,
Mit der Harke dort ein Knecht,
Doch bald zieht er nach die Sohlen,
Läuft von dannen, und nicht schlecht.

Denn was mußt er dort entdecken?
Einen Sack mit Stroh gefüllt,
Doch daraus hervor sich strecken
Füße, schlecht darin verhüllt.
Moderdünste sich verbreiten
Um den Knecht dort ringsumher;
Daß das Schicksal auch mußt' leiten
Ihn zur Stell', so öd' und leer!

Schon fünf Monde sind verflossen,
Seit die Leich' dort ruht im Schilf,
Wie man forscht auch unverdrossen,
Nutzlos bleibt der Forscher Hilf'.
Da in der »Reform« muß lesen
Es ein Bürger, was man fand,
Und des Vorgangs, der gewesen
Über ihm, denkt sein Verstand.

Hat er nicht den Zank vernommen
Bei den Nachbarn, voller Graus?
Ist die Frau zurückgekommen?
Wie so schnell blieb sie vom Haus?
»Ja, 's ist der Moorburger Meyer,
Der die Frau ermordet hat,
Nie bei ihnen war's geheuer,
Er ist fähig solcher Tat.«

Nicht sieht man ihn länger weil'n,
Sein Verdacht läßt ihm nicht Ruh',
Hin zur Polizei zu eilen,
Und man hört erfreut ihm zu;
Sucht darauf in allen Gängen
Nach dem großen Bösewicht,
Ins Gefängnis ihn zu drängen,
Doch man find't ihn immer nicht.

Da ein Offiziant ergründet
Endlich ihn am Dovenfleeth,
Der bei einer Witwe findet
Dort den Meyer nicht gar spät.
Und kaum ist er hingekommen
Auf dem Stadthaus zum Verhör,
Als man auch nicht Zeit verlieret,
Ihn zu fragen inhaltschwer.

»Also du«, spricht der Beamte,
»Hast die Runge umgebracht?«
Und eh' Meyer sich ermannte,
Noch auf eine Lüg' gedacht,

Hat die Schuld er eingestanden:
»Ich tat's in der Trunkenheit!«
Spricht er und denkt, daß von dannen
Er kann geh'n zum Trunk bereit.

Doch man führt auf Nummer Sieben
Ihn und fragt, wie er's gemacht,
Weiter dann die Kreuz und Quere,
Wie die Leich' er fortgebracht.
Und er sagt mit kaltem Blute,
Wie erwürget er die Frau
Ohne Plan, im trunk'nen Mute,
Schildert alles ganz genau.

Und sich schützend vor Gefahren,
Hat verpackt die Leich' er wohl
Rings mit Stroh, und hin gefahren,
Daß kein Mensch sie finden soll.
Aber was so schlau ersonnen
Und verborgen blieb der Welt,
Ward doch an der Alster Bronnen
Eines Tag's vom Licht erhellt.

Traurige Geschichte von einer blutigen Hochzeit zu Frauenstadt in Polen,

wo der Bräutigam die Braut vor dem Altar erschossen und der Bruder der Braut den Bräutigam mit einem Messer erstochen

Ihr lieben Christen kommt herbei,
Hört an ein wunderwürdig Neu,
Was sich hat zugetragen
In Polen dort zu Frauenstadt;
Fürwahr, die unerhörte Tat
Ist billig zu beklagen.

Wie ich hievon will zeigen an:
Es war ein reicher Bürgerssohn,
Der hat sich ausersehen
Ein reiches Mädchen, hübsch und fein;
Er dacht', die sollt' sein eigen sein;
Der Handschlag war geschehen.

Als man bei etlich Wochen Zeit
Öffentlich die zwei jungen Leut'
Dreimal verkündigt hatte,
Das Mägdlein war betrübet sehr,
Wollt' ihren Bräutigam nimmermehr,
Doch kam die Reu' zu spate.

Ein Schuhknecht tat ihr gehen nach,
Welchem sie auch die Eh' versprach;
Und liebet ihn dermaßen,
Hat ihm versprochen vielmal schon,
Eh' sie behielt des Bürgers Sohn,
Wollt' sie das Leben lassen.

Zur Hochzeit war nun all's bereit.
Da man die zwei verlobten Leut'
Wollte zur Kirche führen,

Die Braut zu ihrem Bräutigam spricht:
Du weißt, ich will dich haben nicht.
Da war groß Lamentieren.

Der Bräutigam wohl zu ihr sprach:
Mein liebes Kind, bedenk' die Sach',
Was du mir hast versprochen;
Schick' dich, mein Schatz, tu' mit mir gehen;
Läßt du mich hier in Schande stehen,
So bleibt's nicht ungerochen.

Allein: sie wollt' nicht folgen ihm.
Der Bräutigam voll Zorn und Grimm
Tät' in die Kammer gehen,
Alsbald er täte ein Pistol
Mit zweien Kugeln laden wohl,
Was niemand täte sehen.

Als nun die Braut und Bräutigam
Und alles Volk zur Kirche kam,
Der Priester täte gehen,
Wie sonst gebräuchlich, zum Altar.
Darauf kam das verlobte Paar
Und täte vor ihm stehen.

Als er die Braut tät' fragen nun,
Ob sie den Junggesellen schön
Zu ihrem Mann wollt' haben,
Die Braut darauf antwortet bald:
Eh' ich zum Mann ihn haben wollt',
Eh' geb' ich auf mein Leben.

Kaum sie das Wort geredet wohl,
Der Bräutigam nahm das Pistol,
Es tät' ihn so verdrießen,
Daß er die Braut vor dem Altar,
Da alles Volk zugegen war,
Täte daniederschießen.

Drauf war der Braut ihr Bruder da,
Als er die Schwester erschossen sah,

Zog er aus seiner Scheide ein Messer
Und stach mit großem Schmerz
Dem Bräutigam auch durch das Herz:
Da lagen alle beide.

Da war ein großes Mordgeschrei;
Das Volk lief eilends all's herbei;
Es waren zwei Parteien:
Die eine hielt zum Bräutigam,
Die and're sich der Braut annahm.
Da war ein kläglich Schreien.

Man schlug, man hieb, man stach darein,
Man schonte weder groß noch klein,
Mit Messer, Säbel und Degen.
Und manches trug ein'n Fetz davon:
Sieben Personen, Weib und Mann,
Tot in der Kirche lagen.

Als nun der Hader hatt' ein End',
Ein jedes hebet auf die Händ'
Und tät' nach Hause gehen.
Jedermann führte große Klag'
Und sagt: Ich hab' mein Lebetag
Keine solche Hochzeit gesehen.

Hiemit so habt ihr den Bericht
Von dieser schrecklichen Geschicht'.
Ihr Jungfern und Gesellen, schaut,
Wie der Satan hat kein' Ruh',
Wie er dem Eh'stand setzet zu,
Nur Unglück anzustellen.

Ein' jede Braut, die solle fein
Nicht also wankelmütig sein:
Wenn sie einmal versprochen
Mit einem Junggesellen fein,
So soll sie lieben ihn allein.
So wird Falschheit gerochen.

Wadenschwund, Kuchenblech und Straßenwalze

Zu Leipzig an der Pleiße
Ein Zuckerbäcker war,
Der tat entsetzlich fluchen
Und backte Pflaumenkuchen
Seit fünfundzwanzig Jahr.
Er hatt' auch eine Fraue
Mit Augen klar und feucht,
Doch in ihr Herz hat leider
Ein spindeldürrer Schneider
Sich heimlich eingeschleicht.

Der Bäcker kam dahinter,
Denn Lunte roch er sehr,
Den Schneider, den verknack' ich,
So schwört er – und dann back' ich
Nicht eine Pflaume mehr.
Die zweie doch ersinnten
'nen Mord, wie's keinen gab –
Der Schneider ging und hackte
Dem Alten, wie er backte,
Meuchlings die Waden ab!

Doch als der Zuckerbäcker
Lag auf der Totenbahr',
Verfluchte sie den Schneider,
Zerreißte sich die Kleider
Und raufte sich das Haar!
Sie setzt sich in die Asche
Voll Trauer, denn es beißt
Des Nachts sie das Gewissen;
In schaurigen Umrissen
Erscheint ihr Mann als Geist.

Jetzt roch der Schneider Lunte:
»Du kriegst die schwere Not!
Der Olle tat verbluten,

Trier.

Was habe ich getuten!?«
Er kitzelte sie tot.
Er sticht 3000 Nadeln
Ihr in den Leib, o Graus!
Das Weib – auf Brief und Siegel
Sah wie ein Stacheligel,
Wie'n Nadelkissen aus!

Sie war grausam zerstichen,
Doch sterbte nicht daran,
Gepackt der Wahnsinn hat se,
Was Fürchterliches tat se
Und lachte dazu Hohn!
Sie nimmte sich ein Messer,
Tät' in die Kammer geh'n
Und schnitt in Wahnsinns Zähren
Dort ihren nackten Jöhren*
Die Gorgeln kurz und kleen!

Drauf packte sie den Schneider,
Setzt ihn aufs Kuchenblech,
Macht dann den Schieber offen
Und schiebt ihn in den Ofen –
Schwapp, war der Schneider weg.
Da kam die Straßenwalze,
Sie schmeißt mit Ring und Brosch'
Sich hin, da war's vorüber,
Die Walze, die ging drüber –
Platt war se wie ein Frosch!

Schreckliche Moritat, die sich neulich zugetragen hat

Eine dunkle Mordgeschichte
Muß ich leider jetzt erzähl'n,
Daß der Mensch danach sich richte,
Tut er einen Stand sich wähl'n.

Ein Beamter war der Täter,
Sonst ein ganz charmanter Mann.
Auf dem Bilde vor dir steht er,
Nehmt euch ein Exempel dran!

Was ihn zum Verbrecher machte,
War die Vaterliebe nur;
Daß er an was and'res dachte,
Etwa Habsucht – keine Spur!

Johann Jakob Wilhelm Meier –
Also hat man ihn getauft;
Daß er ward zum Ungeheuer,
Niemand hätt' es dort geglaubt.

Er studierte viele Jahre,
Wurde endlich Praktikant,
Bis er's bracht' zum Aktuare* –
Nun, das ist noch keine Schand'.

Als die Haar' der Stirn' entflohen
Und sich färbten grau in grau,
Scheut' er nicht des Unglücks Drohen,
Sondern nahm sich eine Frau.

Diese hatte zwar Vermögen –
Nicht so viel, als er gedacht –
Doch ein reicher Kindersegen
Hat ihn bald in Not gebracht.

Wie alljährlich Schaf' und Säue
Treibt ins Feld hinaus der Hirt,
Hofft' er jedes Jahr auf's neue,
Daß er aufgebessert wird.

Aber die Gehaltserhöhung
Heutzutage bleibt ein Traum,
Schrecklich war oft seine Schmähung
Deshalb, man beschreibt es kaum!

B'sonders seine Schwiegermutter
Lag alltäglich ihm im Ohr,
Weil ihr Kind – s' ist klar wie Butter –
Nach und nach sein Geld verlor.

Als nun eines schönen Tages
Trat vor Meier hin sein Sohn,
»Was du werden willst, o sag' es!«
Sprach er mit bewegtem Ton.

»Ein Beamter«, sprach der Knabe.
Kaum, daß er's gesprochen hat,
Sieh', da faßte schon der Vater
Auch den Plan zur Moritat:

Sperrt' in eine dunkle Kammer
Seinen vielgeliebten Sohn,
Nährt' ihn bloß von dem, o Jammer!
Was er sich ersparet schon!

Bald – und in den schönsten Jahren –
Kam der Knabe Hungers um,
Und – du magst die Tränen sparen –
Noch ein Mord kommt – Publikum!

Denn für Meiers Mördertriebe
Eine Leich' war nicht genug,
Unter einem – nicht aus Liebe –
Schwiegermuttern er erschlug.

Mit des Hausschuh's kräft'gen Hieben,
Trifft das Weibsbild er mit Macht,
Schwiegermutter noch um Sieben,
War ein Engel sie um Acht.

Drauf ein Küchenmesser fassend –
Schaud're liebes Publikum!
Dreht dasselbe er, erblassend,
Dreimal sich im Herzen um.

Räuberlied

's gibt kein schön'res Leben
Als das Räuberleben,
In dem düster'n, düster'n, düster'n Wald,
Saufen Blut wie Wein
Morden groß und klein,
Alles was uns in die Hände fällt.

Kommt 'ne Staatskaross'
Oder 'n Mann zu Roß,
Oder auch zu Fuß ein Handwerksborsch:
Heißt's: die Börse her,
Oder du lebst nicht mehr,
Denn dich kaltzumachen ist uns worscht.

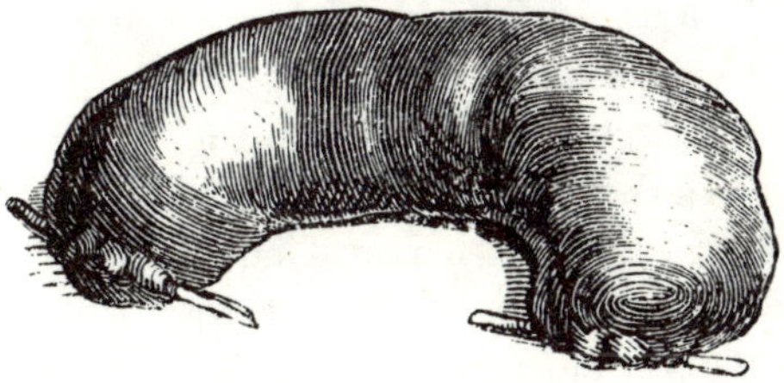

Der schreckliche Verbrecher Peter Holzinger,

der seine Geliebte, das arme unschuldige Dienstmädchen Rosa Braun, auf barbarische Weise ums Leben brachte

Schön ist's, unter grünen Bäumen,
Den Geliebten an der Hand,
Durch des Waldes Pracht zu schreiten,
Einig durch der Liebe Band.
In der Bäume leises Rauschen
Mischt das Wort der Liebe sich,
Und es ahnt der Mensch das Walten
Heil'ger Engel ewiglich.

Aber weh, wer gleich dem Raubtier
Lauert in der Bäume Zahl,
Um sein Opfer umzubringen
Mit der Kugel, mit dem Stahl.
Weh dem Holzinger in Preußen,
Der ein armes, braves Kind
Erst mit Schmeichelwort betöret,
Bis Vertrauen es gewinnt.

Rosa Braun glaubt ganz den Schwüren,
Die der Bösewicht getan,
Sie vertraut ihm ihre Barschaft,
Jener Teufel nimmt sie an,
Bis er in des Waldes Dunkel
Seine Rosa niederzwingt,
Ihr den Dolch stößt in den Busen,
Daß sie mit dem Tode ringt.

Vollends hat der blut'ge Teufel
Sein entsetzlich Werk getan.
Er vergräbt des Mädchens Reste,
Wo kein Mensch nimmt seine Bahn.
Er wagt sich dann ins Freie,
Da er glaubt, der Untat Spur
Sei durch seine List und Klugheit
Längst verwischt in Wald und Flur.

Aber er wird zum Verhängnis
Durch den Trunk sich selbst allein;
Man ergreift ihn, ins Gefängnis
Sperren ihn die Häscher ein.
Einmal glückt's ihm zu entfliehen,
Aber bald wird er umstellt,
Und dem Schwert, nach Recht und Urteil,
Schnell sein Haupt zum Opfer fällt.

Das ist recht, wenn man solch Scheusal,
Aller Menschlichkeiten bar,
Bringet durch gerechte Richter
Seiner Tat als Sühne dar.
Denn in Ewigkeit bestehen
Wird das Wort im heil'gen Buch:
»Wer vergießt das Blut des Nächsten,
Den soll treffen ew'ger Fluch!«

Schauderhafte Beschreibung,
wie
ein Graf seine älteste Tochter
ermordet

Krasse Tat, voll Furcht und Schrecken,
Die des Forschers ernstem Blick
Sich in Rußland muß entdecken,
Vor dir schaudern wir zurück.

O wie tief hüllt hier ein Vater
Sich in Nacht der Rachsucht ein,
Schrecklich Unerhörtes tat er,
Und das will ein Vater sein!

Herrlich wie des Lenzes Blüte,
Wie die Ros' in ihrer Pracht,
Schöner noch durch Herzensgüte
Und durch stille Zaubermacht

Prangte Clara in der Jugend
Lebensfrischer Munterkeit,
Wohlgefällig durch die Tugend
Löblicher Bescheidenheit.

Viele Herrn und Grafen freiten
Bald um Clara, jung und schön,
Die ihr täglich Weihrauch streuten,
Doch sie ließ sie alle geh'n.

Denn der Graf, sonst ernst und strenge,
Zwingt sie doch zu keiner Wahl,
Wählt sie aus der Freier Menge
Den und den, ihm ist's egal.

»Was soll ich die Dirne quälen«,
Ruft er auch mit leichtem Ton,
»Die wird sich schon einen wählen,
Sei es Graf oder Baron!«

Aber Claras Herzenstriebe
Sind den Eltern unbekannt,
Dem Verwalter schenkt sie Liebe,
Der weist sie nicht von der Hand.

Bei dem Glanz der Abendsterne
Hat die Mutter was geseh'n
In dem Garten nur von ferne,
Ihr die Haar' zu Berge steh'n!

Und sie meldet es dem Grafen:
»Störe nicht der Tochter Glück,
Soll ich ferner ruhig schlafen.« –
– Nein! Ich brech' ihr das Genick!

Wütend er mit Löwenstimme
Brüllt: »Wo ist das Rabenkind,
Daß ich's opf're meinem Grimme!«
Bei den Tauben er sie find't.

Reißt sie kraß zur Erde nieder,
Schleift sie bei dem blonden Haar
Und zerstümmelt ihr die Glieder,
Bringt dem Tod ein Opfer dar.

Petrowitsch – heißt der Verwalter –
Ist erschreckt, zur Flucht gewandt,
Schwöret Rache: »Weh dir, Alter!«
Steckt zuvor das Schloß in Brand.

Bringt den Grafen vor's Kriminalamt,
Der ein Kindermörder ist;
Zu dem Tode wird er verdammt,
Mit dem Leben hat's (er) gebüßt.

Der Verwalter bat, sein Leben
Auch zu enden durch das Schwert,
Hin zu Clara wollt' er schweben,
Weil er zu ihr hingehört.

Was er bat, genoß er billig,
Stille stand ihm der Verstand,
Darum starb er gern freiwillig,
Findet sie im bess'ren Land.

Eine schreckliche Tat der Verzweiflung
oder
Im Banne des Elends

Hört, was vor kurzer Zeit sich hat begeben
Zu Brest, im schönen, fernen Frankenland:
Zugrunde ging ein brav' Familienleben,
Das Not und Elend alle Zeit empfand,
Dem nie ein hoffnungsvoller Stern wollt' leuchten,
Das keine Beßrung in der Zukunft sah,
Und dem der Tod wollt' die Erlösung deuchten,
Wenn er sobald als möglich nur wär' da.

Franz Paul war es, der früh und spät in Kummer
Und namenloser Pein und Trübsal lebt,
So daß ihn oftmals floh der süße Schlummer,
Obgleich er fleißig, redlich vorwärts strebt.
Ach, niemals konnt' er es zu etwas bringen,
Er war und blieb ein Kind des Elends ja.
Und da das Glück zu ihm nie wollte dringen,
So war er auch bald der Verzweiflung nah.

Als er noch jüngst die Arbeit gar verloren,
Als er nicht wußte mehr, wo aus noch ein,
Hat ihm Verzweiflung den Entschluß geboren:
Durch Tod beende alle deine Pein!

Der Tod allein kann all dein Elend lindern,
Der Tod allein befreit von Ungemach,
Der Tod wird dir und deinen lieben Kindern
Erlösung sein von aller Unglücksschmach.

Zwar ist noch einverstanden nicht die Gattin;
Zu sehr sie ihre armen Kinder liebt,
Um schon zu steigen in das Reich der Schatten,
Aus dem es eine Wiederkehr nicht gibt.
Doch wenn sie sieht das Leiden dieser Armen,
Wie sie bitter hungernd Brot erfleh'n,
Fühlt sie mit ihnen inniges Erbarmen;
Sie kann dem Rat des Mann's nicht widersteh'n.

Sie trocknet des Gesichtes letzte Zähre,
Verkauft den letzten Schmuck, ihr schönes Haar,
Dann wandern eines Morgens stumm zum Meere
Die Kinder hin und auch das Gattenpaar.
Dumpf rauschten hin zum Felsen wilde Wogen,
Als fest umschlungen sprangen sie hinab,
Die Kinder wurden sanft hinabgezogen,
Und auch die Frau fand das gewünschte Grab.

Jedoch der Vater wurde noch gerettet
Und bald auch hin zu dem Gericht gebracht;
Und büßen wird zeitlebens er gekettet
In feuchten, dumpfen Kerkers ew'ger Nacht.
Das ist des namenlosen Elends Ende.
Zu Gott gewandt erheben wir die Hände:
Vor solcher Not bewahr' uns, guter Gott.

Höchst schauderhafte Begebenheit,
welche voriges Jahr am dreißigsten Februar ist begangen worden.

Nebst Beschreibung vom Verlauf der ganzen Sach'.

Ihr Leute merkt und nehmt zu Herzen
Die traurige Geschicht';
Der Diebstahl, der bringt große Schmerzen,
Und nie kein Segen nicht.

Sabine war ein Frauenzimmer,
Sie war auch tugendhaft;
Deshalben war zufrieden immer
Mit ihr auch die Herrschaft.

Da kam einstmals von Treuenbrietzen
Ein junger Mensch daher
Und sprach: Ich möchte sie besitzen.
Es war ein Schuhmacher.

Sie hat sich nicht sehr lang bedenket
Und sprach: Es mag so sein!
Sie hat zu leicht Vertrau'n geschenket
Des Schusters falschem Schein.

Er kommt allnächtlich zu Sabinen
Und seufzt: Ich steck' in Not;

Gerührt von seinen bitter'n Mienen
Gibt sie ihm, was sie hat.

Da tut er es sogleich verschwenden
In Schnaps und auch in Bier;
Und tut sich nochmals an sie wenden,
Will wieder Geld von ihr.

Sie kann nicht mehr kein Geld sich leihen;
Drum geht sie auf der Stell'
Und muß der Herrschaft veruntreuen
Zwei silberne Löffel.

Als aber sind zwei Tag' vergangen,
Da kommt der Diebstahl 'raus;
Die Herrschaft jug mit Schimpf und Schanden
Sabinen aus dem Haus.

Sie klagt's in ihren Gewissensbissen,
Ihr ist das Herz so schwer;

Doch will jetzt nichts mehr von ihr wissen
Der Treuenbrietzener.

Sie seufzt: Du böser Pflichtvergess'ner,
Du rabenscharze Seel'!
Da nimmt er schnell ein Tranchiermesser
Und schneid't ihr ab die Kehl'.

Das Herzblut tut sogleich 'rausspritzen,
Sie sinket um und um.
Der falsche Schuster von Treuenbrietzen,
Der steht um sie herum.

Sie tut auch gleich die Glieder strecken,
Nebst einem Todesschrei;
Den bösen Wicht tun jetzt einstecken
Zwei Mann von der Pol'zei.

In Ketten und in Eisenbanden,
Bei Wasser und bei Brot,
Hat er reumütig eingestanden
Die schwarze Freveltat.

Am Galgen wurd' der Treuenbrietzner
Gehängt durch einen Strick;
Dazu hat ihn gebracht die Untreu'
Und auch die falsche Tück'.

Drum soll man keine Kehl' abschneiden,
Es tut kein Gut ja nicht.
Der Krug, der geht solang zu Wasser,
Bis ihm sein Henkel bricht.

Der Mord an einem Schneidergesellen

In der Lüneburger Heide
nachts ein armer Schneider riß,
sah ein Licht zu seiner Freude
schimmern in der Finsternis.

Und er eilt zur Wirtshausstube,
Wirt und Wirtin waren froh,
doch der Wirt, der war ein Bube,
und die Wirtin, die war roh.

Und es schlief die arme Seele,
Wirt und Wirtin traten ein,
schnitten kalt ihm ab die Kehle,
grad als ob er wär' ein Schwein.

Raubten alles dann dem Armen,
und daß nichts entdeckt sollt' sein,
schoben sie ihn ohn Erbarmen
in den Backofen hinein.

Von des Schneiders Fleisch verbreitet
sich sogleich ein starker Duft.
Ein Gendarm des Mordes deutet
und bringt alles an die Luft.

Hingerichtet, voller Reue,
sieht man hier des Mörders Blut,
dann kam sie auch an die Reihe;
dem g'schieht's recht, der so was tut.

Johann Gottlieb Seidelbast

Johann Gottlieb Seidelbast,
Seidelbast war ein Gymnasiast,
Liebte die Elisabeth,
Die war so jung und nett.

Bis abends um halb zehn
Konnte man die beiden seh'n,
Knutschten sich, daß alles kracht,
Keine Schularbeit gemacht.

Da gab der Rektor drum
Ihm das Konsilium,
Der Vater ihn enterbt
Und ihm das Fell vergerbt.

Johann Gottlieb Seidelbast
Hängte sich an einen Ast,
Die Zunge steckt' der Schuft 'raus,
Bis ihm ging die Luft aus.

Elisabethula,
Als sie ihn da hängen sah,

Ward ihr gram das Leben,
Hängte sich daneben.

Die Moral von der Geschicht',
Liebe kleine Mädchen nicht,
Sonst geht's dir wie diesen
Gottlieb und Elisen.

Der zerstreute Barbier

Zum ersten Mal ist gestern
Sie freundlich ihm genaht –
Und heut' muß er rasieren
Den alten Kommerzienrat!

Und wie er's Rasierzeug auspackt,
Da denkt er nur an sie;
Und wie er den Kunden einseift,
Da wird ihm, er weiß nicht wie.

Und wie er wetzt das Messer,
Da hält er es schon verkehrt;
Und wie er beginnt zu schneiden,
Da lächelt er still verklärt.

Und tief und tiefer schneidet
Er lächelnd ins Fleisch hinein;
Der alte Herr in Gedanken
Denkt auch, es müsse so sein.

Da fällt ein Kopf herunter,
Da sprudelt ein Brünnlein rot. –
So geht's, wenn Barbiere lieben!
Der alte Herr war tot.

Das Lied von Dröhers Fritzen und der Rimplerin

Eine wahre und schauerliche Geschichte mit einem moralischen Schluß für alle Handlungsdiener

In Leipzig an dem Pleißenflusse
Ist diese Moritat passiert,
Die wir zu aller Hochgenusse

Gereimet hier und ausstaffiert.
Die Tat ist schaudersam und wahr
Und erst passiert in diesem Jahr.

Ein Kaufmann, der sich Rimpler nannte,
In Zucker machte und Kaffee,
Nahm sich die liebliche scharmante
Auguste Strunk zum Weib in Eh'.
Doch war nach einem Jahre schon
Die Liebe und der Fried' entfloh'n.

Herr Rimpler liebte sehr das Streiten,
Und seine Frau gab niemals nach,
Bis ach, sich endlich diese beiden
Gekeilt an einem schönen Tag,
Und schämen muß sich Frau und Mann,
Wo eins das and're Keilen kann.

Nun war in Rimplers Kaffeeladen
Ein Kaufmannsdiener, Dröhers Fritz,
Ein Mensch mit Schönheit überladen,
Trug Handmanschetten und viel Witz;
Oh, manches arme Frauenherz
Erobert Dröher sich im Scherz.

Und auf der Rimplern ihr Gemüte
Hat tiefen Eindruck er gemacht,

Durch Briefchen, Strauß und Zuckertüte,
Die er im stillen ihr gebracht;
Doch soll die Prinzipalin nie
Poussieren den Handlungskommis.

Nicht lange sollt' verborgen bleiben
Der beiden heft'ge Liebesglut,
Dieweil der Lehrbursch sie beschreiben
Gerad' dem alten Rimpler tut,
Und dieser nimmt, von Wut entbrannt,
Pistol und Dolch in seine Hand.

Und im Kontor nach Ladenschlusse
Sitzt Dröher mit der Rimplerin,
Als plötzlich tritt samt einem Schusse
Der Herr Gemahl vor beide hin.
Doch fehlt der Schuß aus dem Pistol
Das Liebespaar um vierzig Zoll.

Voll Wut faßt Dröher ein Gewichte,
Das war wohl an drei Zentner schwer,
Wirft dies Herrn Rimpler ins Gesichte—

Pautz! — lag er da und — war nicht mehr.
Und in derselben Stunde schon
War Rimplers Mörder fort entfloh'n.

Doch, die Polizei, da war sie schon,
(Ein Protokoll war aufgesetzt)
Und Soldaten aus der Garnison
Dem flücht'gen Dröher nachgesetzt.
Mit Madame Rimpler macht' indes
Man rasch den Kriminalprozeß.

Ihr Urteil war gar bald gekommen,
Es hieß: man jag' sie aus dem Land,
Weil sie sich untreu hat benommen,
Und mach' das Urteil weit bekannt,
Damit ein solcher Mordskandal
Nicht leicht geschehe noch einmal!

Den Dröher wollte man enthaupten,
Weil er Herrn Rimpler tot erschlug;
Doch, da's die Mittel nicht erlaubten,
Ließ man es nur beim Richterspruch.
Man hat Herrn Dröher nichts getan,
Weil man ihn nicht erwischen kann.

Ihr Handlungsdiener aber fasset
Jetzt von dem Liede die Moral:
Daß ihr nicht liebt, doch auch nicht hasset
Die Frau von eurem Prinzipal.
Blickt stets hier auf die Rimplerin
Und Dröhers Fritz als Warnung hin.

Beschreibung der siebenfachen Mordtat,

welche am 21. August 1817 der Schreinermeister Johann Gottlieb Moog zu Frankfurt am Main an seiner Ehegattin, fünf Kindern und an sich selbst verübt

Es ist gewißlich an der Zeit,
Daß Gottes Strafen kommen,
Nachdem Haß, Zank und Mord und Streit
Hat überhandgenommen;
Ja, solche schrecklichen Vergehen,
Dafür die Haar' zu Berge stehen
Den gutgesinnten Herzen.

Drum höret, Freunde, jetzo an
Die schreckliche Geschichte,
Die ich, so kurz, als ich es kann,
Zur Warnung euch berichte:
Die Tat, die man noch nie gehört,
Solang' die gute Stadt besteht,
In der wir friedlich wohnen.

Der Schreiner Moog in dieser Stadt,
Ein Vater und ein Gatte,
Der sich, soviel man Kunde hat,
Sehr gut ernähret hatte,
Ward aber durch den Druck der Zeit
Versetzt in die Verlegenheit,
Nicht raten sich zu können.

Er hatte nicht die Seelenkraft,
Sein Mißgeschick zu tragen,
Und ließ die wild'ste Leidenschaft
In seinem Innern jagen,
Er glaubt' an Gott und Menschen nicht
Und wähnte, daß ihm immer nicht
Geholfen werden könnte.

Da faßte er den Höllenplan,
Aus dieser Welt zu gehen,
Und kaum gedacht, so war's getan,
Das schrecklichste Vergehen.
Der Unmensch blieb bei sich nicht steh'n –
Nein, alles sollte untergeh'n,
Was lieb ihm war und teuer!

Um sechs Uhr morgens schickte er
Die Magd, nach Brot zu gehen,
Und schnitt drauf, ohne Gegenwehr,
Nicht achtend Bitt' und Flehen –
Die Kehle ab dem guten Weib,
Die jahrelang doch Freud und Leid
Mit ihm erduldet hatte.

Doch schrecklich, ha! Wen schaudert's nicht
Bei dieser Schreckensszene:
Den Mörder rührt kein Flehen nicht,
Kein jammervolles Stöhnen.
Schnell von der Gattin rinnend Blut
Eilt er hinweg mit Teufelswut
Hin nach der Kinder Bette.

Dort liegt – o Gott! – wen rührt es nicht?
Ein Zwillingspaar zusammen
Und hat mit seinen Händchen sich
Umschlungen und umhangen.
Den Mörder rührt ihr Lächeln nicht,
Und eh' es sich versieht, so sticht
Er beiden ab die Kehle.

Ob dieser Schreckenstat erhebt
Ein Knabe auf die Hände,
Ach, Vater, habt Erbarmen, fleht
Das Kind zu seinem Henker.
Allein auch dieses Knaben Blut
Vergießt er in der höchsten Wut,
Und noch ist er nicht müde.

Drauf mordet er mit wilder Lust
Die beiden ält'sten Kinder. –
Ihr Jammer dringt nicht in die Brust
Des größten aller Sünder! –
Es ist gescheh'n! – Im dumpfen Graus
Schaut er drauf zu dem Fenster 'raus.
Da kommt die Magd gegangen.

Ach Gott, was ist denn da gescheh'n!
Ruft sie mit bitterm Weinen;
Worauf auf dieses große Fleh'n
Gleich viele Leut' erscheinen.
Der Mörder schließet drauf die Tür
Und nimmt auf dieser Stelle hier
Sich selber schnell das Leben.

Drauf wurden bald in dem Spital
Zur Schau sie ausgestellet;
Dem Mörder aber auch desfalls
das Urteil so gefället:
Daß er – obgleich schon tot – sofort
Gericht' sollt' werden an dem Ort,
Woselbst Verbrecher bluten.

Viel tausend Menschen unsrer Stadt,
Die folgten dann den Leichen.
Als sie zu ihrer Ruhestatt
Gebracht – o Gott! –, da zeigen
Nur Tränen sich und tiefer Schmerz,
Und Wehmut füllte aller Herz
Bei diesem Leichenzuge.

Und an des Hochgerichtes Pfad,
Da war dann aufgestecket
Der Kopf auf einen Spieß, auf's Rad
Der Körper des Verbrechers,
Damit auf immer jedermann
Sich Tat und Straf' erinnern kann,
Bis in die spät'sten Zeiten.

Denkt immer an die Schauertat,
Die Schreiner Moog begangen,
Wofür nun auf dem Schanderad
Zerstückt sein Körper pranget;
Doch keins verlasse diesen Ort,
Eh' es den Unglücksmann sofort
Mit Tränen hat beweinet.

Das Mörderpaar von Gumpendorf

Die reine Seele ist entfloh'n –
Es blieb die ird'sche Hülle,
Muß Zeugnis geben von der Tat,
Das ist des Himmels Wille.
Und das Gewissen ist erwacht,
Die Sinne, sie erglühen,
Daß angstbewegt in hast'ger Eil'
Die Mörder nun entfliehen.

Ihr habt ein Leben ihr geraubt,
Mit frecher Hand vernichtet.
Ihr habet durch die schwarze Tat
Euch wohl schon selbst gerichtet.
Verführt hat euch nur schnödes Geld,
Es mußte euch verblenden,
Drum muß von euch, mit kalter Scheu
Ein jedes Aug' sich wenden.

Wo hast du, Freundin, denn das Herz,
Daß du dem Opfer ehrlos
Die bitt'ren Todeswunden gibst,
Dem Opfer, das ganz wehrlos?
Das schwache Weib, das hält der Mann,
Was soll man davon wähnen,
Ihr, die ihr Liebe euch gelobt,
Habt lieblos handeln können?

Mit düstren Blicken sieht auf euch
Die öffentliche Meinung;
Denn jene grauenvolle Tat
Verpflichtet uns zur Scheidung.
Die Scheidung aus der Menschheit, heißt
Das Wort, man wird's verlangen!
Habt ihr nicht auf das Schrecklichste
Euch auch an ihr vergangen?

Drum habt das Mitleid ihr verwirkt,
Wie soll es euch auch werden?
Wo sich die Greuel stündlich schon
Mehr als entsetzlich mehrten!
Und niemand wird ein Tröpfchen von
Barmherzigkeit euch weihen;
Zu schrecklich, ach, ist diese Tat,
Nur Gott kann sie verzeihen!

Die Ballade von einem Bösewichte

Hört, o Publikum, nun eine Mordgeschichte,
Von einem schauderhaften, argen Bösewichte,
Der Furcht und Schrecken
Einst tat erwecken,
Wo man ihn nur gesehen hat
In Dorf und Stadt.

Einem schönen, jungen, blondgelockten Mädchen,
Man nannt' sie allgemein »das gold'ne Lisabethchen«,
Dem schenkt zum Köder
Der Missetäter
Ein silbern Kettlein und ein Kreuz von Gold,
Weil er sie wollt'.

Als er ihre Sinne schnell dann hat umnebelt
Und sie dann wie eine Turteltaub' geschnäbelt,
Nahm er sein Messer,

Trier.

Da wird's noch besser,
Und stach das arme Lisabethchen tot,
Du lieber Gott!

Einem Bauersmanne legt das Ungeheuer
Um Mitternacht in seiner Scheune Feuer;
Den Schaf' und Rindern
Und Weib und Kindern
Ging der Atem aus zur selben Stund',
Pfui der Hund!

Dem Bankier Rosenthal und seinem Schreiber
Naht als Dieb zuerst er sich und dann als Räuber,
Und als zu zweien
Sie wollten schreien,
Dreht er ihnen rasch die Kehle um
Und macht sie stumm.

Eine arme alte Bauersfrau vom Lande
Erstach der Bösewicht sodann, o welche Schande,
Mit seinem Doliche
Und warf dann soliche
Alsobald in einen tiefen See,
O herrje!

In den Hühnerstall vom Müllermeister Meier
Brach eines Nachts auch ein das Ungeheuer.
Vierhundert Viechern
Riß dort im Sichern
Er die Köpfe einzeln ab vom Leib
Zum Zeitvertreib.

Einen Hirtenknab', der ihm in'n Weg gelaufen,
Band das Scheusal fest auf 'nen Ameisenhaufen,
Daß nach zwei Wochen
Nur noch die Knochen
Von der Moritat ein Zeugnis sind,
Das arme Kind!

Einen Schuster trifft die gottverfluchte Kröte
Mit seinem Mädel in dem Walde späte;
Und diesen Schuster
Im Waldesduster
Murkst er ab und verführt sein Mädel schnell
Auf der Stell'.

Diesen argen Bösewicht und Mordbrenner
Erwischt die Polizei am achtzehnten Jänner.
Am achten Märzen
Da sah man sterzen
Sein Mörderhaupt hoch auf dem Schafott,
Dann war er tot.

Und der Teufel holte seine arme Seele
Alsobald mit sich hinab zur Hölle.
Dort wird gebraten
Für seine Taten
Seine schwarze Seel' in Ewigkeit
Auf jeder Seit'.

Mordgeschichte von Sperl

Publikum, vernimm die Schauderg'schichte,
Die ich dir mit stillem Grau'n berichte,
Von dem Kerl, der beim Sperl,
Am letzten Ball hat g'mordt ein' Debardeur*,
Auf Ehr!

Sie war ein tugendhaftes Frauenzimmer,
Debardeur war leider sie nicht immer,
Nur der Liebe zarte Triebe
Hab'n verleitet sie zu dem Skandal
Am Ball!

Es war ihr Liebster, ein sehr mag'rer Großer,
Wie die böse Welt behaup't, ein Schlosser,
Zärtlich heuchelnd, Liebe schmeichelnd,
Schleppt er hin zum Maskenballe sie,
Mit Müh!

Wie sie sich umdreht bei der Zepperlpolka,
Unerfahren, seine schuldlos' Holka*,
Ha! Entsetzlich, zieht er plötzlich
Aus sein' Frack ein Taschnfeitl* h'raus,
O Graus!

Doch des Mörders blut'ge Hände bebedenten,
Und der Bösewicht stand frech danebebenten,
Ach, die Gute, sie schwamm im Blute,
Und es eilt die Polizei sogleich
Herbei.

Seit dieser Zeit spukt jetzt die tote Pepperl
Im Sperlsaale dort herum, polkt Zepperl,
Mitternächtlich tanzt sie schmächtlich
Im schneeweißen Debardeur-Gewand,
Die Schand'!

Beschreibung des verrufenen Weib- und Kindermörders Adolph Risau,

welcher am 3. März 1828 bei Stuttgart von unten auf gerädert wurde

Adolph Risau wurde 1793 in Stuttgart (Schwaben) geboren. Sein Vater war Silberarbeiter und konnte durch sein gutes Einkommen seinem Sohn eine angemessene Erziehung garantieren. Und in der Tat war er mit vierzehn Jahren schon im Rechnen, Lesen und Schreiben sehr firm. Mit zwanzig Jahren unterrichtete er die Kinder des Dr. Hartmann in allen Fächern, die er selbst so trefflich beherrschte. In diesem Hause lernte er die Wirtschafterin des Doktors kennen, Frau Henriette Herold, die er nach einigen Jahren der Prüfung auch daselbst heiratete. Dann gründete er ein Schulinstitut, das er durch das von seinem Vater ererbte Haus erweitern konnte. Bald jedoch war ihm die Erteilung des Schulunterrichts zuwider, und er zog einen Handel mit Ellenwaren auf. Darin zeigte Risau jedoch keine sehr geschickte Hand. Er erlitt große Verluste und verlor nach und nach sein gesamtes Vermögen. Dieser schwere Schlag veränderte sein ganzes Wesen, er wurde schwermütig und eigenbrötlerisch, vernachlässigte seine Frau und seine fünf Kinder und zog sich immer mehr in sich zurück.

Und eines Tages, am 24. Mai 1827, erhob er sich von seinem Lager, nahm sich ein Rasiermesser und ermordete seine Frau und seine Kinder. Er rannte in seinem Haus, in dem er die schändliche Bluttat vollbracht hatte, von einem Raum zum anderen, getrieben von seinem Gewissen und der drückenden Last, die seine Seele in Beschlag genommen hatte. Seine Unrast wurde bemerkt und durch eine Anzeige bei der Obrigkeit schließlich aufgeklärt. Risau wurde festgenommen und in den Kerker geworfen. Dann wurde das Urteil erlassen. Es lautete auf »Tod durch Rädern«. Am 3. März, um sechs Uhr, führte man Risau auf den Richtplatz in der Nähe von Stuttgart, wo er dann durch die im Urteil bestimmte Todesart hingerichtet wurde.

Moritat

Menschheit! Was wir jetzt dir schildern,
Nimm ein warnend Beispiel dran,
Nichts kann dessen Unglück mildern,
Der sich auf des Lasters Bahn,
Auf der Sünde breitem Pfade,
Ohne Rückkehr wagt zu geh'n;
Der wird fern von Gottes Gnade
Und verlassen müssen steh'n.

Alles Glück geht dem verloren,
Der auf Mord und Würgen sinnt.
Für den Richtplatz nur geboren
Und an Geist und Herzen blind,
Geht der Mörder seine Wege,
Auf der schnöden Mordlust Bahn,
Und auf seinem blut'gen Stege
Sieht er sich dem Henker nah'n.

Ach! Sie ruhen wohl, sie schlafen,
Die der Mörder umgebracht.
Nach vollzog'nen schweren Strafen
Sinkt er in des Todes Nacht.
Finster war's um ihn im Leben,
Finster wird's im Tode sein.
Laßt euch dies ein Beispiel geben,
Menschen, prägt dies tief euch ein.

Den hat alles Glück verlassen,
Der sein Herz mit Mord befleckt,
Daß ihn edle Menschen hassen,
Daß er so in Unruh' steckt;
Daß ihn sein Gewissen quält,
Daß er so mit Ungeduld

Tag und Stunden endlich zählt,
Daran ist seine Bosheit schuld.

Seiner Gattin, seinen Kindern
Brachte Risau selbst den Tod;
Nichts kann seine Reue mindern,
Seine Angst und Seelennot;
Und die kummervollen Tage,
In die er sich 'reingestürzt,
Selbst auch seines Lebens Tage
hat er sich durch Mord verkürzt.

Seines Todesurteils Kunde
Hört er, ängstlich klopft sein Herz,
Und ihn trifft die Todesstunde
Unter Reu' und bitterm Schmerz.
Büßt der Mörder nun sein Leben
Oben auf dem Blutgerüst,
Schreck und Grausen wird durchbeben
Den, der Mensch und fühlend ist.

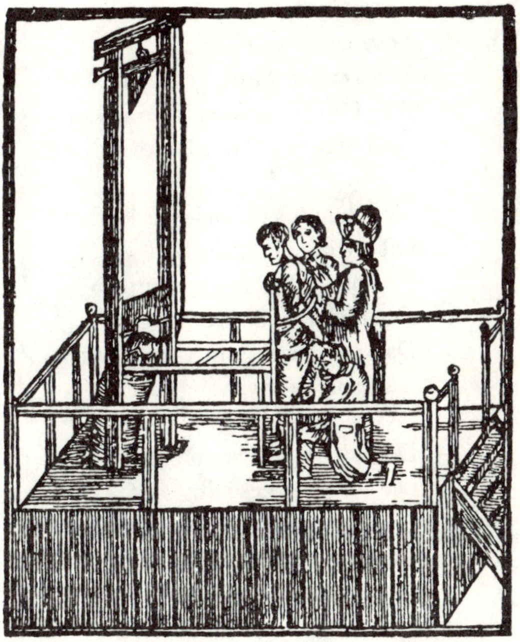

Schaurige Mordtat

Wie zwei Brüder, Müller geheißen, am 20. Juni 1736 ihre Tante in Berlin ermordeten

Nun hört, ihr Christenleute,
Was sich jetzt wieder regt,
Wie sich auf böse Seite
So mancher Bube legt;
Wann wird auf dieser Erden
Der Bosheit Ende werden?

Berlin kann dies bezeugen,
Die gut' und edle Stadt,
Wie Sünd' und Laster steigen
Und wie der Mordgeist hat
Auf's neu getrachtet eben,
Ein Schauspiel anzugeben!

Noch hat's damit keine Ende:
Zwei Brüder, Müller genannt,
Besudeln ihre Hände
Mit grauser Mordtat Schand'.
Ach Gott, wer kann's ermessen,
Daß Menschen selbst sich fressen?

Sie scheu'n sich nicht zu legen
Die Hand an ihrem Blut,
Es konnte nicht bewegen
Die tück'sche, böse Brut,
Daß sie schon grau von Jahren
Und nah' Verwandte waren.

Der Ält'ste hat vermessen
Die Rede so gestellt:
»Wir haben lang gesessen,
Daß wir gezählt kein Geld;
Wer kann so länger leben
Und stets in Armut schweben.

Wenn du willst mit mir wagen
Nur einen kurzen Gang,
So woll'n wir bald erjagen
Viel' Güter ohne Zwang,
Es wird viel Müh' nicht setzen,
So kommen wir zu Schätzen!«

»Das möcht' ich gern vernehmen«,
Der Jüngste fertig sprach,
»Wie wir zum Reichtum kämen;
Du weißt, wie's uns gebrach,
Wie wir im Elend saßen,
Oft Salz und Brot nur aßen.«

»Du kennst, geliebter Bruder«,
Sprach drauf der Ält'ste erhitzt,
»Das alte, reiche Luder,
Die in Berlin dort sitzt,
Der's auch an gar nichts fehlet,
Die nur Dukaten zählet.

Die kann, wie ich erachte,
Schon reif zur Erde sein;
Wenn ich dieselb' abschlachte,
Das bringt uns außer Pein;
Du weißt, daß meine Hände
Zum Würgen gar behende!«

Gar bald sie einig wurden,
Ihr Vorsatz war gericht't,
Zu rauben und zu morden;
Hört ferner, was geschicht:
Sie fert'gen ihre Sachen
Und auf den Weg sich machen.

Das Unglück sie bald führte
Hierher zur Stadt Berlin;
Ein böser Geist sie schürte,
Den Vorsatz zu vollzieh'n;
Sie eilten hin zur Beuten;
Nichts kann sie von ableiten.

Der Muhme sie behende
Abstatten den Besuch,
Ach, höchster Gott abwende
Von Christen diesen Fluch;
Der Ält'st' auch sich tut regen,
Die Hand an ihr zu legen.

Gar schnell und ohn' Verweilen
Er ihr die Gurgel zwickt,
Und weil niemand tät' eilen
Zur Hilf', ward sie erstickt;
Der Jüngste tät' sie halten,
Handlangers Stell' verwalten.

Wie sie nun liegt erblasset,
So fassen sie den Schluß:
Oft hätte sie gehasset
Ihr Leben aus Verdruß,
Sich selbsten aufgehenket
Und ihren Geist gekränket.

Sie tun an einer Schlingen
Den Leichnam hängen auf,
Soweit wollt' es gelingen,
Drauf nahmen sie den Lauf.
Nachdem sie mitgenommen,
Was ihnen vorgekommen.

Doch eilte mit der Rache
Des Höchsten Allmachthand,
Der ihre böse Sache
Und sie selbst plötzlich fand;
Es wurden bald verraten
Die großen Übeltaten.

Der Ausgang war, wie's pfleget
Bei solcher bösen Tat:
Es ward Gericht geheget,
Ihr Urteil ist das Rad.
Wohl dem, den dies kann leiten,
Vom Bösen abzuschreiten!

Bericht
von der neunfachen Mordtat,
welche durch den Giftmischer
Johann Georg Bublin
verübt worden

Bublin war ein böser Mann;
Schon von zarter Kindheit an
War er schlecht; er stahl und raubte,
Wo er konnt' und wo er glaubte,
Daß, wie schlecht er sich auch führt',
Man ihn doch nicht fangen würd'.

Alle seine lieben Kinder
Mordete der grause Sünder,
Und bei ihren großen Schmerzen
Blieb es kalt in seinem Herzen,
Regte sich kein Menschentrieb,
Keine Spur von Vaterlieb'.

Fünf der Kinder waren bald
Von des Vaters Händen kalt;
Da sollt' auch die Frau aufgeben
Ihren Geist und junges Leben.
Und zu seinem Giftpapier
Greift auf's neu das Würgetier.

Drauf geht er ins nahe Städtchen,
Holet sich ein and'res Mädchen
Und lebt eine kurze Zeit
Mit ihr in Zufriedenheit,
Bis dann auch die treue Muhme
Muß aus ihrem Eigentume.

Und die junge Frau ihm schenket
Wieder Kinder; doch es lenket
Sich des Teufelsvaters Sinn
Abermals zum Morde hin;

Und sein eig'nes Fleisch und Bein
Legt er in des Todes Schrein.

Nicht der zarten Kindlein Lallen
Rettet aus des Wütrichs Krallen;
Selbst des jungen Weibes Treue
Regt nicht in der Brust ihm Reue;
In der Nahrung reicht er ihr
Gift mit roher Mordbegier.

Aber Gottes Auge wachte:
Eh' der Mörder es noch dachte,
War sein Sündenmaß gehäuft
Und zum Tod er schon gereift;
Denn das schöne junge Weib
Hatte einen stärkern Leib.

Vierzehnmal in kurzer Zeit
Mit eig'ner Hand er Gift ihr beut*,
Doch umsonst war alle List,
Abgelaufen seine Frist;
Denn des Arztes kluge Treue
Hinderte den Mord auf's neue.

Nun entflieht der Mordgeselle
Von der Greueltaten Stelle;
Aber des Gewissens Pein
Läßt ihn nicht ruhig sein
Und in Meersburg stellt man ihn
Endlich vors Gerichte hin.

Bald von Henkers Rachehand
Rollt sein Kopf hin in den Sand,
Zuckt und lebt noch kurze Zeit,
Wendet hin sich nach der Seit',
Wo man ruft, bis dunkle Nacht
Seiner Qual ein Ende macht.

Beschreibung
einer
schaudervollen Vergiftung,

welche zu Reichenberg in Böhmen den 20. Juni 1828 eine Frau an ihrem Manne und ihren sieben Kindern verübt hat

Oh, schaud're, Mensch! Wie gräßlich ist
Das Treiben solcher Wesen,
Die nicht von ganzem Herzen Christ,
Die sich die Sünd' erlesen.

Oh, hört das Lied aus Böhmerland!
Gar treulich uns erzählet,
Wie, mit dem Laster wohl bekannt,
Ein Weib die Ihren quälet.

Denn als von schnöder Lust erhitzt,
In buhlender Umarmung
Sie bei dem Werkgesellen sitzt,
Entflieht von ihr Erbarmung.

Sie tischte vorher, ohne Scheu,
Um ihren Mann zu töten,
Den stark mit Gift vermischten Brei
Und schied dann ohn' Erröten.

Doch ach! Der Vater unbewußt
Mischt Gift auch sieben Kindern;
Und als sie sitzt in wilder Lust,
Ißt man's ohn alles Hindern.

Und nach dem eingenomm'nen Mahl
Ergreift ein wütend Brennen
Den Vater und der Kinder Zahl,
Das keine Zung' mag nennen.

Man hört das Winseln, hört das Schrei'n,
Beeilt sich, Hilf' zu senden.
Doch unter Qual und Schreckenspein
Muß Kind und Vater enden.

Bald sieht man, was die Ursach' sei,
Will sie doch überführen:
Die beiden Sünder ohne Scheu
Seh'n jetzt die Ärzt' sezieren.

Vier Särge werden nun vertraut
Dem Schoß der kühlen Erden,
Der Prediger die Meng' erbaut
Durch Beten und durch Reden.

Hierauf das Weib verzaget schier,
Denn alle sind hinunter,
Bis auf den Säugling, welcher hier
Im Wieglein liegt noch munter.

Nun will durch einen Messerschnitt
Vor Strafe sie sich retten,
Doch jetzt erscheint in ernstem Tritt
Die Wach' bei ihr mit Ketten.

Man führt sie ins Gefängnis hin,
Man wirft sie hier in Ketten;
Sie ruft: Ich bin die Mörderin,
Bin ich denn wohl zu retten?

Der Priester spricht ihr tröstend zu
Und kann zum Heil sie führen,
Sie hört den Spruch des Rechts mit Ruh':
Du sollst das Rad nun zieren.

Bald wurd' sie auf's Schafott gebracht;
Und durch der Räder Schläge
Umfing sie jene schwarze Nacht,
Die sie sich bracht' zuwege.

Ihr blutiger Schädel grinst beim Rad
Vom Pfahl und spricht die Lehre:
O Mensch, geh' nur der Tugend Pfad!
Des Herrn Gebote ehre.

Das zerschnittene Kind,

welches von der Mutter,
einem Dienstmädchen in Hamburg,
nach der Geburt
zerstückelt und in ein Klosett
geworfen wurde

Mitten in die Jubelsänge,
Welche hall'n in Hamburg jetzt,
Weil der Ausstellung Gepränge
Noch die Stadt in Lust versetzt,
Tönt der Mißton grauser Sünde,
Welche mit verruchter Tat
Eine Mutter an dem Kinde
Freventlich begangen hat.

Aus dem Mecklenburger Lande
Kam ein Mädchen; frühe schon
Trat sie auf den Weg der Schande,
Scheuend nicht der Sünde Lohn.
Ihres Falles Zeuge, lebte
Ihr ein Kind im Heimatsort,
Drum sie in die Fremde strebte,
Und nach Hamburg ging sie fort.

Doch dem Leichtsinn blieb ergeben
Sie auch hier; es naht der Tag,
Wo auf's neu ein zweites Leben
Sollte künden ihre Schmach.
Niemand ahnte ihr Vergehen,
Ihre eig'ne Mutter nicht;

Drauf, daß niemand es sollt' sehen,
War ihr Sinnen nur gericht't.

Als das Kind zur Welt gekommen,
Hat sie sonder Furcht und Scheu
Sich ein Messer hergenommen,
Fühlend weder Angst noch Reu.
Ihrem Kind die Arm und Beine
Und den Kopf selbst schnitt sie fort,
Und den Rumpf in mehre' kleine
Stücke nun zerteilt sie dort.

Und, mit Schaudern ist's zu sagen,
Wirft in ein Klosett sie's nun,
Denkt die Wasser werden tragen
Weit weg ihr verruchtes Tun.
Doch es stopfen sich die Röhren,
Und sie werden untersucht;
Männer kommen und sie stören
Auf des grausen Unheils Frucht.

Die Verbrech'rin wird gefangen
Und erwartet ihren Spruch;
Bald wird er zu ihr gelangen;
Doch in Gottes Richterbuch

Ist ihr Name eingetragen.
Schwer bereue sie, daß nicht,
Wird er einst sein Buch aufschlagen,
Es noch härter zu ihr spricht.

Ausführliche Lebensbeschreibung des Franz Christian Hantsche, Mörder eines achtjährigen Mädchens Johanna Christiane Kräglein bei Zwenkau

Ich muß früh von dieser Erde,
Mein Sinn stand einem Höhern zu,
Zwar jung, doch kämpfend mit Beschwerde,
Geh ich gequält zur ew'gen Ruh'.
Nach Blute lechzend eilt der Mörder,
Gestählt mit Tigers Kraft und Wut,
Und spähet aus und eilet förder,
Zu waschen sich in meinem Blut.

Getäuscht von freundlich stellenden Gebärden,
Nicht ahnend solche Grausamkeit,
Wurd' ich als zarte Pflanze qualenvoll zertreten
Und meine Unschuld nicht gescheut.
Du Gottvergeß'ner hast nun ausgeführt,
Gesättigt deine Mordlust und Begier,
Empfängst den Lohn, der dir gebührt,
Und Seligkeit erwartet mir.

Tragt die Holde sanft und linde
In das Bettlein, düster, kalt.
Traulich säuseln uns die Winde,
Ihre Stimme ist verhallt.
Und die Wangen, welche blühten
Wie das Röschen an dem Strauch,

Die wie Morgenröte glühten,
Sind erblaßt im Abendhauch.

O du Bild der holden Freude,
Das so lieblich uns beglänzt.
Ach, die haben Mörderhände
Mit dem Totenkranz bekränzt.
Kind der Unschuld, süßes Leben,
Oh, du warst ein reiner Stern!
Mußtest, ach, so früh entschweben
Allen deinen Lieben fern.

Es zerrinnen leis' ihr' Klagen,
Ach, umsonst war ihr Ringen, ihre Müh'.
Sterben mußt' sie, was half ihr Zagen,
Durch den Bösewicht,
Der sie entführt,
Doch der Mörder ist auch nicht entkommen;
Er erhielt den sehr gerechten Lohn.
Seine Tat, die kam auch an die Sonnen,
Wie so manche ist entdecket schon.

Schon kurz nachher ist er entdeckt gewesen
Durch einen Jäger, der ihn kannt',
Der kurz zuvor die Zeitung hat gelesen,
Worin des Mörders Steckbrief stand.
Da mußt' er denn im Kerker büßen
Und bereuen seine böse Tat,
Geschlossen schwer an Händ' und Füßen,
So wie er es verdienet hat.

Da er sein Todesurteil hat empfangen
Und über ihn gebrochen ward der Stab,
Ihm eine Kuhhaut umgehangen
Und nach dem Richtplatz hingeschleifet ward,
Wo ihm der Kopf ward abgeschlagen,
Den Körper legte man auf's Rad,
Der Kopf ward auf den Pfahl genagelt.
Scheut doch euch vor solch böser Tat!

Gedanken
über die den 20. Juni 1766
an einem 14jährigen Bauernmädchen
unweit Münchens, neben der Landsberger Straße,
ausgeübte erschreckliche Mordtat

Siehe, Wandrer! Siehe hier
Dieses blutige Revier!
Siehe, lese und betrachte,
Was hier eine Mordfaust machte,
Wie ein Wolf hier übers Lamm
An der freien Straße kam.

Armes Mägdlein, geh zurück!
Du gehst in dein Ungelück,
Sieh, das Messer, dich zu morden,
Ist bereits geschliffen worden,
Sieh, der Mörder brennt vor Lust,
Zu durchstoßen deine Brust.

Fröhlich gingst du zwar aus,
Doch in deines Vaters Haus
Wird man auf dem Leichenschragen*
Dich erblaßt zurücketragen:
Du bist wahrlich nicht mehr weit
Von dem Haus der Ewigkeit.

Das Gewissen spricht dich rein:
Niemand wird so grausam sein,
Sagst du bei dir in Gedanken,
Daß er aller Menschheit Schranken
Überschreitet und an mir
Kühlet seine Mordbegier?

Ich hab' niemand Leids getan,
Gehe ruhig meine Bahn:
Und wer kann es mir verwehren,
Daß ich darf nach Hause kehren?

Auf mein' Unschuld bau' ich fest,
Sie ist stets mein Schild gewest.

Oh! Du kennst die Menschen nicht,
Zwischen Herz und Angesicht
Ist ein' hohe Mau'r gegründet,
Daß man keine Durchsicht findet:
Falsch ist oft dein bester Freund,
Wenn er noch so redlich scheint.

Weiche, fliehe, armes Kind!
Fliehe, weiche nur geschwind!
Sieh die Parzen*, sieh und höre,
Greifen nach der Todesschere:
Ach, der Schnitt ist schon vorbei,
Und der Faden ist entzwei.

Ja, die Mordtat ist vollbracht,
Junges Mägdlein, gute Nacht!
Zu dem Austritt deiner Seele
Öffnet sich die Wundenhöhle,
Da der Mörder ganz ergrimmt,
Flüchtig von dir Abschied nimmt.

Wilder Bluthund, schau zurück,
Siehe hier dein Meisterstück!
Junges Menschenfleisch zu stechen
Ist kein menschliches Verbrechen;
Oder g'fällt's dir, so allein
Metzgerisch wohlauf zu sein?

Ach, die Arme lechzt und keicht,
Ist verstaltet und erbleicht,
Tut erbärmlich, ringt die Hände.
Welch ein schreckenvolles Ende!
Menschenmetzger, schau zurück,
Siehe hier dein Meisterstück!

Kennst du nicht die Nachbarschaft
Und des Galgens Ziehungskraft?

Da, da wird in wenig' Tagen
Kopf und Hand dir abgeschlagen:
Grob gesündigt, grob gelohnt,
Unbarmherzig, nicht verschont!

In das blanke Henkersschwert
Wird des Messers Stahl verkehrt:
Strafen folgen dem Verbrechen,
Und der Hieb auf das Erstechen.
Du bist jener Würgemann,
Seel' für Seele, Zahn für Zahn!

Aber du Entleibte du!
Liege sanft in deiner Ruh',
Liege sanft, genieß' der Freuden
Auf des Lammes reinen Weiden,
Auf dein' frühe Totenbahr
Folgt ein ew'ges Lebensjahr.

Das Lied vom braven Hund

Laßt, Leute, euch berichten
Eine wundersame Kund'.
Sie ist bei Wien geschehen,
Ihr Held, das war ein Hund.
Es kehrt' ein Gutsbesitzer,
Mit Namen Aloys Klein,
Nach einem Wochenmarkte
In einer Schenke ein.

Er hatte Vieh verkaufet,
Trug bei sich den Erlös.
Das rochen in der Schenke
Zwei Räuber, bitterbös'!
Als nun der Gutsbesitzer
Auf d' Nacht zu Bette ging,
Beschlossen die zwei Räuber,
Zu dreh'n ein schlimmes Ding.

Sie schlichen in die Kammer
Hinein zu Aloys Klein,
Und drangen mit ihr'n Messern
Bedrohlich auf ihn ein;
Schon packten ihn die Schlimmen
An seiner bloßen Kehl',
Da schrie mit letzten Kräften
Die alte, arme Seel'.

Das hörte in dem Stalle
Sein treuer Schäferhund;
Er riß sich von der Kette
Und in der Kammer stund
Das Tier, bevor die Mörder
Die Messer setzten an,
Es stürzt' sich auf die Kerle
Und rettet' so den Mann.

Es wurde überwältigt
Die böse Mörderbrut!
Zu Wien, auf dem Schafotte,
Da floß zum Lohn ihr Blut.
Doch in dem Kampfe stachen
Dem Tier sie eine Wund',
Und schon am nächsten Tage,
Da starb der arme Hund.

Es setzt' in seinem Garten
Der Gutsbesitzer Klein
Dem braven Schäferhunde
Von Marmor einen Stein!

Man könnt' aus der Geschichte
Erlernen dieses hier:
Viel treuer als die Menschen
Ist oft ein Hundetier!

Hinrichtung des Raub- und Doppelmörders Wilhelm Timm mit der Guillotine, am 10. April 1856, morgens 6 Uhr

Endlich muß die Stunde schlagen,
Seufzend steht der Zeiger still,
Falle denn in Blütentagen,
Mörder, nach des Rechtes Will'!
Sieh' dein Urteil ist gesprochen,
Dir geschieht, wie du getan,
Büß' dafür was du verbrochen,
Gott schau' mild mit Gnad' dich an.

Hast du Reue tief empfunden,
Hat die Trän' erweicht dein Herz,
Hast in einsam stillen Stunden
Du gefühlt der Untat Schmerz;
O, so denk an Jesu Sterben,
Denk an seinen Opfertod,
Selbst dem Sünder will erwerben
Sühne er in Todesnot.

Horch! Es knarrt zum letzten Male
Deine Tür, die Kette fällt,
Bei des Morgens erstem Strahle
Sich der Henker dir gesellt.
Denn es sind nur wenig Schritte,
Sieh' dein Richtplatz ist so nah,
In der Mauern ernster Mitte
Ist zum Schau'n kein Haufe da.

Blick noch einmal auf zum Himmel,
Der sich wölbt so blau und klar;
Ach, nicht mehr sein Sterngewimmel
Siehst im Glanz du wunderbar;
Nicht die Knospe, die er weckte
Durch der Sonne milden Schein,
Nicht das Gras, das grün sich reckte,
Hüllt in seinen Duft dich ein.

Jetzt das Haupt zum Block gewendet,
Schließe mit dem Leben ab,
Ein Gebet noch rasch entsendet,
Schon geöffnet ist dein Grab.
Schweigen herrscht noch aller Orten,
Selbst der Zeugen Herz pocht schwer,
Nur ein Schlag noch – du bist dorten,
Wieder kehrst du nimmermehr.

Und mit Zittern und mit Zagen
Hob sich jetzt des Henkers Hand;
Mach' ein Ende diesen Plagen,
Rasch zum Druck die Kraft gewandt!
Nur ein Ruck – mit Windeseile
Fällt auf's Haupt das blanke Beil;
So ward dir dein Lohn zuteile,
Schenk' dir Gott der Gnade Heil! –

Auf zum Himmel schwebt die Seele
Von dem blut'gen Henkerherd,
Ach, auch sie war einst ohn Fehle,
Eines beßren Lebens wert!
Laßt uns nicht den Sünder fluchen,
Gott bewahr' uns vor der Schuld,
Nie mög' er uns so versuchen,
Leiten sanft uns mit Geduld.

CY GYT
TOUTE
LA FRANCE

Greuliche vierfache Mordtat,

welche Carlo Levebre mit seinen zwei Gefährten in Paris an seinen vier Frauen verübte,

indem er sie zu Tode kitzelte,
und nun, dem Urteil zufolge,
mit glühenden Zangen gezwickt
und alsdann mit vier Pferden zerrissen,
seine beiden Freunde aber aufgehängt wurden

Ein rauher Wind fuhr über Paris hinweg. Carlo Levebre eilte die Straße St. Denis entlang, um zwei seiner Kumpane zu besuchen. Er betrat ein kleines Haus, in dessen Zimmer Licht brannte und einer seiner Freunde auf ihn wartete. Nachdem das Zimmer abgeschlossen worden war, erschien der dritte der Mörderbande. Er berichtete, daß der Graf, der von den Verbrechern als Mordopfer ausersehen worden war, unvermutet nach Rußland abgereist sei und erst in zwei Jahren wiederkomme.

»Wir töten dann die ganze Familie und können uns bis dahin das *Aqua tofania* in Ruhe besorgen und damit dann alle vergiften.«

»Sehr gut«, riefen die anderen, »doch wie kriegen wir es?« »Ich werde mich darum kümmern«, versicherte Carlo ihnen, der der Anführer war. Dann verließen sie alle drei das Haus. Carlo verheiratete sich zwei Monate später mit der Tochter eines Schlächters.

Acht Wochen später ging Carlo mit seiner Frau in einem kleinen Wald spazieren. In gehörigem Abstand folgten ihm seine Komplizen. Plötzlich packte Carlo sein Eheweib von hinten und fesselte ihr Hände und Füße. Während der zweite Gauner Schmiere stand, zog der dritte der armen Frau Schuhe und Strümpfe aus. Zu zweit kitzelten sie die Beklagenswerte nun so lange, bis sie elendiglich daran zugrunde ging. Dabei trat ihr ein weißer Schaum vor den Mund, *Aqua tofania* geheißen, ein starkes Gift, das sie in einem Gefäß auffingen.

Die Leiche schleppten sie in Carlos Haus. Nach vier Tagen wurde die tote Frau unter dem großen Wehklagen des trauernden Gatten Carlo begraben. Er erzählte allen, seine arme Gemahlin wäre am Schlagfluß gestorben.

Doch das Gift reichte noch nicht, und so beschlossen die brutalen Verbrecher, noch andere Menschen zu töten. Kurz darauf verehelichte sich Carlo mit einer Kaufmannstochter, die auch sehr plötzlich starb. Ihr folgte die Tochter eines Tischlers, der es ebenfalls nicht besser erging.

Die vierte Frau, der Carlo die Hand zum Ehebund reichte, war sehr vermögend. Er verstand es, den liebenden Ehegatten zu spielen, bis eines Tages ihr Bruder, der Kapitän eines großen Schiffes, nach Hause zurückkehrte. Jetzt wurde es höchste Zeit, den nächsten Mord auszuführen.
Carlo erwähnte seinem Schwager gegenüber, daß er mit seiner Frau einen gewaltigen Spaß vorhabe, er wolle sie wie ein kleines Kind in einen Reisemantel einwickeln. Er verfolgte damit den Plan, daß sie freiwillig das tat, wozu er sie sonst hätte zwingen müssen. Nachdem dies geschehen war, begann Carlo die Frau an den Füßen zu kitzeln. Der Bruder hörte das laute Lachen seiner Schwester, das alsbald einem gequälten Stöhnen wich. Mißtrauisch geworden, drang er in das Zimmer seiner Schwester ein und überraschte Carlo, wie dieser ihr den Schaum vom Mund nehmen wollte. Bis ins tiefste erschüttert überwältigte der Kapitän Carlo und übergab ihn der Polizei.
Im Gefängnis gestand Carlo all seine Taten, und er wurde daraufhin mit glühenden Zangen gezwickt und von vier Pferden zerrissen. Seine beiden Komplizen wurden aufgehängt.

Moritat

Einst, als Sturm und Nachtwind brauste
Durch die Straßen von Paris,
Als, im Mantel tief gehüllet,
Carlo spät sein Haus verließ.
Er durchstrich die lange Straße,
Bog in eine Nebengasse,
Klopft' an seines Freundes Haus,
Und er machte schnell ihm auf.

Schon beisammen, liebe Freunde!
Rief er, wie er trat ins Haus.
Ja, Herr Hauptmann, rief der eine,
Aber unser Plan ist aus.
Denn der Graf ist ausgefahren,
Und er kehrt erst nach zwei Jahren
In sein Vaterland zurück;
Wo erhalten wir nun Gift!

Zwei Monat' waren kaum vergangen,
Da verheirat' Carlo sich,

Ein holdes Weibchen zu empfangen,
Schien ihm seine erste Pflicht.
Nach der Hochzeit gingen beide
Miteinander vor das Tor,
Und er kitzelte mit Freude
Sie so lange, bis sie tot.

Und die and're mußt' ihr Leben
An einer steilen Felsenwand
Bei einer Eispartie aufgeben,
Wo er sie im Mantel wand.
Und auf Schlittschuh' folgten seine
Beiden Freunde in der Fern',
Halfen wie beim ersten Morde
Ihrem Hauptmann schnell und gern.

Bei der dritten, die im Bette
Ohne allen Argwohn lag,
Stellte er sich grad', als hätte
Er davon groß Weh und Ach!
Doch er hatte sie ins Bettuch
Eingewunden ohn' Erbarm'n,
Nahm die Gleve* ihr vom Mund,
Seine Freunde halfen gern.

Jetzt war zum dreiviertel Teile
Erst das Gift zum Grafen da;
Noch ein Opfer sollte fallen,
Doch sein Ende war jetzt nah.
Bei der vierten kam ihr Bruder
Aus Amerika zurück,
Sah den Tod von seiner Schwester
In dem letzten Augenblick.

Doch es sah'n des Schöpfers Blicke
Die geheime Greueltat,
Daß Justiz den bald umstrickte,
Der sich so vergangen hat.
Denn der Bruder ruft im Zorne
Jetzt die Polizei herbei,

Wo er vor dem Blutgerichte
Gestand der Greuel mancherlei.

Jetzt mußt' er seine Freunde
An dem Galgen hängen seh'n.
Ihn zwickt man mit glühenden Zangen
Für ein solches Hauptvergeh'n.
Und vier Pferde, die bestellet,
Rissen ihm den Leib entzwei.
Ach! Gott steht dem schweren Sünder
In der Todesnot jetzt bei.

Rinaldo Rinaldini.

In des Waldes tiefsten Gründen,
In den Höhlen tief versteckt,
Schlief der allerkühnste Räuber,
Bis ihn seine Rosa weckt.

»Rinaldini!« ruft sie schmeichelnd,
»Rinaldini, wache auf!
Deine Leute sind schon munter,
Längst schon ging die Sonne auf.«

Und er öffnet seine Augen,
Lächelt ihr den Morgengruß.

Sie sinkt sanft in seine Arme
Und erwidert seinen Kuß.

Draußen bellen schon die Hunde,
Alles strömet hin und her,
Jeder rüstet sich zum Streite,
Ladet doppelt sein Gewehr.

Und der Hauptmann, schön, gerüstet,
Tritt nun mitten unter sie:
»Guten Morgen, Kameraden,
Sagt, was gibt's denn schon so früh?«

»Unsre Feinde sind gerüstet,
Ziehen gegen uns heran!«
»Nun wohlan, sie sollen sehen,
Wie der Waldsohn fechten kann.

Laßt uns fallen oder siegen!«
Alle rufen: »Wohl, es sei!«

Und es tönen Berg und Wälder
Rundherum vom Feldgeschrei.

Seht sie fechten, seht sie streiten,
Jetzt verdoppelt sich ihr Mut;

Aber ach, sie müssen weichen,
Nur vergebens strömt ihr Blut.

Rinaldini, eingeschlossen,
Haut sich mutig kämpfend durch
Und erreicht im finstern Walde
Eine alte Felsenburg.

Zwischen hohen, düstern Mauern
Lächelt ihm der Liebe Glück,
Es erheitert seine Seele
Dianorens Zauberblick.

Rinaldini, lieber Räuber,
Raubst den Weibern Herz und Ruh',
Ach, wie schrecklich in dem Kampfe,
Wie verliebt im Schloß bist du!

Ballade vom siebenfachen Mörder Friedrich August Schäfer, welcher nach Recht und Urteil am 7. August 1835 zu Ostra von vier Ochsen zerrissen wurde

Brüder, Schwestern, kommt zu hören,
Was in Ostra jüngst gescheh'n;
Sollt es euren Kindern lehren,
Daß sie drauf als Beispiel seh'n.
Oh, es ist ein Schreckenswort,
Wie man hört, daß Blut und Mord
Eines Menschen Hand befleckte,
Menschenblut die Erde leckte.

Roh als Kind schon und verdorben,
Nicht durch Zucht der Tugend hold,
Edlen Sitten abgestorben,
Ließ Christoph Schäfer, reich an Gold,
Seinen, ach, nur einz'gen Sohn
Ganz in teuflisch wildem Ton
Auf der Bahn des Lasters walten
Und nach eig'nem Dünkel schalten.

Auf moralisch gute Lehren
Achtete der Bube nicht;
Wollte nichts von Weisheit hören,
Fruchtlos blieb der Unterricht;
Fruchtlos war der Lehrer Müh'.
Er wuchs auf als wie das Vieh,
Er stieg auf des Lasters Pfade
Bis zu eines Teufels Grade.

Noch der Schule nicht entronnen,
Unter frecher Bubenschar,
Hatte Schäfer schon begonnen,
Was nicht fein noch löblich war.
In der Waldung tief versteckt,
Wo kein Auge ihn entdeckt,
Raubte er mit den Genossen;
Blieb im Rauben unverdrossen.

In des Frevlers wilden Zügen
Las man deutlich Mordbegier,
Blut zu seh'n war sein Vergnügen,
Darum ward er ein Barbier.
So vom Laster fest umstrickt
Und von blinder Wut berückt,
Schnitt er, oh, die armen Seelen,
Sieben Menschen durch die Kehlen.

Noch trieb der verweg'ne Schäfer,
Ganz durch Sündendienst entweiht,
Munter seine blut'ge Sache.
Strafen der Gerechtigkeit

Hatten ihn noch nicht geschreckt,
Bis ein Schmied die Tat entdeckt,
Weil des Freundes treuer Hund
Aufgedeckt der Hölle Schlund.

Vor der Strafe, vor der Schande
Schützte Schäfern nicht die Flucht,
Die mit seiner Räuberbande
Er im dunklen Walde sucht.
Er verfiel zu seiner Zeit
Einer strengen Obrigkeit,
Strafenden gerechten Händen,
Und gevierteilt mußt' er enden.

Nimm's zu Herzen, liebe Jugend,
Was dir die Geschichte zeigt,
Widme dich schon früh der Tugend,
Sei dem Laster nicht geneigt;
Menschen, gebt auf euch recht acht,
Seid auf euer Heil bedacht,
Daß nicht unvermerkt die Sünde
Euch bei ihren Sklaven finde.

Echte und wahrhafte Beschreibung von der Verhaftung des längst berüchtigten Anführers einer großen Räuberbande, genannt Schinderhannes

Was hört man doch in unsrer Zeit
Für allerhand Geschichten!
Dies Blättchen, Freunde, wird euch heut'
Etwas davon berichten.
Wer nun gern etwas Neues hört,
Der lese also unbeschwert
Dies Blatt – es heißt: was Neues.

Hier kann man von dem Schinderhanns
Und seinen Taten lesen,
Der ein verruchter Teufelspflanz
Von Jugend auf gewesen.
Ein Spitzbub war er frühe schon
Und eines reichen Bauern Sohn,
Am Niederrhein gebürtig.

Ein dicker Wald war anfangs nur
Der Ort, der ihn verhehlte,

Wo er zu seiner Diebesspur
Sich fünf Gehilfen wählte,
Wobei der dicke Willem war,
Der trotzte mutig der Gefahr
Und war der Allerkühnste.

Da waren nun zwei feine Herrn
In Compagnie beisammen,
Die konnten Menschen in der Fern'
Zum Unglück leicht verdammen.
Sie liebten sich von Herzensgrund
Und schlossen einen festen Bund,
Einander treu zu bleiben.

Neuwied, ein Städtchen an dem Rhein,
Lag ihnen ganz gemächlich.
Da kehrten sie gar öfters ein
Und lernten dort hauptsächlich
Die Gegend kennen, und ihr Plan
Ward ausgeführt; sie fingen an,
Rekruten anzuwerben.

Nun zogen sie bei Tag und Nacht
Herum im ganzen Lande,
Und so entstunde nach und nach
Die starke Räuberbande;
Und jetzo geh'n die Streiferei'n
Bis nah an Frankfurt an dem Main,
Bis Königstein und weiter.

Groß sind die Schrecken auf dem Land,
Erschreckend die Geschichten,
Wovon die Bauern allerhand
Mit Angst und Furcht berichten;
Denn es behauptet jedermann:
Der dicke Schinderhannes kann
Noch hexen gar und zaubern.

Er hat sowohl in Stadt und Land
Fast überall Spionen,

Ihm war es ganz genau bekannt,
Wo reiche Leute wohnen.
Er wußt' es jeden Tag sogar,
Was manchem seine Einnahm' war,
Sogar auf einen Kreuzer.

Man hörte von dem Schinderhanns
Der Sagen gar zu viele.
Man sah ihn öfters bei dem Tanz,
Noch öfter bei dem Spiele,
Und wenn auch mancher bei ihm steht,
Er wagt's nicht, daß er ihn verrät,
Warum? Das wag' der Teufel!

Drum ist er schon vor manches Haus
Nachts an die Tür gekommen.
Er klopft: Wer da? – Gebt Geld heraus,
Was ihr habt eingenommen.
Wenn ihr's nicht augenblicklich gebt,
So schwör ich euch, auf Ehr, ihr lebt
Noch kaum ein Viertelstündchen!

Da stieg der arme Bauersmann
Mit Zittern aus dem Bette,
Als ob ihn von der Stunde an
Der Hund gebissen hätte.
Hielt er zwölf Batzen nur zurück,
So rief er gleich den Augenblick:
Es fehlt ja noch ein Gulden.

So hatte sich auf solche Art
Hanns in Respekt gesetzet,
Wodurch er sich ein Gut gespart,
Das niemand noch geschätzet.
Man sagt – er wäre noch dabei
Ein Meister von der Zauberei,
Ihm schade keine Kugel.

Einst ließ er sich in einem Haus
Ein Glas voll Wasser geben.

Das trank er augenblicklich aus
Und stürzt' es dichte neben
Dem Ofen auf ein Tischchen um.
Da ward im Hause alles stumm,
Und alle Menschen schliefen.

Nun räumte Hanns dann alles aus,
So rein er's konnte machen.
Und ging zum Hause schnell hinaus
Mit den geraubten Sachen.
Da kam ein Bauersmann daher,
Zu diesem Manne sagte er:
Geh, tu', was ich dir sage.

Lauf in des Kronwirts Stube, lauf
Und stelle dich ganz traurig,
Und heb das Glas am Ofen auf,
Da wird dir's etwas schaurig
Und ängstlich werden. Bleich und blaß
Sitzt da an einem Tintenfaß
Ein Jud', der zählt Dukaten.

Hast du das Glas vom Platz gerückt,
So eile nach der Küche,
Da lauft der Jude auch, erschrickt

Und läßt das Geld im Stiche.
Das nimm für deine Angst und Müh',
Doch schweige still und sag es nie
Zu einem deiner Freunde.

Da lief der Bauer nun mit Macht
Und sehnlichem Verlangen.
Und wie der Schinderhanns gesagt,
So ist es auch gegangen.
Es wachte alles auf vom Schlaf.
Der Bauer, als ein dummes Schaf,
Nahm alles ungezählet.

Frau! rief der Mann, mein Geld ist fort,
Ja, hol' mich alle Teufel!
Sieh hier das Loch, hier ist gebohrt,
Hier ist nun gar kein Zweifel:
Der Teufel hat das Geld geholt!
Wenn mich nun auch der Teufel holt,
Komm ich zu meinem Gelde.

Gar mancher stellt im Geist sich vor,
Er würde nie gehangen.
Doch still; Ich sag euch was ins Ohr:
Er ist nunmehr gefangen.
Ein Räuberkorps, mein lieber Christ!
Wo Schinderhanns der Führer ist,
War wirklich nicht zum Spaßen.

Nachdem ihm seine Streiche noch
Sind lange angegangen,
So wurde er am Ende doch
Ganz unverhofft gefangen.
Jetzt ist er in dem Diebsarrest,
Man kann ihn auf der Hauptwach' fest
In Frankfurt sitzen sehen.

Was mit dem Wundermanne noch
Sich ferner zugetragen,
Das werden wir die and're Woch'

Im zweiten Stücke sagen.
Worinnen alles wird gezeigt,
Was man bisher mit Fleiß verschweigt;
Die Fortsetzung wird folgen.

Ausführliche Beschreibung eines achtundzwanzigfachen Raubmordes, welcher in der Nacht vom 31. Juli bis 1. August d. J. auf einem an der böhmischen Grenze gelegenen Gut durch eine Räuberbande verübt wurde

Im unbekannten Böhmerlande,
An des Nosco-Flusses Rande,
Wo es wild und bergig ist,
Hielt sich auf die Räuberbande,
Die, der Menschheit nur zur Schande,
Mordete mit frecher List.

Seht, drei Drescher, sonst so bieder,
Bei der Arbeit singend Lieder,
Hatte Satanas betört;
Sie erwürgten ihre Brüder,
Schlugen Greis und Kinder nieder,
Übten Schandtat unerhört.

Einst in Arbeit auf der Scheune
Waren diese drei alleine
Und berieten Bubenstück,
Und, berauscht vom Branntweine,
Machten sie sich auf die Beine,
Kamen nimmermehr zurück.

Denn der Herr von Halteschuute,
Der einst ihrem trunk'nen Mute
Nur mit großer Müh' entwich,
Drohte nun mit Peitsch' und Knute;
Doch in ihres Brotherrn Blute
Badeten die Schurken sich.

Denn im nahen Waldgebirge,

Zwischen Weißnichtdorf und Zürge,
Gab es eine Räuberschar,
Für Gefahr gab's hier kein' Bürge,
Weil der schwarze Pfefferjürge
Hier der Räuberhauptmann war.

Und zu diesen frechen Räubern,
Trennend sich von ihren Weibern,
Liefen die drei Drescher hin.
»Wir sind eu'r mit unsern Leibern!
Woll'n das nahe Gut dort säubern
Von dem vielen Gelde drin.

Denn der junge Halteschuute
Ist heut fern von diesem Gute,
Kehrt erst Mitternacht zurück!«
Und fünf Räuber geh'n mit Mute
Nach dem schon bekannten Gute,
Zu versuchen Heil und Glück.

Und so kommen diese achte,
Pochen an das Tor ganz sachte,
Und der Wächter ruft: »Wer da?«
Doch der Räuberhauptmann dachte:
Ruf du Alter nur! Und sagte:
»Mich erwartet der Papa!«

Und der Wächter, so betrogen,
Glaubt', der Sohn kommt heimgezogen
Aus der Stadt, wie's oft gescheh'n;
Daher war er sehr betrogen:
Als die Riegel aufgezogen,
Wollte er vor Schreck vergeh'n.

Denn er sahe acht bemannte,
Freche Räuber und erkannte
Die drei saubern Drescher auch;
Aber eh' er sich ermannte,
Da warf schon die wutentbrannte
Mörderschar ihn auf den Bauch.

Schlugen ihn mit Keulen nieder,
Bis er streckte alle Glieder
Und das Leben war entfloh'n.
Darauf hieben diese Brüder
Kinder, Weib und Knechte nieder,
Gaben keinem Kind Pardon.

Aber einer von den Leuten,
Welcher heimlich floh beizeiten
In das Dorf zu seinem Glück,
Kehrte noch zu rechten Zeiten
Mit wohl vierzig Bauersleuten
Wohl bewaffnet jetzt zurück.

Drauf die Räuber woll'n entweichen,
Konnten nicht das Tor erreichen;
Denn der Ausgang war bewacht.
Ach, da gab's noch viele Leichen,
Doch die Räuber mußten weichen
Der entschloß'nen Übermacht.

Alle achte sind gefangen
Und erwarten nun mit Bangen
Bald den Lohn für ihre Tat;
Ob geköpft, ob gar gehangen
Für die Sünd', die sie begangen,
Richtet nun ein weiser Rat.

So läßt Gott nie ungerochen
Bosheit, die der Mensch verbrochen,
Muß er büßen jederzeit.
Währt die Sünd' auch Tag und Wochen,
Mag der Böse immer pochen;
Doch der Lohn ist stets bereit.

Die Räuberbraut
oder
Die merkwürdigen Schicksale der Gräfin Saragossa

Im grauen Felsental
Haust Diegos Räuberschar;
Des Waldes Dunkel deckt
Des Aufenthaltes Spur;
Ihr Vivatrufen schreckt
Bei Nacht die öde Flur.
Was ist ihr Treiben doch,
Das wild und schaurig klingt,
Bei Mondes falbem Schein,
Im düstern Wald und Hain?
Der Hauptmann stolz und keck
Vom mut'gen Rosse springt.
Die Bande jubelt laut,
Begrüßt die Räuberbraut:
Der Hauptmann sie erwarb,
Indem ein Mörder starb.
Schnell brachte er den Ring
Der holden Gräfin hin.
Sie reicht ihm ihre Hand.
Geschlossen ist ein Band,
Gezogen ist ein Los,
Das Schwärmerei nur schloß,

Das sie statt Kavalier
Dem Räuber zugeführt.
Sie blickt den schönen Mann
Voll Lieb' und Mitleid an.
Sie schwört, ihr gräflich Wort
Zu halten fort und fort,
Ihm treu in Freud und Leid
Zu sein in Ewigkeit.
Nicht lang währt dieser Traum:
Bald schallt im öden Raum
Trompet' und Trommelschall,
Bald hört man Schuß und Knall,
Kämpft mit Soldatenmut
Mit Macht die Räuberbrut.
Fest wie ein Felsenstein
Der Hauptmann steht allein,
Das Weib in seinem Arm.
Es fließt sein Blut so warm.
Ihr blasses Antlitz lacht
Ihm Mut in heißer Schlacht.
Da streckt ein sichrer Schuß,
Den beiden in die Brust,
Geführt von Räuberhand,
Sie lautlos in den Sand:
Im Tode fest vereint,
Wie sie im Schwur gemeint.
Gebrochen ist das Herz,
Gebrochen ist der Schmerz,
Ein liebliches Gemüt,
Es ist so schnell verblüht.
Beweinet Mädchen all,
Betrauert ihren Fall.

Schauervolle Geschichte, die sich in Böhmen zugetragen hat

Ach, die Mutter kommt nicht wieder,
Sagt die Tochter Elisa,
Ach, es fährt durch meine Glieder,
Wie, als wär' ein Unglück nah',
Droht vielleicht ein Mißgeschick?
Hin geht sie und bleibt zurück.

Gott, beim Eintritt in das Zimmer
Stößt ihr Fuß an etwas an,
Das sie bei dem schwachen Schimmer
Milden Lichts bald 'kennen kann:
Sechs Erschlag'ne in dem Blut,
Hingestreckt durch Mörderwut.

Boden, Decke, Stühl' und Wände
War'n mit Blut und Haar bedeckt,
Durch verfluchte Mörderhände
War die Unschuld hingestreckt.
Und ein eich'ner Prügel war
Hier als Mordwehr offenbar.

Maria, durch zwanzig Streiche
Ward die Rose abgepflückt;
Mörder! Hatte diese Leiche
Deine Rache nicht erstickt?
Nach Maria, Gott, o Gott!
Schlug er mit zwölf Streichen dort.

Fünfundvierzighundert Gulden
Riß der Räuber mit sich fort,
Rache, Raub und Mörderschulden
häuften sich erschrecklich dort;
Besser ist des Tigers Brust,
Denn nur Mord ist seine Lust.

Märtyrer – ihr ruht in Frieden.
Ja, ihr schlummert sanft und wohl,
Euer Schicksal ist entschieden,
Euer Maß ist wonnevoll,
Glänzend eure Marterkron',
Groß und ewig euer Lohn.

Ballade vom Räuber Roland

In des Böhmerwaldes Tiefen,
Im Gebüsche tief versteckt,
Schlummert Roland, bis der Bande
Lauter Jubelruf ihn weckt.

Und der löwenkühne Räuber
Hört die Bande und erwacht;
Alles lauscht auf seine Pläne,
Die die Raub- und Mordgier macht.

Vivat! Unser Hauptmann lebe!
Jubelt die verweg'ne Schar,
Mächtig laßt uns ihn beschützen,
Ihn nicht lassen in Gefahr!

Laßt uns rauben, morden, brennen!
Tönt es. Alles rief: »Es sei!«
Doppelt gab das Echo wieder
Dieser Räuber Feldgeschrei.

Laßt uns nicht des Greises schonen,
Nicht des Säuglings an der Brust!
In der Mutter Händeringen
Laßt uns finden unsre Lust.

Ja, vor unsren Streichen sicher
Sei auch nicht ein einzig Haus!
Roland, an der Bande Spitze
Rückt, es zu vollführen, aus.

Schrecklich, wütend und verheerend
Hauste die Tyrannenbrut.
Ach, es tränkte Böhmens Fluren
Der gefall'nen Opfer Blut.

Kirchen, sowie stille Klöster
Wurden – was man kaum geglaubt –
Von der Räuber frechen Händen
Ganz entweiht, zerstört, beraubt.

In Palästen wie in Hütten,
Zeigte sich der Raubsucht Spur,
Herrmann Roland war ein Schrecken,
Abscheu jeder Kreatur.

Gute Obrigkeiten dachten
Auf geschickte Pläne nun,
Einhalt diesem Räuberwesen,
Dieser Mörderbrut zu tun.

Und es wurden wack're Truppen,
Sie zu fangen, ausgesandt:
Aber keiner von der Bande
kam in dieser Helden Hand.

Nach der freien Schweiz zu eilen,
War der frechen Räuber Plan,
Unentdeckt ihr Werk zu treiben
Auf der Raubsucht Lasterbahn.

Hier kaum sicher angekommen,
War der Bande Losungswort!
Laßt uns rauben, brennen, morden,
Unser Spruch sei Raub und Mord.

Endlich drangen tapf're Truppen
Bei dem Kloster Gnadental
Auf die Räuber ein, es fielen
Hundert Krieger an der Zahl.

Bald auch fiel die Räuberrotte
In dem wilden Kampfgewühl.
Roland mit zehn Schandgesellen
Ward gesetzt ein ander' Ziel:

Tief im Kerker und in Ketten
Warteten der Strafe sie,
Die vor Basel sie erlitten.
Mensch, vergiß dies Beispiel nie!

Antonio, der schreckliche Räuberhauptmann
Seine blutigen, entsetzlichen Taten und sein furchtbares Ende

Antonio, kühner Räuber,
Mordest ja mit blinder Wut,
Folterst, quälst ja alle Weiber
Und vergießt viel teures Blut.
Mordest Bruder, Schwester, Kinder,
Fürcht' die Strafe, Bösewicht!
Fliehst du sie bei Menschenkindern,
Oh, vor Gott entfliehst du nicht.

Armes Weib, die du ihn liebtest,
Weh den Kinderlein und dir!
Und erst, als du ihn verrietest,
Naht sich Gottheit wieder dir.
Littest sehr du auch hienieden,
Vergebung ist dir droben beschieden.

Vaterfluch traf bald den Sünder,
Verschlossen war das Vaterhaus,
Kalt du mordest meine Kinder!
Ruft der Greis, dich stoß ich aus.
Doch gewalt'ger, blut'ger Schmerz,
Auch er fühlt den Dolch im Herz.

Der Bösewicht find't keine Ruh',
Ist das Maß der Sünden voll,
Und er tue, was er tu',
Ihn erreicht des Himmels Groll.
Seht es hier an diesem Sünder,
Sehr des Himmels schrecklich' Lohn;
Kehret um, ihr Menschenkinder!
Gott erreicht den Sünder schon!

Der geheimnisvolle Rächer
oder
Der brave Müllerbursche

Nah an Hamburgs stolzen Toren
Weilt Johannes brav und schlicht,
Hatte Röschen sich erkoren,
Ird'sche Güter aber nicht.
Dennoch, um den Herd zu gründen,
Braucht man immer Gut und Geld,
Und er muß sein Ränzchen binden
Und hinaus in die weite Welt.

Er durchzieht nun Deutschlands Gauen,
Sieht der Städt' und Länder viel,
In Hispaniens Blumenauen
Kommt er glücklich an sein Ziel.
Sparsamkeit und Fleiß zu üben,
Er so wohl und treu verstand,
Daß er bald zurück zur Lieben
Eilen will ins Heimatland.

Doch im Walde überfallen,
Schleppt man ihn gebunden fort.
Fünfzig Fäuste sich ihm ballen,
Fünfzig drohen ihm mit Mord.
Doch der Hauptmann fühlt ein Rühren,
Schenkt ihm's Leben, wenn er schwört:
»Ewig schweigen, was im Walde
Er gesehen und gehört!«

Doch verborgen konnt's nicht bleiben,
Am Altar, da klagt er's bald,
Und die Räuber aufzureiben,
Eilt ein Regiment zum Wald.
Blutig, schrecklich wie ihr Leben
Ist der Tod der Räuberschar.
Aber ach, auch edles Streben
Wird nicht immer offenbar.

Auch Johannes wird geziehen
Eines Mordes, dem er fern.
Aber selbst in Kerkers Mühen
Bleibt die Lieb' sein Hoffnungsstern.
Endlich öffnen sich die Pforten,
Und er eilt der Heimat zu.
Wehe, dort ist's anders 'worden,
All die Lieben sind zur Ruh'.

Doch, die er aus Räuberhänden
Einst in Spanien entwand,
Eine Jungfrau, reich und lieblich,
Trifft ihn an der Gräber Rand.
Was er einstmals für die wagte,
Hat im Herz sie wohlbewahrt
Und vielleicht, wie mancher sagte,
Dieses selbst ihm aufgespart.

Des Räubers Racheschwur

Eine wahre Begebenheit aus Spanien

Der gefürchtetste der Räuber,
Arno Marino genannt,
Der da mordet Jungfrau'n, Weiber,
Er, der Schrecken Spaniens Land:
Ihm war's Lust, an allen Orten
Nicht zu schonen heil'ges Gut;
Kinder, Männer, Greise morden
Sah man ihn in seiner Wut.

Als ein Edelmann gekleidet
Eilt er nach Rosaliens Schloß,
Aug' an Aug' sich liebend weidet,
Beider Lieb' war mächtig groß.

Doch ein Falscher seiner Leute
Sagt der Gräfin, wer er ist,
Und er wird der Häscher Beute
Und gefangen so mit List.

Er entflieht dem Kerker wieder;
An Rosalie er sich rächt,
Fesseln binden ihr die Glieder,
Zu der Bande er sie trägt.
Allen Weibern schwört er Rache;
Nach den Klöstern zieht es ihn,
Unter jedem stillen Dache
Fließt das Blut in Strömen hin.

Unter Jauchzen seiner Horde,
Einst bei wüstem Zechgelag',
Da beging er sieben Morde,
Nicht rührt ihn ein Weh, ein Ach.
Mit den rohesten Gebärden
Sah Rosalie morden ihn:
Sie sollt' letztes Opfer werden;
Blutend rollt ihr Haupt dahin.

In dem Walde reisend kamen
Und geschützt durch viele Mann
Einst ein Graf mit ein'gen Damen;
Diese fiel die Bande an.
Einen Räuber doch erkannte
Jener Graf, er sprach zur Schar:
Dieser ist's, der mir entwandte
Einen Sohn vor zwanzig Jahr'!

Aus des Grafen letzten Worten
Das noch sterbend ihm entfließt,
Ist dem Hauptmann klar geworden,
Daß der Graf sein Vater ist.
Wütend dringt sein Dolch ins Herze
Dieses Räubers, und er spricht
In der Seele tiefstem Schmerze:
Du macht'st mich zum Bösewicht!

Einer Dame Sprache kündet
Nun dem Hauptmann, daß verwandt
Sie mit ihm, und fast schon schwindet
Arno Marinos Verstand.
Unter großem Schmerz und Weinen
Tritt er in der Bande Reih'n,
Nimmt dann Abschied von den Seinen,
Spricht: Mich führt zum Rabenstein!

Frei stellt er sich den Gerichten,
Und verurteilt zu dem Rad,
Wie die Zeitungen berichten,
Er so sühnte seine Tat.
Jene Jungfrau sah man trauern
Drei der Tag' am Rabenstein,
Und es schließen Klostermauern
Sie nun für das Leben ein.

Aufgelöst hat sich die Bande,
Nichts hat man von ihr gehört,
Und der Schrecken in dem Lande
Ist in Sicherheit gekehrt. –
Nur den rechten Weg nicht meiden,
Wenn man unter's Laster fällt,
Lieber qualvoll Tod erleiden,
Als den wahren Pfad verfehlt!

Der Butterräuber
Heising von Halberstadt

Durch des Huywalds düstre Gründe,
Auf naturverschlung'nem Pfad,
Wandert eine alte Butter-
Frau zum Markt nach Halberstadt.

Hu, da plötzlich stürmt des Waldes
Kühner Sohn aus dem Geheg',
Scharf bewehrt bis an die Zähne,
Und vertritt ihr flugs den Weg.

»Sind Sie«, sagt die Frau erblassend,
Einer dunklen Ahnung voll,
»Nicht vielleicht der Räuber Heising,
Der allhier grassieren soll?«

»Ja, ich bin's, Du Unglücksel'ge,
Ja, ich bin's, der sich Dir zeigt,
Und Du bist diejenige, welche
Nimmer meinem Grimm entfleucht;

Denn mit hochwillkomm'nem Futter
Nahst Du mir zu guter Stund'!«
Sprach's und schnitt von ihrer Butter
Schweigend sich ein ganzes Pfund.

Und wie Schuppen von den Augen
Fällt's der Butterfrau sogleich:
»Sie sind Heising!« ruft sie zitternd.
«Bin es!« spricht der Räuber bleich,

»Bin's und sage Dir noch dieses:
Meinem Mordstahl fallest Du,
Bringst Du mir nicht auf dem Rückweg
Brot und Schlackwurst noch dazu!«

Und die Frau erfaßt ein Grauen,
Weiß nicht recht, was sie beginnt.
Und der Heising zog waldeinwärts.
Über Stoppeln strich der Wind.

Schlimme Zeichen schlimmer Zeiten,
Wie man nie erlebt sie hat,
Wenn ein Räuber solchen Unfug
Treibt, so nah bei Halberstadt.

Die von der Liebe bekehrte Tochter des Räubers

In einem Wald in Spaniens Lande,
Wo ein großes Wirtshaus stand,
Hauste eine Räuberbande,
Wo den sichren Tod man fand.
Der Besitzer setzt zum Wirte
Einen seiner Leute ein,
Und die Schar der andern führte
Er zum Schein als Gäste ein.

Eine Tochter ist zu Hause,
Diese kannt' kein Mitgefühl;
Glücklich bei dem wilden Brause
Blieb sie kalt beim Mordgewühl.
Sie, sie leuchtete beim Morde,
Weil sie Gutes nie gehört;
Keiner lebend kam vom Orte,
Der einmal hier eingekehrt.

Einst verirrte sich im Walde
Ein gar schöner Jägersmann;
Seine Stimme lieblich schallte,
Und sie schmiegt' sich an ihn an.

Erste Lieb' in ihr erwachte,
Und sie schied auf Wiederseh'n.
Nichts im Haus ihr Freud' mehr machte,
Nur ein Bildnis war ihr schön.

Einzukehren kamen Fremde
In das Wirtshaus, sie erkennt
Jenen Jüngling, doch sie hemmte
Klüglich, daß er sie nicht nennt.
Drei nur an der Zahl sie waren,
Heimlich sie zu ihnen spricht:
»Schützt euch hier vor den Gefahren!
Ich hol' Schutz bei dem Gericht.«

Kaum ist sie dem Haus enteilet,
Da beginnt der Mörder Kampf,
Unter Wunden furchtbar heulet
Mancher schon im Pulverdampf.
Kaum noch halten sie zur Wehre,
Schon der Tod vor ihnen schwebt.
Dann kommt Schutz vom Militäre,
Alles fällt, der Hauptmann lebt.

Und das Mädchen eilt, zu zeigen
Nun die Schätze in dem Haus;
Eine Höhle voller Leichen
Bringt Entsetzen, Furcht und Graus.
Gräßlich tönen die Geschichten,
Kaum zu glauben ist es schier,
Die man höret hier berichten,
Die sich zugetragen hier.

Saragossa liegt in Banden,
Der der Räuberhauptmann war,
Und in dem Gefängnis fanden
Nun die Richter deutlich klar,
Daß das Mädchen einst geraubet
Schon als Kind vor langer Frist,
Und daß nicht, wie sie geglaubet,
Sie des Räubers Tochter ist.

Tod muß er durchs Rad erleiden,
Dieses ist des Hauptmanns Lohn,
Doch das Mädchen hat zu leiden
Nicht des Volkes Spott und Hohn.
In dem Jägersmann, dem braven,
Da erkennt man überdies
Einen edlen, jungen Grafen,
Der sie gut erziehen ließ.

Sie soll ihm die Gattin werden,
Sie veredelt ihr Gemüt,
Um zu wandeln hier auf Erden
Da nur, wo sie Gutes sieht.
Des Grafen Diener nun bewohnet
Das Wirtshaus, das mit Stolz genannt,
Denn das, worin der Mord gethronet,
Es ward bis auf den Grund verbrannt.

Von
entsetzlichen
Sturmfluten, Explosionen
und anderen
Katastrophen

Schreckliches Unglück,
welches sich
in Gossau
im Kanton Zürich
zugetragen hat

Höret, Freunde, die Geschichte,
Welche in der Schweiz gescheh'n,
Wovon ich euch hier berichte,
Was noch nie ein Mensch geseh'n.
Eine Kirche wollte dorten
Die Gemeinde sich erbau'n,
Was geschah – läßt sich mit Worten
Nicht beschreiben anzuschau'n.

Wie der Grundstock war geleget,
Fingen sie zu mauern an;
Welche Freude dies erreget,
Denkt sich jeder fromme Mann.
Sparsam gingen sie zu Werke,
Ihre Kasse war zu schwach,
Doch belebt von Mut und Stärke,
Mauerten sie bis an das Dach.

Nun sind Zimmerleute kommen,
Die den Dachstuhl d'rauf gemacht;
Jedermann, der dies vernommen,
Hat die neue Kirch' betracht'.
Wie die Deck' nun aufgeschlagen,
Die den Dachstuhl mit verband,
Konnte noch kein Mensch nicht sagen,
Was die Zukunft macht bekannt.

Ohne Säulen soll sie stehen,
Daß sie recht hell möchte sein,
Damit man den Pfarr' könnt' sehen
Und mehr Menschen geh'n hinein.
Soweit war sie nun gebauet,

Beinah' zur Vollkommenheit,
Wer den schönen Bau beschauet,
Hat im Herzen sich gefreut.

Viel Bewohner aus dem Orte,
Die man Pfarrgemeinde nennt,
Eilten an des Kirchhofs Pforte,
Nachbarn kamen auch behend,
Um die Rede anzuhören,
Die Pfarr'r Waser allda hielt,
Gott den Höchsten zu verehren,
Weil ihr Wunsch nun war erzielt.

Eine große Menschenmenge
Stieg auf das Gebälk hinauf,
Es entstand ein groß' Gedränge,
Warnend sprachen gleich darauf
Die Vorsteher und Bauleute:
Nehmt euch, liebe Leut, in acht,
Daß ihr euch aus Neugiersfreude
Nicht unglücklich dabei macht.

Bei sechshundert Menschen standen
Oben auf dem Kirchenbau,
Gute Freunde und Bekannten
überlegten 's nicht genau,
Daß die Last der feuchten Mauer
Durch den Druck möcht' schädlich sein,
Plötzlich stürzt – o welch ein Schauer –
Alles zu der Kirch' hinein.

Welcher Jammer, welcher Schrecken
Entstand nicht an diesem Ort,
Menschen sah man leider stecken
Unterm Holz, als wie ermord't.
Der Herr Pfarrer wollte eben
Seine Rede legen ab,
Welch Entsetzen muß das geben,
Wenn man lebend kommt ins Grab.

Tote und Blessierte brachte
Man noch aus dem Schutt heraus.
Mancher, der daran nicht dachte,
Starb in diesem Kirchenhaus.
Daher soll man sich nicht wagen,
Wenn man die Gefahr schon sieht,
So hat schon in unsern Tagen
Mancher junge Mensch verblüht.

Die schreckliche Sturmflut und Wassersnot am 1. und 2. Januar 1855, welche die armen und unglücklichen Bewohner der Elbufer so furchtbar heimgesucht hat

Schrecklich ist der Flamme Rasen,
Ist des Feuers glüh'nde Macht,
Wenn vom Turm die Wächter blasen
Und der Brand zusammenkracht;
Doch noch schrecklicher als Feuer
Ist des Wassers wilde Flut,
Wenn es stürmet ungeheuer
Und die Woge nimmer ruht.

Wenn der Strom in seinem Bette
Nicht mehr eingedämmet weilt,
Wenn ein jeder »Rette! Rette!«
Rufend aus den Häusern eilt.
Wenn durch Dörfer und durch Felder
Brausend hin das Wasser dringt,
Häuser umstürzt, Menschen, Wälder
Es zu dämmen nicht gelingt.

Ach, der zweite Tag im Jahre,
Wie war er so jammervoll,

Brachte Opfer viel der Bahre,
Als die Flut der Elbe schwoll.
Häuser stürzten hin in Trümmern,
Umgerissen von der Flut,
Mütter rennen, schreien, wimmern,
Ganz zerstört an Sinn und Mut.

Überall Tod und Verderben,
Alles Feld wird rings zum Meer,
Und in kalten Wogen sterben
Weiber, Kinder ringsumher.
In des Sturmes größtem Wettern
Sieht man ganz verzweiflungsvoll
Greise auf die Bäume klettern
Vor des Elementen Groll.

Wehe, daß die schönen Fluren
Diese Flut zerstörend deckt,
Daß mit der Verwüstung Spuren
Sie die armen Menschen schreckt!
Willst du, Gott, so hart sie strafen
Durch des Elementes Kraft,
Weil so hart vernichtend trafen
Sie der Stürme Leidenschaft?

Lind're bald die bitt'ren Schmerzen,
Alle Wunden, die du schlugst,
Als zu schwer geprüften Herzen
Du die Wasserwoge trugst;
Ach, laß neu die Felder blühen,
Gib den Armen Trost und Mut,
Segne ihres Fleißes Mühen,
Nimm sie stark in deine Hut.

Hamburg in seiner fürchterlichen Unglückszeit, den 5., 6. und 7. Mai 1842

Höret jetzt ihr Menschenkinder!
Von der schreckensvollen Nacht,
Die das Schicksals höchster Gründer
Über Hamburgs Flur gebracht.

Hört ihr Nahen, hört ihr Fernen!
Erkennet alle Gottes Hand,
Ehrt den Höchsten über Sternen,
Er hilft selbst am Todesrand.

In der Nächte tiefstem Dunkel
Herrscht' in Hamburg stillste Feier.
Plötzlich schwand das Sterngefunkel,
Himmelan lodert' das Feuer.

Aus dem Schlafe ward gewecket
Kind und Greis, Jung und Alt,

Alles suchte tief erschrecket
Rettung vor der Flamm' Gewalt.

Aber jeder wirkt vergebens
Gegen Himmels stärkste Macht,
Eitel jeder Tag des Lebens,
Eitel aller Menschen Pracht.

Schaut des Himmels rotes Glühen,
Im Kreis des Nicolaiturm;
Auch hier mußte alles fliehen,
Vor den Flammen, vor dem Sturm.

Horchet auf den letzten Klang,
Der aus Glockenmunde tönt,
Und wie er schauervoll durchdrang
Und trauernd in die Seele dröhnt.

Doch noch immer unzufrieden
War des Feuers starker Gier,
Und vom Sturme angetrieben
Wälzt's sich fort für und für.

St. Petri, Hamburgs ält'ster Glanz
Wurde noch der Flammen Raub,
Wie verwelkter Blumenkranz,
Asche gleich und Kohlenstaub.

Darum denkt ihr Menschenkinder
An die schreckensvolle Nacht,
Die des Schicksals höchster Gründer
Über Hamburgs Flur gebracht.

Das Erdbeben von Lissabon
oder
Die Zornposaune über Portugal,

welche in einer jammersvollen Heimsuchung
am 1. November 1755
mehr als 50000 Seelen, dazu die ganze Stadt
verbrannt, zertrümmert und erschlagen hat

Kommt und schauet mit Erstaunen
Lissabon, die schöne Stadt,
Die Gott mit der Zornposaunen
Schrecklich heimgesuchet hat!
Sucht mit heißen Wehmutstränen
Und mit wahrer Herzensbuß'
Seine Rache zu versöhnen,
Fallet ihm betrübt zu Fuß!

Nehmet euch doch ein Exempel
An dem altberühmten Ort,
Seine Häuser, Schätz' und Tempel
Sind nun leider alle fort!
Die Paläste sind zertrümmert,
Alles lieget im Ruin,
Und ein jeder seufzt bekümmert:
Ach mein Gott, wo soll das hin!

Über fünfzigtausend Seelen
Liegen in dem Schutt zerstört;
Viele Tausend kann man zählen,
Die die Flamme hat zerstört.
Denn die Wut der Elemente
Ging vereinigt auf sie los
Und gab ihr zu allen Enden
Lissabon den letzten Stoß.

Mancher schrie mit düsterm Brüllen
Hie und da aus einem Loch:

Helft, ach helft um Gotteswillen,
Denn ich Armer lebe noch!
Aber da half nichts von Bitten:
Denn man hörte Schlag auf Schlag,
Und es ging auf allen Schritten
Jedem selbst das Unglück nach.

Auch die großen Majestäten
Mußten voller Angst und Not
Sich aus Beléms* Lufthaus retten
Vor dem jammervollen Tod,
In gebrechlichen Karossen
Haben sie sich ganz allein
Viele Stunden eingeschlossen,
Daß sie möchten sicher sein.

Wo man nur fast hingesehen,
Sahe man mit Herzeleid
Jammervolle Eltern stehen
Und getrennte Eheleut';
Arme Kinder, die voll Klagen
Fast über jedem Schutt und Stein
Mit betrübter Stimme fragen:
Wo doch ihre Eltern sein!

Die verlebten alten Greise
Krochen mit Erzittern her,
So als wenn die Todesreise
Aller Welt vorhanden wär'.
Jeder gab mit bangen Sinnen
Schon die letzte gute Nacht
Und hat sich mit tausend Tränen
Auf die harte Flucht gemacht.

Alles flohe voller Schrecken
In das offen freie Land
Und wollt' sich daselbst verstecken
Vor dem Ende dieser Welt.
Hunger, Kälte, Durst und Blöße
Folgten ihnen auf dem Fuß,

Und des Elends schwere Stöße
War' ihr täglicher Genuß.

Doch umfing sie mit Erbarmen
Gott und ihres Königs Treu,
Dieser rief mit offenen Armen:
Kommt ihr Kinder, kommt herbei!
Kommt, weil ihr so viel gelitten,
Ich nehm' euch mit Tränen ein,
Nehmt Baracken, Zelt und Hütten,
Wo ich bin, da sollt ihr sein.

Lasset dieses doch zu Herzen,
Die ihr alle Christen seid,
Ach, wie bald kann man verscherzen
Diese edle Gnadenzeit.
Lasset euch von Sünden wecken,
Eh' des Höchsten Grimm erwacht,
Daß er nicht zu eurem Schrecken
Auch mit euch ein Ende macht.

Das Münchner Pulvermagazin
In die Luft geflogen am 5. Mai 1835

O sehet hin, o sehet hin,
Das Münchner Pulvermagazin,
Es hat gepufft, es hat geknallt,
Daß es bis Regensburg erschallt.
Es flog in d' Luft, o sehet hin,
Das Münchner Pulvermagazin.

Das Ganze tat ein böser Bu',
Er hatte längst schon keine Ruh'.
Im ganzen Land war er bekannt,
Stanislaus Schmidt ward er genannt,
Sechs Schuh', zwei Zoll und dreißig Jahr'
hat er gemessen auf ein Haar.

O sehet nur den bösen Wurm,
Er sprengte gar den Pulverturm,
Mit einem chem'schen Feuerzeug
Entzündete er das Pulverreich,
Nachdem umsonst schon solche Tat
In Grünwald er versuchet hat.

Es war am Samstagnachmittag,
Da tat es einen großen Krach,
Man meint', der Blitz hätt' es getan,

O sehet nun den Jammer an!
Viel' tausend Fenster war'n entzwei
Und dreizehn Menschen auch dabei.

Sie flogen alle in die Luft
Und fanden auch allda die Gruft,
Bei Schwabing lag ein toter Fuß
Und eine Hand am Isarfluß,
Und große Stücke Eingeweid',
Die lagen in der Luft zerstreut.

In seinem Bette, wo er schlief,
Da fand man einen off'nen Brief,
Dem Publikum ward's nicht bekannt,
Was alles drin geschrieben stand,
Auch nicht von wem er abgesandt,
Da er vom Pulver halbverbrannt.

Drei Tage d'rauf, als dies' gescheh'n,
Sieht man den Zug zum Kirchhof geh'n,
Das ganze Münchner Militär
Zog hinterm Leichenzuge her.
O denket an die böse Tat,
Die ihresgleichen noch nicht hat.

Großes Grubenunglück,
bei dem viele Bergleute den Tod fanden

Nur reine Neigung, inn'ge Treue
Verbanden Paul mit seinem Lieb'.
Und jeder Morgen bracht' auf's neue
Gewißheit, daß man gut sich blieb.
So zog an beiden Tag und Jahr
Vorbei in Freude immerdar.

Nie konnt' er sich vom Mädchen trennen
Als nur mit inn'gem Abschiedsgruß.

Am Feierabend gab Erkennen
Der Strauß, den sie ihm schenken muß.
Doch beider Ruhe droht ein Feind,
Morail, einst Pauls getreu'ster Freund.

Er grollt, daß jener ihm entrissen
Das Kleinod, das er heiß begehrt,
Und will trotz allen Hindernissen
Sich rauben, was ihm ist verwehrt.
Ein böser Plan gewinnt Gestalt,
Ein Dämon packt ihn mit Gewalt.

Er legt, um Paul schnell zu vernichten,
In dessen Nähe Dynamit.
Es brennt bald in den tiefen Schichten,
Ein Schwaden durch die Schächte zieht.
Nur wen'ge retten lebend sich,
Die andern sterben jämmerlich.

Marie eilt' hastig nach dem Schachte,
Doch, ach, was sah ihr trüber Block?
So manche Lippe, die sonst lachte,
Erzählt nichts mehr von früherem Glück.
Marie sucht in der Toten Reih',
Ob Paul vereint mit ihnen sei.

Doch horch, da schallt es durch die Menge:
»Es kehren lebend vier zurück!«
Und in dem wogenden Gedränge
Erkennt sie Paul mit sel'gem Blick.
Da sinkt das Mädchen in die Knie,
Dankt Gott mit Inbrunst, wie noch nie.

Vom Morail hat man nichts vernommen,
Man sah ihn lebend niemals mehr.
Sein Haß hat ihn hinweggenommen,
Indes Marie in Glück und Ehr'
Im Kreise ihrer Kinder lebt
Und holder Friede sie umschwebt.

Die große Überschwemmung und Verwüstung
durch die Sturmflut der Ostsee am 13. November 1872

Traurig klingt die Schreckenskunde
Von der Ostsee kühlem Strand
Und macht wehmutsvoll die Runde
Durch das ganze deutsche Land.
Alles, alles ist verloren
Durch der Wogen wild Gebraus;
Hilfe! Klingt's in allen Ohren,
Hin ist Habe, Vieh und Haus!

Wehe, daß ein grausig Stürmen
Wütete von Südost her,
Daß in jähen Wassertürmen
Brausend sich erhob das Meer!
Immer höher wälzten Wogen
Sich dahin zum seichten Strand,
Kamen Roß an Roß gezogen
Mit sich führend Tang und Sand.

Bäume wankten, Häuser stürzten
Vor der Wogen Wasserschwall,

Und sie raubten, und sie kürzten
Manches Leben, früh im Fall.
Als der Sturm dann ausgewütet,
Sich gelegt die jähe Flut,
Siehe, was der Herr behütet,
Was noch steht in treuer Hut! –

Ach, ein finstres, ernstes Grausen
Trübt das Auge, drückt die Brust,
Wo noch gestern Menschen hausen,
Fleißig wirken voller Lust:
Da ruh'n Trümmer jetzt auf Trümmern,
Wüst und öde ist der Ort,
Ach, das sollt' uns nicht bekümmern?
Alles riß die Sturmflut fort!

Doch den Blick nur frisch nach oben,
Treuer Helfer sind ja noch;
Gabe muß den Geber loben,
Und der Trost ist immer da!
Wieder tagt ein and'rer Morgen,
Armes Herz, verzage nicht,
Gott wird für die Seinen sorgen,
Mut! Bis einst das Auge bricht! –

Der schreckliche Schiffsuntergang der »Cimbria«,

wobei 416 Personen ertranken

10. Januar 1881

Schauder dringt durch alle Glieder,
Wenn man liest von »Cimbria«.
Dieses Dampfschiff wollte wieder
Fahren nach Amerika.
Als Cuxhaven es vorüber,

Sank ein starker Nebel nieder
Auf das große, weite Meer.
Dunkle Nacht war's rund umher.

Jeder war auf seiner Stelle
Und die Ordnung wohl an Bord,
Damit nicht das Schiff zu schnelle,
Sprach auch der Kap'tän das Wort,
Die Maschinen halb zu stellen.
In dem Nebel auf den Wellen
Sah man bei dem Schiffe dicht
Bald ein schwaches grünes Licht.

Plötzlich kracht es von der Seite,
»Sultan« fuhr direkt sogar
Auf der grausen Meeresweite
Los auf Dampfschiff »Cimbria«.
Furchtbar war die Schreckensstunde,
Angstschrei tönte in der Runde,
Denn ins tiefe Wassergrab
Sank das stolze Schiff hinab.

Keine Rettung ließ sich blicken,
»Sultan« war bald außer Sicht.
Manches Leben mußte knicken,
Rettung gab es leider nicht.
Gar nichts wurde unterlassen,
Doch die großen Menschenmassen
Rannten nutzlos hin und her,
Und bald deckte sie das Meer.

Wenige sind nur entkommen,
Ach, vielleicht der achte Teil,
Wie man leider hat vernommen,
Findet noch am Leben Heil.
Doch wie diese Leute sagen,
Hat ein ritterlich Betragen
Den Off'zieren nicht gefehlt,
Auch vom Arzt wird so erzählt.

Doch das Unglück wollt' nicht weichen,
Unnütz war der beste Mut.
Hunderte von Menschenleichen
Ruh'n jetzt in der Wasserflut.
Könnte man hinunterschauen,
Oh, dann würde Angst und Grauen
Uns erfüllen auch sofort
An dem nassen Todesort.

Doch es ist nun nicht zu ändern,
Was geschehen ist, ist gescheh'n.
Tief betrübt in allen Ländern
Jetzt die Leut' im Blatte seh'n,
Was sich grausend hat begeben.
So viel hundert Menschenleben
Mußten enden auf dem Meer,
Großer Gott! Das Leid ist schwer.

Vorsicht ist gewiß vonnöten
Auf den Schiffen wie bekannt.
Die Schwimmgürtel, Rettungsböte
Waren alle gut im Stand.
Aber wenn das Schicksal wollte,
Daß so untergehen sollte
Dieses Schiff mit Mann und Maus,
Brechen unsre Tränen aus.

Von
schrecklichen
Unglücksfällen
und
heilsamen
Erfahrungen

Wie die drei edlen Ritter Sperlingsbauch, Hahnentritt und Pumphaus im Jahre 1502 einen jämmerlichen Tod durch Knödel erleiden mußten, ohne sie gegessen zu haben

Eine beispielhafte Ballade, wie und worüber Kriege entstehen können

Im Jahre Eintausendfünfhundertundzwei,
Am zwanzigsten Juli, da zogen
Drei Ritter an einem Schlosse vorbei,
Die waren gar stark und verwogen.

Und als sie waren vorbei an dem Schloß,
Da steigt aus dem Rauchschlot der Küche
Ein Dampf, so dick und so mächtig und groß,
Der brachte gar süße Gerüche.

Da hielten die Ritter bedächtig an,
Die Nasen sämtlich erhoben,
Und haben von dem Geruche alsdann
Mit Wollust viel eingeschnoben.

»Hm!« sagte der Ritter vom Sperlingsbauch
Mit gar appetitlichem Grinsen,
»Mir scheint« – und hier prüft seine Nase den Rauch –
»Man kocht alldort saure Linsen!«

»Was?« rief da der Ritter von Hahnentritt
Mit gleichfalls ergründendem Schnofeln,
»Das riecht nicht wie Linsen; wer wettet mit?
Das ist Braunkohl mit Butterkartoffeln!«

»Ho! Ho!« lacht der dritte, von Pumphaus, da wild,
»Ihr irret, denn gern will ich schwören,

Bei all meinen Ahnen und Wappenschild:
Man siedet dort Hering mit Möhren!«

Und jeder behauptet, nur *er* habe recht,
Der andern Behauptung sei Lüge;
Sie machen sich gegenseitig gar schlecht
Und schimpfen sich zur Genüge.

Doch wie der Streit nun nicht enden will,
Zieht Sperlingsbauch rasch seinen Degen:
»Für saure Linsen!« so heißt sein Gebrüll,
Und dringt auf die andern verwegen.

Manch' Krafthieb da auf die Helme fällt,
Doch Pumphaus durchbohrt mit dem Speere
Den Sperlingsbauch; ach, der verläßt nun die Welt,
Den sauren Linsen zu Ehre.

Drauf wendet Pumphaus voll innigem Grimm
Zu Hahnentritt sich mit den Worten:
»Glaubt Ihr nun«, er ruft es mit wütender Stimm',
»Daß man Möhren schmoret jetzt dorten?«

Doch Hahnentritt rufet: »Nein! Tausendmal nein!
's ist Braunkohl! Ich will's Euch beweisen!«
Und rasend dringt er auf Pumphaus nun ein,
Ha, Funken sprühet das Eisen!

Da strauchelt Hahnentritt und alsbald
Stößt Pumphaus des Degens Spitze
Durch des andern Panzer und macht ihn kalt
In des Zornes gewaltiger Hitze.

»Besiegt sind Linsen und Braunkohl jetztund!«
So rufet Pumphaus und schreitet
Zum Schlosse, daß man jetzt mache ihm kund,
Ob Möhren man dorten bereitet.

Doch vor dem Schloßtor erscheinet ihm schon
Der Schloßkoch in schneeweißer Jacke,

Vom Fett ist gedämpft seiner Stimme Ton,
Vom Feuer gerötet die Backe.

Der sagt zu dem Ritter: »Nicht Linsen, nicht Kohl,
Doch Möhren auch nicht, Euer Edlen,
Steh'n drinnen am Feuer, nein, es sind wohl
Fünf Kessel mit Leberknödeln!«

»Was! Knödel!« So rufet zum Tode erschreckt
Held Pumphaus mit jähem Erblassen,
Hat drauf mit den Händen sein Antlitz bedeckt
Und das Schloßtor verzweifelnd verlassen.

Er wandelte zu den zwei Leichen zurück:
»Falsch haben wir alle gerochen,
's sind Knödel!« So ruft er mit tränendem Blick –
Und hat mit dem Schwert sich durchstochen.

Du Publikum aber ziehe die Lehr'
Aus dem Blute, das rot hier geflossen:
Es liegen die Knödel im Magen gar schwer
Oft dem, der sie gar nicht genossen!

Die ungleichen Brüder

Es wollt' ein Mann in seine Heimat reisen,
Um Weib und Kind zu seh'n, das war sein Ziel.
Er mußte einen finstern Wald durchstreifen,
Wo plötzlich ihn ein Räuber überfiel.

»Gib her dein Geld, dein Leben ist verloren,
Gib her, gib her, dein Leben ist dahin!
Tust du's nicht gleich, so muß ich dich durchbohren,
Ich morde dich, so wahr ich Räuber bin!«

»Ich hab' kein Geld, drum kann ich dir nichts geben,
Von Geld und Reichtum ist mir nichts bewußt,
So nimm mein Leben, will dir's gerne geben,
Ich öffne dir zum Stoße selbst die Brust!«

Da blieb der Räuber eine Weile stehen
Und sprach: »Zum Morden hab' ich keine Lust;
Ach, aber ach, was muß ich bei dir sehen,
Was trägst du dort auf der entblößten Brust?«

»Es ist das Bild von meiner treuen Mutter,
Sie gab es auf dem Sterbebette mir!«
Da sank der Räuber plötzlich vor ihm nieder:
»Verzeih, Verzeih, dein Bruder steht vor dir!

Zwölf Jahre haben wir uns nicht gesehen,
Zwölf Jahre haben wir uns nicht gekannt,
Und ich muß jetzt als Räuber vor dir stehen,
Der fast den Dolch dir hätt' hineingerannt!«

Die beiden Brüder schluchzten da voll Freude
Und blieben lang wie angewurzelt stehn.
Dann küßten sie, ja, küßten sie sich beide,
Und Tränen flossen bei dem Wiederseh'n.

Der Wilddieb

Was schleicht dort im nächtlichen Walde
So einsam wildernd umher?
Wer hält in seiner Rechten
So krampfhaft fest sein Schwert?

Was tritt aus dem nahen Gebüsche
Ein stolzer Hirsch hervor?
Er wittert nach allen Seiten,
Hebt stolz sein Geweih empor?

»Schurke! Die Büchse herunter!«
So tönt es von drüben her,
»Dich Wilddieb such' ich schon lange,
Von der Stelle kommst du mir nicht mehr!«

Der Wilddieb, der gibt keine Antwort,
Er kennt ja die sichere Hand.
Ein Knallen und gleich drauf ein Aufschrei,
Und der Förster lag sterbend im Sand.

»Du bist heut' im Zweikampf gefallen!«
Der Wilddieb drauf reumütig spricht:
»Du hast deine Pflicht treu erfüllet,
Doch was ich tat, weiß ich nicht!«

Da drückte der Wilddieb dem Förster
Die gebrochenen Augen zu
Und flüstert' leise die Worte:
»Gott schenke dir ewige Ruh'!«

Er stellt sich im Ort dem Gendarmen,
Gepeinigt von Reue und Not!
Gott schenk' meiner Seele Erbarmen,
Ich büß' für des Försters Tod!

Der bestrafte Frevler

Munter, lustig und verwegen
Streifet Joseph durch die Flur,
Um ein Böcklein zu erlegen,
Kühn verfolgt er seine Spur.
Nach der Arbeit auf dem Feld
Nur das Jagen ihm gefällt.

Wenn am Sonntag and're Leute
Sehnsuchtsvoll zur Kirche wall'n,
Hat der Joseph seine Freude
An der Büchse lust'gem Knall'n.
Die Geliebte oft ihn warnt,
Doch zu sehr hat's ihn umgarnt.

Frönt dem Laster, immer wieder
Treibet er den Frevel fort;
Annerl sinkt am Altar nieder,
Betet für ihn fort und fort.
Doch der Wilde mag nicht hör'n,
Will sich nimmermehr bekehr'n.

Auf der Jagd ist Joseph wieder,
Ein Gewitter zieht herauf,
Grelle Blitze zucken nieder,
Aber Joseph steigt bergauf,
Da, ein fürchterlicher Schlag!
Josephs Gut der Blitzstrahl traf.

Bald ist nur ein Aschenhaufen,
Haus und Hof, die Mutter gar
Konnt' dem Feuer nicht entlaufen,
Fand hier eine Totenbahr'.
Als der Frevler kehrt zurück,
Sieht er sein zerstörtes Glück.

Härter noch wird sein Gemüte,
Finster treibt er sich umher;

Annerl aber wird nicht müde,
Ist die Arbeit noch so schwer.
Frech schießt nieder er das Wild,
Gott's Gebot ihm nichts mehr gilt.

Da, ein Aar mit starken Schwingen
Raubt das einzige, liebe Kind.
Niemand kann es wiederbringen,
Zu dem Nest trägt er's geschwind.
Annerl auf den Fels sich wagt,
Joseph folgt ihr unverzagt.

Ach, das Kind, es ist gerettet,
Beide drücken es ans Herz.
Im Neste war es weich gebettet,
In Freude wandelt sich der Schmerz.
Sie kehren von dem Fels zurück
und danken Gott für dieses Glück.

Ein and'rer Mensch ist Joseph 'worden;
Zur Kirche sieht man ihn jetzt geh'n.
Und an des Tempels heil'gen Pforten
Hat Gott erhört sein heißes Fleh'n.
Der Wohlstand kehret bei ihm ein,
Er mag nicht wieder Wildschütz sein.

Schauderhafte Moritat vom jähzornigen Nickel, als abschreckendes Beispiel für alle zornigen Kinder

In einer großen, deutschen Stadt,
Worin es viele Kinder hat,
War Nickel einst sehr wohlbekannt;
In jedem Haus, im ganzen Land,
Sprach jedermann mit Abscheu nur
Von Nickels zorniger Natur.

Wie weit der Zorn oft führen kann,
Seht ihr an diesem kleinen Mann;
Kaum konnt' er auf den Füßen steh'n,
Mit Mühe ein paar Schritte geh'n,
Da wollt' er schon, daß seinen Will'n
Man plötzlich sollte ihm erfüll'n.

Und wenn man dieses unterließ,
So schlug er, kratzte, trat und biß
Vor Wut und Ingrimm jeden, der
Ihm grade in der Nähe wär'.
Wie fürchterlich, ihr lieben Leut',
War doch des Nickels Zornigkeit!

Die Nachbarkinder mieden ihn,
Weil er nicht war nach ihrem Sinn,
Und die Geschwister sämtliche,
Franz, Joseph, Carl und Julie,
Die Tiere selbst im ganzen Haus,
Sie standen viel von Nickel aus.

So trieb er es jahraus, jahrein,
Zu seiner Eltern großen Pein;
Viel ärger ward's von Tag zu Tag,
Bis endlich er – durch einen Schlag
Mit scharfem Beil des Bruders Kopf
Gespalten hat, der arme Tropf!

Gleich kommt die Polizei herbei
Und schleppt ihn fort, trotz dem Geschrei
Von Alt und Jung, von Groß und Klein,
In das Gefängnis muß er 'nein;
Mit Ketten schwer und ganz voll Rost,
Sitzt er nun fest bei schmaler Kost.

Das Urteil wird bald publiziert,
Und er auf das Schafott geführt;
Ein Galgen ist für ihn erricht't,
Das ist 'ne traurige Geschicht',
Daran stirbt er den Henkerstod,
O Kinder! Welche große Not!

So geht es, wenn mit Leidenschaft
Die Menschenkinder sind behaft.
Hätt' Nickel seinen Zorn gebrochen,
Wär' dieses Urteil nicht gesprochen;
Drum, liebe Kinder, merkt es euch,
Der Zorn führt nicht ins Himmelreich!

Der schauderiöse Ferdinand

Es war einmal ein Junge kleen, Junge kleen, Junge kleen,
Der wollte nicht zur Schule geh'n, Schule geh'n,
Drum hieß er schon als Konfirmand
Der schauderiöse Ferdinand.
Junge kleen, Schule geh'n, Konfirmand, Ferdinand.

Der liebte eine, die war schlau, die war schlau, die war schlau,
Gebor'n war sie in Züllichau, Züllichau.
Sie knutschten sich die ganze Nacht
Um Mitternacht in der Andreasnacht.
Die war schlau, Züllichau, ganze Nacht, Andreasnacht.

Da sprach das Mädchen: Packe dir, packe dir, packe dir,
Das war man alles bloß mein Pläsier, mein Pläsier.
Du bist trotz deines blauen Fracks
Ein ganz gemeiner Schubiaks*.
Packe dir, mein Pläsier, blauen Frack, Schubiaks.

Da war der Jüngling ganz verblufft, ganz verblufft, ganz verblufft,
Geht hin und kauft sich Rattenguft, Rattenguft.
Und dieses tut der böse Mann
In eine Bunzlauer Kaffeekann'.
Ganz verblufft, Rattenguft, böse Mann, Kaffeekann'.

Und als das Mädchen den Kaffee trank, Kaffee trank, Kaffee trank,
Da wurde ihr ganz blümerank, blümerank.
Ach, Mütterlein, liebstes Mütterlein gut,
Mit Rattenguft man mir vergiften tut.
Kaffee trank, blümerank, Mütterlein gut, vergiften tut.

Da schleppt man ihn vors Tribunal, Tribunal, Tribunal,
Wo man ihn dem Richter anempfahl, anempfahl.
Man setzte ihn auf einen Stuhl,
Wovon sein Haupt herunterfuhl.
Tribunal, anempfahl, einen Stuhl, herunterfuhl.

Und die Moral von der Geschicht', die Geschicht', das Geschicht':
Tu' Rattenguft in keine Bunzlauer Kaffeekann' nicht,
Sonst geht es dir, wie schon bekannt,
Dem schauderiösen Ferdinand.
Das Geschicht', Kaffeekann' nicht, schon bekannt, Ferdinand.

Kaspar Hauser
Das ungelöste Rätsel von Nürnberg

Könntet, Leute, ihr doch sagen,
Wer dieses Kind, wer Kaspar Hauser war!
Laßt euch alle, alle fragen,
Damit die Untat werde offenbar!

Wer war's, die er Mutter nannte?
Wenn dieses Weib man Mutter nennen darf,
Das den eignen Sohn verbannte
Und ihn in den finstern Kerker warf.

Pfingsten traf das arme Wesen
In Nürnberg Anno 28 ein,
Trug 'nen Brief, darin zu lesen,
Daß Schwolisché* er gerne wollte sein.

Ach, soviel man sich auch mühte
Um den Findling, der so blaß und stumm war,
Traurig blieb er im Gemüte,
Wenn er auch durchaus nicht stumpf und dumm war.

Flüsternd sprach man, daß seine Stirne
Bestimmet sei für einer Krone Zier,
Doch mit teuflischem Gehirne
Macht' man aus diesem Knaben fast ein Tier.

Später stach ein ungenannter
Kerl in Ansbach unsern Kaspar tot.
Er starb als ein Unerkannter,
Sein blaues Blut färbt dort die Erde rot.

Hat kein Fürst 'ne Trän' vergossen,
Durch die vielleicht der Menschheit werde klar,
Weshalb denn dieses Blut geflossen
Und wer der arme Junge wirklich war?

Fünfundzwanzig Silbergroschen
Gern' zahl' ich dem, der mir den Namen nennt,
Doch andere werden Gold für geben,
Daß keiner jenen Kaspar Hauser kennt.

Doktor Eisenbart

Ich bin der Doktor Eisenbart,
Kurier' die Leut' nach meiner Art;
Kann machen, daß die Blinden geh'n
Und daß die Lahmen wieder seh'n.

Zu Ulm kuriert' ich einen Mann,
Daß ihm das Blut vom Beine rann;
Er wollte gern gekuhpockt sein,
Ich impft's ihm mit dem Bratspieß ein.

Zu Wimpfen accouchierte* ich
Ein Kind zur Welt gar meisterlich;
Dem Kind zerbrach ich das Genick,
Die Mutter starb zu gutem Glück.

Des Küsters Sohn zu Dideldum,
Dem gab ich zehn Pfund Opium;
D'rauf schlief er Jahre, Tag und Nacht,
Und ist bis jetzt noch nicht erwacht.

Der Schulmeister zu Itzehoe
Litt dreißig Jahre an Diarrhoe*;
Ich gab ihm Cremor tartri* ein,
Er ging zu seinen Vätern heim.

Dem guten Hauptmann von der Lust
Nahm ich drei Bomben aus der Brust;
Die Schmerzen waren ihm zu groß –
Wohl ihm, er ist sie gänzlich los.

Zu Potsdam trepanierte* ich
Den Koch des Großen Friederich;
Ich schlug ihn mit dem Beil vor'n Kopf,
Gestorben ist der arme Tropf.

Es hatt' ein Mann in Langensalz
Ein zentnerschweren Kropf am Hals;

Den schnürt' ich mit dem Hemmseil zu,
Probatum est*! Er hat jetzt Ruh'.

Zu Wien kuriert' ich einen Mann,
Der hatte einen hohlen Zahn:
Ich schoß ihn 'raus mit dem Pistol,
Ach Gott! Wie ist dem Mann so wohl!

Zu Leipzig nahm ich einem Weib
Zehn Fuder Steine aus dem Leib;
Der letzte war ihr Leichenstein,
Jetzt wird sie wohl kurieret sein.

Das ist die Art, wie ich kurier',
Sie ist probat, ich bürg' dafür;
Daß jedes Mittel Wirkung tut,
Schwör' ich bei meinem Doktorhut.

Der Frevler im Gotteshaus
Aus dem amerikanischen Bürgerkrieg

Als der Herr den Mensch erschaffte,
Sprach er: Sei mein Ebenbild!
Jetzt so mancher weiße Pflanzer
Seine Wut an Brüdern kühlt.
Auf der schwarzen Körperfarbe
Zieht die Peitsche blut'ge Narbe.
Ein Ungeheuer dieser Art
War der junge Eduard.

Von reichen Eltern falsch erzogen,
Ward bald sein Herz so hart wie Stein.
Der wilden Jagd war er gewogen
Und sein Pläsier der Schwarzen Pein.
Kaum, daß sich der Tag erschlossen,
War schon Sklavenblut geflossen,
Und der Nächte Stille brach
Noch der Schwarzen Weh und Ach.

Eines Tages, beim Barbaren
Tritt ein starker Fremdling ein:
Wer mit Brüdern so verfahren,
Kann kein Christ, kein Mensch mehr sein!
Ruft er aus, und Eduard hetzet
Hund und Sklaven auf ihn ein,

Doch niemand den Mann verletzet,
Der Fremde muß ein Heil'ger sein.

Und mit seinem Wanderstabe
Schlägt er nieder Eduard:
Fühle selbst, du Ungeheuer,
Wie die Geißel ist so hart!
Und entfernt sich, von den Schwarzen
Weit gefolgt mit Freud'geschrei.
Doch der Eduard war der alte,
Als die Schmerzen nur vorbei.

Mit gesinnungsreichen Freunden
Hält er sonntags große Jagd.
Und der Glocken frommes Mahnen
Und den Priester er verlacht.
Mit gezücktem, scharfem Spieße
Er verfolgt ein edles Wild.
Bis in gottgeweihte Räume,
Tötet es vor'm Christusbild.

Und mit Mühe aus der Kirche
Er entrinnt des Volkes Wut,
Das im Zorn die schöne Villa
Übergibt der Flammenglut. –
Eduard in Busch und Walde
Leidet unausprechlich hart,
Und durch Leiden er hier balde
Hin zu Gott geführet ward.

Nach acht jammervollen Tagen
Baltimore er erreicht,
Doch trotz seiner vielen Klagen
Er kein Menschenherz erweicht.
Jener Fremdling sieht ihn beten,
Liefert doch dem Volk ihn aus.
Als Spion will man ihn töten,
Selbst der Tod ist ihm kein Graus.

Doch der Fremdling führt vom Richtplatz
Rettend ihn zum Vater fort,

Den er früher schon geborgen,
Hier an einem sich'ren Ort.
Eduard, nun zu Gott geleitet,
Greift zum Schwert der Freiheit bald,
Für der Brüder Recht er streitet,
Wider freche Frongewalt.

Ballade
von der
Freifrau von Droste-Vischering

Freifrau von Droste-Vischering, vi va Vischering,
Zum Heil'gen Rock nach Trier ging, tri tra Trier ging,
Sie kroch auf allen vieren, sie tat sich sehr genieren,
Sie wollt' gern ohne Krücken durch dieses Leben rücken.

Sie schrie, als sie zum Rocke kam, vi va Rocke kam,
Ich bin auf Händ' und Füßen lahm, vi va Füßen lahm,
Du, Rock, bist ganz unnätig, drum bist du auch so gnädig.
Hilf mir mit deinem Lichte, ich bin des Bischofs Nichte.

Drauf gab der Rock in seinem Schrein, si sa seinem Schrein,
Mit einmal einen hellen Schein, hi ha hellen Schein,
Gleich fährt's ihr in die Glieder, sie kriegt das Laufen wieder.
Getrost zog sie von hinnen, die Krücken ließ sie drinnen.

Freifrau von Droste-Vischering, vi va Vischering,
Noch selb'gen Tags zu Tanze ging, ti ta Tanze ging,
Dies Wunder göttlich grausend,

Geschah im Jahre Tausend
Achthundertvierundvierzig,
Und wer's nicht glaubt, der irrt sich.

Von
den Gefahren
der hohen Politik

Kaiser Napoleons Feldzug nach Rußland

(1813)

Ist es denn auch wirklich wahr,
Was man hat vernommen,
Daß so viele tausend Mann
Sind nach Rußland 'kommen?

Mit Kanonen, Stuck und Schwert
Sind zum Streit versehen,
Viel zu Fuß und viel zu Pferd,
Die nach Rußland gehen.

Kaiser, der Napoleon
Ist nach Rußland kommen,
Hat sogleich die große Stadt
Moskau eingenommen.

Napoleon zum Volke spricht:
»Hier wollen wir nicht lagern,
Petersburg, die Residenz,
Müssen wir noch haben.

Da gibt's Brot und Fleisch genug
Und ein jung, frisch' Leben,
Auch ein Glas Champagnerwein,
Bier und Schnaps daneben.«

Da kam ein französischer Offizier,
Sprach: »Alles ist verloren,
Uns're schönen Leut' und Pferd'
Sind im Schnee erfroren!«

Engelland und Spanien
Tun schon Vivat singen,
Frankreich muß zerrissen sein,
Sonst gibt's keinen Frieden.

Hochmut wird von Gott bestraft,
Wie es steht geschrieben,
Und der Stolz Napoleons,
Der muß unterliegen.

Wärst du nicht nach Rußland h'nein,
Wär' dein Glück nicht zerronnen,
Hätt'st du deinen Zepter noch
Und auch deine Kronen.

Die erfreuliche Niederlage der Türken vor Wien

Bayerland, nun laß erschallen
Ein sehr laut's Victorig'schrei,
Weil dein Kurfürst, hoch vor allen,
Hat gemacht die Wienstadt frei!
Laß erkrachen Donnerrachen
Deiner Böller, und mit Lachen
Stimm an einen Siegsgesang
Für ruhmvollen Waffengang.

Ach, wie ist der Türk' geloffen,
Da er diesen Helden sah,
Hat sein Wüten abgebrochen,
So noch eben da geschah!
Vor dem Löwen tät er beben
Und konnt ihm nit wiederstreben,
Flohe eilends aus dem Feld,
Ließ das Lager, Zelt und Geld.

Der Seraskier* sehr wütet
Und erhebt ein Zorngeschrei;
Aber dies ihn nicht behütet,
Muß das Feld doch geben frei.
Dann der Bayern wütig Feuer
Schluge drein so schwer und teuer,

Daß es koste Blut und Tod,
Bis das Blachfeld glänzet rot.

Bluthund, du mußt unterliegen
Von der Christen starken Hand!
Max Emanuel weiß zu siegen –
Ist dir solches nit bekannt?
Bärenhäuter, er wird weiter
Euch zerschlagen, gleich wie Scheiter,
Und des Sultans Räuberschar
Jagen aus dem Land fürwahr!

Was für Beut' ist da gewunnen
An viel Stücken und Gezelt!
Weil sie also hurtig sprungen,
Ließen liegen Gut und Geld.
Viel Millionen Golds belohnen
Unsern Sieg, all ihre Fahnen
Sein in unser' Händ zumal
Und Gefang'ne sonder Zahl.

Also ist das Wien befreiet
Und das Land vom Türkenjoch;
Was nit tot liegt, ist zerstreiet
Und darauf gefangen noch.
Jubilieren kann man hören
Über solch's Victorisieren;
Weit und breit im Christenheer
Krachen Freudenschüsse schwer.

Vivat Max Emanuele,
Unser starker Kriegesheld,
Der dem Türk sein Drachenhöhle
Hat gesäubert in dem Feld!
Lasset singen, Hoch erklingen,
Sein Lob zu dem Himmel dringen,
Und zum weiten Sternenpol
Sein Ruhm ferners kommen soll!

Die Erschießung
Kaiser Maximilians von Mexico
Neueste Mordgeschichte

Ach, es ist betrübt zu lesen,
Was man von dem Max* gehört,
Der in Mexico gewesen
Von Napoleon betört;
Wie man diesen edlen Sprossen
Ohne Gnade hat erschossen,
Als dem bösen Juarez*
Er gegangen in das Netz.

Alles hatte Max besessen,
Was man so zum Leben braucht;
Schulden, Pferde, Trinken, Essen,
Auch Tabak, der selber raucht.
Alles konnt' er sich beschaffen,
Doch die übersee'schen Pfaffen
Lockten ihn mit Schmeichelton
Auf den morschen Kaiserthron.

Napoleon, der ist erfahren,
Wenn's ans Kaiserwerden geht;
(Einst, in seinen jungen Jahren,
Saß zu Ham er als Kadett.)
»Max«, so sprach er, »geh' hinüber,
Fürchte nicht das gelbe Fieber,
Stets bin ich mit Hilfe nah –
Kaiser von Amerika!«

»Ach«, sprach Maximilian wieder,
»Wären nur die Gelder nicht,
Das Spital zählt viele Brüder!«
Drauf der Louis gelassen spricht:
»Wer kein Geld nicht hat, muß pumpen,
Wofür gibt es Herrschaftslumpen?
Donner auch und Doria,
Kaiser von Amerika!«

Und der Max, der dachte wieder:
Ich hab' einen reichen Schwäh'r,
Stell' mich unter dessen Fieder, –
Gebt ihr nur die Gelder her!
Hab' ich's wieder, werd' ich's zahlen,
Und ich schreib' in die Annalen:
Donner auch und Doria,
Kaiser von Amerika!

Und er fuhr mit der Charlotte
In den Golf von Mexico,
Und die ganze schwarze Rotte
War darob unmaßen froh:
Der ist von der echten Rasse,
Füllen wird er uns die Kasse,
Habsburg hoch! Viktoria!
Kaiser von Amerika!

Durch die Weltbeglückungshände
Kaiser Maxens floh das Geld;
Hier als Zeche, dort als Spende,
Schnell hinaus in alle Welt.
Und die Dollars und die Franken
Sah man nimmermehr, die blanken,
Aber Schulden und Papier
Gab's wie in Europa schier.

Max, dem fiel zur bösen Stunde
Ein: die Pfaffen haben Geld!
Wie, wenn die vergrab'nen Pfunde
Würden an das Licht gestellt?
Hat Frau Kirche eingenommen
Erst ein Vomitiv*, wird kommen
Gold und Silber an den Tag,
Das ihr lang im Magen lag.

Max, o Max, du Blindeschleiche,
Welche Torheit kommt dich an?
Greif den Pfaffen an die Bäuche,
Und es ist um dich getan.

Von dem Tag an und der Stunde
War der Kaiser auf dem Hunde
Und dazu sein Kaisertum;
Fort war Geld, Kredit und Ruhm.

Als der Franzmann roch den Lunten,
Still er sich von dannen schlich.
Aber Max, der war gebunden,
Konnte nicht entfernen sich,
Denn die Mexicaner sprachen:
»Max, das wären schofle Sachen,
Wenn, was eingebrockt du dir,
Ungegessen ließest hier!«

Ach, es ist betrübt zu lesen,
Wie es nun dem Kaiser ging,
Den ohn' vieles Federlesen
Man zu Queretaro* fing.
Lopez, dieser Schandgeselle,
Öffnete die Zitadelle
Nachts dem Mexicanerpack,
Das den Kaiser nahm beim Frack.

Max, der viel »begnadigt« hatte
Einst zu Pulver und zu Blei,
Sollte sterben ohne Gnade
Nun dafür, – o Tyrannei!
Waren's doch nur Landeskinder,
Die erschoß der Überwinder,
Aber ein gesalbtes Haupt,
Das wiegt schwerer, als man glaubt.

Garibaldi* selbst, der alte,
Sagen ließ dem Juarez:
»Sei gescheit, mein Freund, und halte
Lebend deinen Fang im Netz.
Niemand wird sich dankbar zeigen,
Wenn er lernt am Galgen schweigen,
Als der Louis Napoleon:
Laß ihn laufen, – dem zum Hohn!«

Aber Juarez, der Schlimme,
Hörte nicht der Freunde Rat,
Hörte nicht der Freunde Stimme,
Die so rührend für ihn bat.
»Sagt«, sprach er, »wie wär's gegangen,
Hätte mich der Max gefangen?
So soll's ihm jetzt auf kein Haar
Anders gehen auch fürwahr!«

Am neunzehnten Juni eben
Mußt' der arme Kaiser dran.
Ach, wie kommst du um dein Leben,
Guter Maximilian!
Und wir können uns nicht wehren,
Daß uns rinnen heiße Zähren,
Da ein hohes Haupt man so
Abschoß dort, in Mexico.

»Ruh' und Frieden dem Erlösten!«
Sprach Louis Napoleon,
Geht nach Öst'reich, um zu trösten
Über den verlor'nen Sohn.
Darum, lieber Hörer, werde,
Willst du glücklich auf der Erde
Und des Lebens werden froh,
Kaiser nie von Mexico!

Fieschi, der grause Bösewicht

In den heißen Julitagen
Hat sich solches zugetragen,
In Paris, der großen Stadt,
Das bewußte Attentat.

Umgeben von den Generalen
Und von den Adjudanten allen,
Ritt König Louis Philipp aus
In das Repräsentantenhaus.

Und alles Volk von fern und nah,
Das schrie nur immer *vive le roi**,
Und jedem Bettler an der Krück'
Gab Philipp ein Zweigroschenstück.

In einem nah geleg'nen Haus
Stellt Fieschi seine Büchsen aus,

Zehntausend Schüsse auf einmal
's war ein gräßlicher Skandal.

Da bracht' ein Knäblein zart und fein
Dem Philipp ein uniformiertes Bein.
Es war dem *Mortier** sein Fuß,
Der kriegte keinen schlechten Schuß.

Und auch ein Deutscher namens Haase
Verlor dabei die ganze Nase,
Der Schuß, der ging ihm durch die Talje*,
Den Kopf, den fand man zu *Versalje**.

O Fieschi, grauser Bösewicht,
Was tat dir Haasens Angesicht!
O höret, was ein Weiser spricht,
Schießt ja auf keinen König nicht!

Der attentäterische Wespenstich

Kronprinz Wilhelm saß ganz heiter
Hoch zu Roß und dacht' nicht weiter
An die Leiden dieser Welt.
Schneidig tat er manövrieren
Und sein Regiment anführen
Als ein Kaisersohn und Held.

Da kam hoch in weitem Bogen
Unversehens angeflogen
Ein gemeines Wespenvieh.
Dies aus angebor'ner Roheit
Stach die Königliche Hoheit
In die Backe, wie noch nie.

Niemand hat die Tat des Schorken,
Wie es Pflicht gewest, gemorken,
Weder Schutzmann noch Lakai.
So konnt' unter Schwirren, Zischen
Dieses Teufelsvieh entwischen,
Jodelnd noch: Dumdideldei!

Doch die kronprinzliche Backe
Schwoll mit Brausen und Geknacke
Bald als wie ein Hefenkloß.
Immer größer tat sie werden,
Daß schon ihr Gewicht Beschwerden
Machen tat dem Prinzenroß.

Jetzt die Ärzte und Lakaien
Taten Zetermordio schreien,

Als sie sahen, was gescheh'n.
Bangend sprach der Leibchirurge:
»Gott, was ist das für 'ne Surge!
Dieses läuft mir noch ans Been!«

Und sie kamen allenthalben
Reich mit Schmieren und mit Salben
Nebst Verbandzeug rasch herbei.
Umgekehrt zum Lazarette
Wurde die Manöverstätte,
Aber ohne Wehgeschrei.

Deutschland hörete die Kunde,
Und es stand mit off'nem Munde
Ob des großen Mißgeschicks.
Alles tat der Wespe fluchen,
Und man tat beinah schon suchen
Nach Verschwörung hinterrücks.

Doch das Schlimmste kommt erst itze.
Denn zu Schwabens Königssitze
Wollt' der junge Kronprinz zieh'n.
Dort hielt Majestät Parade,
Doch der Doktor sprach: »Wie schade!
Diese Hoffnung ist jetzt hin!

Pöbel, Kriegern, Offizieren
Können so sich präsentieren
Eure Hoheit nimmermehr.
Mancher täte vielleicht lachen
Oder faule Witze machen,
Was der Dinge Ende wär!«

Und so ist es denn gekommen,
Daß den Schwaben ward genommen
Diese Gunst des Augenblicks.
Statt des Reiches Kronenprinzen
Untertänigst anzublinzen,
Sah'n sie sozusagen nix.

Aber jetzt, geliebte Leute,
Herrsche statt Entsetzen Freude,
Denn die Backe kriegt den Schwund.
Nichts blieb von Insekten-Roheit,
Und es ist die Königs-Hoheit
Wieder mopsfidel gesund.

Der Hauptmann von Köpenick

Seht den Hauptmann stolz dort schreiten
Durch die Straßen Köpenicks!
Winken tut er schon von weitem
Einem Wachtkommando fix,
Zieht mit ihm vor's Rathaus hin.
Nach der Kasse steht sein Sinn.

Stellt vor jeder Rathaustüre
Einen Mann als Posten auf,

Mit dem Rest der Grenadiere
Steigt zum Stadthaupt er hinauf.
Dieser gerade wohlgemut
Sich zum Frühstück rüsten tut.

In des Amtes stille Stätten
Dringt der Hauptmann unverzagt
Hin mit blanken Bajonetten,
Niemand nur zu mucksen wagt!
Da erbleicht der Langerhans,
Seine Macht vergißt er ganz.

»Bitte«, stottert er beklommen,
Doch der Hauptmann stört ihn barsch,
Läßt ihn nicht zu Worte kommen:
»Fort mit ihm, zur Wache, marsch!«
Die Frau Bürgermeisterin
Zieht mit ihm zur Wache hin.

Danach sucht der Herre Hauptmann
Auch den Stadtkassierer heim,
Zieht in großer Seelenruh' dann
Alle städt'schen Gelder ein;
's waren rund 4000 Mark,
Das ist doch gewiß kein Quark!

Gleichfalls nach Berlin zur Wache
Mußte drauf der Herr Rendant*,
Dorten Langerhans, der schwache,
Mit der Gattin jammernd stand.
Doch von all den Taten dort
Weiß man in Berlin kein Wort.

Später hat ohn' viele Freude
Und mit Staunen man entdeckt,
Daß im stolzen Hauptmannskleide
Nur ein Schuster hat gesteckt,
Der schon an die 20 Jahr'
Früher Gast im Zuchthaus war.

Zwar hat man den Schusterhauptmann
Bald gefangen eingebracht,
Doch so leicht noch nicht vergißt man,
Daß so herzlich nie gelacht
Hat die ganze weite Welt
Als über den Schusterheld.

Jakob Spürnas', der Lakai
Eine Moritat

Leutchen hört! – Es war ein König,
Tät' gern Hasenbraten essen,
Und sein Koch erschrak nicht wenig,
Als die Ratten den gefressen.

Der Geheime Küchenkater
Saß dabei und rührt' sich nicht.
Drob voll Zorn sein großes Messer
In den Leib der Koch ihm sticht.

Sprach: »Du sollst als Has' nun braten,
Dazu mach' ich Krautsalat,
Und für diese böse Ratten
Holt' ich Gift mir aus der Stadt.

Jakob Spürnas, der Lakai,
Der gern guckt durch's Schlüsselloch,
Sieht das Gift und denkt: »Es macht ein
Attentat jetzt dieser Koch!« – –

Doch der Koch tut schön servieren
Hasenkater als Gericht.
Spricht: »Man wird ihn schnabelieren,
Denkt an einen Kater nicht.«

Und es speist der Landesvater
Mit Gesandten fremder Staaten
Den Geheimen Küchenkater
Ahnungslos als Hasenbraten.

Da sagt, leis' herbeigeschlichen,
Jakob Spürnas, der Lakai,

Daß es der Geheime Küchen-
Kater mit Arsenik* sei.

Alles schreit nun Mord und Zeter,
Majestät ächzt: »Diesen Koch!
Diesen schlechten Attentäter
Steckt mir in das tiefste Loch!«

Und der Erbprinz von Marokko
Hält sich wimmernd seinen Bauch,
Der Gesandte von Monaco
Spürt ein böses Zwicken auch.

Kammerherren rennen eilend,
Wimmernd nach dem Leibarzt 'rum,
Kammerdamen sitzen heulend
Überall im Schloß herum.

Alles fühlt in den Gedärmen
Zwicken, Reißen, Angst und Pein.

Dieser tut den Bauch sich wärmen,
Jener nimmt zum Brechen ein.

Majestät ächzt: »An den Galgen
Soll der Koch für diese Tat.
Denn uns Katzen aufzutischen,
Ist allein schon Hochverrat.«

»Aber, uns gar einzurühren
Rattengift, ist schändlich, doch
tut ihn zum Galgen führen,
Baumeln muß der böse Koch.«

Wie er soll gehenkt nun werden,
Reißt entzwei der Galgenstrick,
Und der Koch fällt hin zur Erden –
Denn sein Bauch war gar zu dick.

Auch Pardon tut man ihm reichen,
Weil sein' Unschuld kund sich tat,
Denn das Kneipen in den Bäuchen
kam von Angst und Krautsalat.

Jakob Spürnas, den Lakaier,
Kriegt man her an seiner Statt,
Haut ihn durch ganz ungeheuer,
Weil er so gelogen hat.

Babet und Zerlina
oder
Die Schrecklichen
zu Wasser und zu Lande

O wie grausam mußte bluten
Hier der deutsche Edelmut!
Unter rohen Türkenhänden
Fließt der armen Christen Blut;
Schaurig schallt ihr Angstgeschrei
In den Lüften weit und breit.

Blutig rote Flammensäulen
Steigen auf von Haus und Dach.
Angstbedrängt die Töchter eilen,
Schauen dieses Weh und Ach;
Ach, und können helfen nicht,
Ob ihn' auch das Herze bricht.

Da vereint die Christenschar
Mit ihm sich im Palmenhaine;
Schwörend steht das Schwesternpaar
Mit ihm vor dem heil'gen Steine.

Rache dieser Türkenbrut,
Die uns raubte Hab und Gut!

Und bald nennt man schreckensvoll
Babet und Zerlinas Namen.
Ihrem Schwert nur Blut entquoll
Schmach und Geißel den Islamen.
Sie vergelten tausendfach
Aller Christen Ungemach.

Schonet weder Greis noch Kind,
Alles muß ihr unterliegen,
Und ob Türken rachgesinnt,
Immer nur die Christen siegen;
Bis auch ihre Stunde schlägt,
Wo das Schwert sich niederlegt.

Doch ihr Mund im Sterben träumet
Aller Türken Untergang,
Und die Christenschar erneuet
Ihren alten Rachegang;
Denn zu Wasser und zu Land'
Sind mit Schrecken sie bekannt.

Und es fließt der Türken Blut
Fortan unter Christenstreichen,
Es erliegt der Türkenmut,
Ihren Zweck je zu erreichen.
Eitel ist nur ihre Müh';
Denn nur blutig fallen sie.

Prophezeiung
eines Einsiedlers
über den Zeitlauf des 17. Jahrhunderts bis an das Ende der Welt,

welches von ihm selbst beschrieben
und nach seinem Tode gefunden worden
in einer Höhle in dem Walde bei Landau
unweit St. Johanniskreuz.
Nebst seinem Lebenslauf im Jahre 1739

In Italiens Gefilden,
In dem Städtchen Mantua,
Mußte ein Prophet sich bilden,
Einfach, sittsam stand er da.
Zu Lyon im Klosterleben
Aufgezogen, konnte er
Einfach in den Wäldern leben,
Ging im Schaffell nur einher.

Da erscholl ihm einst im Traume
Eine Stimm' von oben her,
Schlummernd unter einem Baume,
Ward ihm folgendes zur Lehr':
»Völker werden sich empören,
Morden ihren König bald,
Lassen sich vom Wahn betören,
Machen ihre Obern kalt.

Dann ersteht in ihrer Mitte
Auch ein Mann mit strengem Sinn,
Setzt nach alter Herrschersitte
Sich zum Kaisertrone hin.
Und das neunzehnte Jahrhundert
Fängt mit lauter Unruh' an,
Drob sich mancher wohl verwundert,
Der es nicht begreifen kann.

Englands Kriegsschiff' werden segeln
Gegen Dänemarks Hauptstadt an,
Öst'reich, Frankreich werden kriegen,
Feindlich ziehen gegenan.
So geht alles durcheinander,
Fünfzehn wird die letzte Schlacht
Und auf kurze Zeit ein Friede,
Der Despote weggejagt.

Anno zwanzig werden Staaten,
Die vom Seeraub nur gelebt
Und die Sklaverei betrieben,
Wovor jedes Herz erbebt,
Von der Flotte angegriffen,
Englands Krone will nicht mehr
Diese Greuel länger dulden,
Deshalb färbet Blut das Meer.

Fünfunddreißig überwindet
Rußlands Macht die Türkenschar,
Fester wird dadurch gegründet
Jeder christliche Altar.
Sechsundfünfzig geht Venedig,
Jene schöne Wasserstadt,
Die belebt von tausend Gondeln,
Unter auch in einer Nacht.

Siebzig werden Papst und Kaiser
Uneins, kommen hart in Streit.
Polen wird nach ein'gen Jahren
Preußens Krone dann zur Beut'.
Neunundachtzig wird regieren
In Europa nur die Pest,
Millionen werden sterben,
Eh' die Krankheit uns verläßt.

Angst und Elend wird's nur geben
In dem neuen Säculo*,
Kinder werden sich erheben
Gegen Eltern, große Not

Kommt im Jahre achtunddreißig,
Dann ein allgemeiner Krieg,
Wird die ganze Welt beherrschen,
Keiner, keiner hält den Sieg.

Achtundneunzig wird erscheinen
Ein Komet am Himmelszelt,
Tränen gibt es da zu weinen,
Er erschüttert uns're Welt.
Neunundneunzig wird erzittern
Unser Erdball, und vergeh'n
Wird in Stürmen und Gewittern
Alles und nichts mehr besteh'n.«

Ludwig II.

Anonym 1886, bis 1918 verboten

Ja, auf den Bergen, da wohnt die Freiheit,
Ja, auf den Bergen, da ist es schön.
Allwo des Königs Ludwig (des) Zweiten
Alle seine Schlösser steh'n.

Mit Chloriformen und Bandagen
Traten sie behendig auf,
Nach Schloß Berg ham's ihn hingefahren,
Dorten endet dann sein Lebenslauf.

Der Doktor Gudden und der Bismarck,
Den man auch den »Falschen Kanzler« nennt,
Sie hab'n ihn in den See gestoßen,
Indem sie ihn von hinten angerennt.

Feiger Kanzler, deine Schande
Bringt dir ganz g'wiß kein Ehrenreis,
Denn du trafst ihn nicht im off'nen Kampfe,
Wie uns der Rippenstoß von hintenher beweist.

Neuschwanstein, stolze Feste,
Ja, auf grauem Fels erbaut,
Du mit deinen hohen Mauern
In den Schwanensee hineinschaust.

An dem Marmorbilde trauert
Schmerzerfüllt ein Bayernkind;
Über ihre zarten Wangen
Eine Träne für den König rinnt.

Ja, auf den Bergen, da wohnt die Freiheit,
Ja, auf den Bergen, da ist es schön,
Allwo des Königs Ludwig (des) Zweiten
Alle seine Schlösser steh'n.

Matthäus Klostermaier,
genannt der »Bayrische Hiesel«

Ich bin der bayrisch' Hiesel*,
Kein' Kugel geht mir ein;
Drum fürcht' ich auch kein' Jager,
Sollt's gleich der Teufel sein.
Im Wald draußt is' mei Heimat,
Im Wald draußt is' a Leben,
Da schieß' ich Hirsch und Rehe
Und Wildschwein' auch daneben.

Ich bin der Fürst der Wälder,
Und keiner ist mir gleich,
So weit der Himmel blau ist,
So weit geht auch mein Reich.
Das Wild auf weiter Erde
Ist freies Eigentum.
Drum lass' ich mich nicht hindern,
Denn wer's nicht schießt, wär' dumm.

Und kommt die letzte Stunde
Und schließ' ich d'Augen zu,

Soldaten, Scherg'n und Jager,
Erst dann habt's ihr a Ruh'.
Da wird sich's Wild vermehren
Und springen kreuzwohlauf,
Und d'Bauern wer'n oft rufen:
Geh, Hiesel, steh' doch auf!

Gassen- und Küchenlieder

Meyer und Isolde
oder
Die dreifache giftgrüne Moritat zu Leipzig

Zum allgemeinen Besten
und zur Entlarvung grüngefärbter Abscheulichkeit
an das Licht der öffentlichen Verachtung gebracht

2. War ein Mädchen, hieß Isolde,
Blondgelockt im Angesicht;
Keinen Ball die Holde wollte
Gar niemals versäumen nicht.
Vater, Mutter, Onkels, Tanten
Dieses sehr gefährlich fanden,
Doch ein tanzend Mädchenherz
Fühlt noch keinen Elternschmerz.

3. Ihr Geliebter war noch flötter,
Obgleich Meyer er nur hieß,

Tanzen tat er fast wie Götter,
Bis der Atem ihn verließ.
Meyer, fürchte dein Geschicke,
Schon greift es dir nach's Genicke,
Und ihr andern Meyers hört,
Welch ein Schicksal ihm beschert!

4. In ein' Kaufmannsladenfenster
Lag giftgrüner Tarlatan,
Und weil so verführend glänzt' er,
Schuf sich ihn Isolde an.
Bracht' das Zeug zu ihrem Schneider,
Dieser näht das Kleid auch, leider;
Fertig bracht' er es mit Not,
Noß noch einmal und – war tot.

5. Und die Schneiderswitwe bohrte
In die Luft ihr Schmerzgeschrei,
Als die Polizei dies horte,
Sandte sie der Diener zwei.
Alle grünen Tarlatäner
Konfiszierten diese Männer,
Weil das grüne Gift, o Graus!
Blies ein Schneiderleben aus.

6. All darum ward arretieret
Der giftgrüne Kleiderzeug,
Drauf ward er protokollieret
Und verurteilt auch sogleich.
Dabei nossen alle heftig,

Weil der Giftdunst war zu kräftig,
Führte fast den Tod herbei
Von der ganzen Polizei.

7. Ungerührt von diesem Falle
Zeigte, ach, Isolde sich,
Ging des Abends noch zu Balle,
Als der Schneider früh verblich.
Dort kam sie im grünen Kleide,
Meyer stürzt fast um vor Freude,
Engagiert sie gleich, hopp, hopp,
Auf den schottischen Galopp.

8. Und so tanzten sie wie rasend,
Viermal um den Saal herum,
Da stürzt Meyer, bauz! erblassend
Tot mitsamt Isolden um.

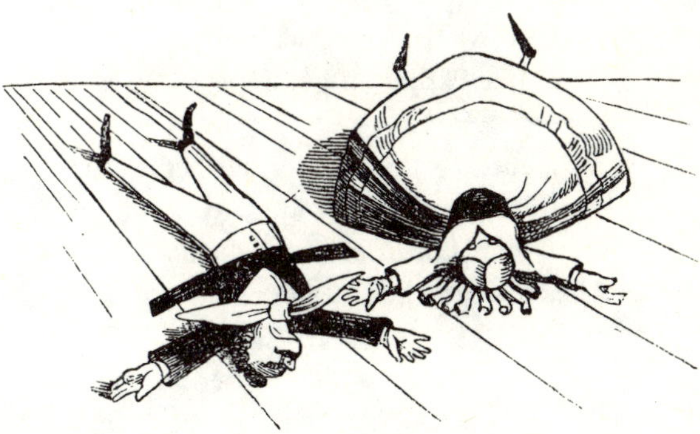

Durch das grüne Kleid vergiftet,
Ward dies Unheil angestiftet,
Liegen, die man froh erst sah,
Jetzt als tote Leichen da.

9. Hilfe war nicht mehr vonnöten,
Denn sie waren mausetot.
Wahr ist doch der Spruch von Goethen:
Gestern blaß und heute rot!
Ach, man konnt' mit warmen Milchen
Doch das Gift nicht mehr vertilgen;
Tödlich biß des Todes Zahn
Meyern und Isolden an.

10. Doch das Volk verlangte wütend
Rache für der dreie Mord,
Und man stürmte, Böses brütend,
Zu dem Fabrikanten fort.

Dort faßt' man den grünen Färber.
»Der ist schuld«, schrie man, »drum sterb' er!«
Und eh' wieder er entschlüpft,
Ward der Färber aufgeknüpft.

11. Nebst dem Schneider hat begraben
Man das tote Liebespaar.
Durch des Giftes grüne Gaben
Alles dies geschehen war.

Moral

Drum ihr Mädchen, groß und kleine,
Traut nie keinem grünen Scheine;
Euch und auch das Publikum
Bringen grüne Kleider um!

Die unschuldig gehängte Magd

2. Der Vater ging über die Gassen,
Er ging nach der Hebamme hin:
»Könnt Ihr meiner Tochter nicht helfen,
Daß sie als ein Jungfrau besteht?«

3. »Eurer kann ich wohl helfen,
Daß sie als eine Jungfrau besteht:
Wir wollen das Kind umbringen
Und legen der Magd ins Bett.«

4. Die Magd ging waschen und scheuern,
Kam abends spät nach Haus.
Sie wollt' ihr Bett aufschütteln,
Was fand sie da im Stroh?

5. Was hat sie im Stroh gefunden?
Ermordet ein kleines Kind;
Die Magd war sehr erschrocken
Und rief die Tochter geschwind.

6. Die Tochter kam voll Listen
Und rief der Mutter zu:
»Die Magd hat ein Kind geboren
Und hat es umgebracht.«

7. »Hat sie ein Kind geboren
Und hat es umgebracht,
So wollen wir sie lassen hängen
Zu Frankfurt vor dem Tor.«

8. Die Magd hatt' einen Freier,
Kam alle Samstag zu ihr:
»Wo ist mein' Herzallerliebste?
Sie kommt entgegen nicht mir.«

9. »Wir hab'n sie lassen hängen
Zu Frankfurt vor dem Tor:
Sie hat ein Kind geboren
Und hat es umgebracht.«

10. Er gab dem Pferd die Sporen
Und ritt zum Galgen heran:
»Wie hängst du hier so hoche,
Daß ich dich kaum sehen kann?«

11. »Ich hänge fürwahr nicht hoche,
Ich steh' in Gottes Hand:
Die Engel aus dem Himmel,
Die bringen mir Speis' und Trank.«

12. Er gab dem Pferd die Sporen
Und ritt nach der Obrigkeit:
»Ihr Herren, was habt ihr gerichtet!
Der Unschuld tatet ihr leid!«

13. »Haben wir unrecht gerichtet
Und Leide ihr getan,
So wollen wir sie abschneiden,
Und hängen die and're dran!«

14. Der Vater ward enthauptet,
Die Tochter wurde geköpft,
Die Hebamme wurde gerädert
Zu Frankfurt in der Stadt.

Männertreu

2. Sieh, da kam ein blasses Weib
Den Berg heraufgegangen,
Blaß vor Kummer war ihr Gesicht,
Tränen auf den Wangen.

3. Blasses Weib, was suchest du
Hier in des Tales Gründen?
Such' die Blume Männertreu,
Kann sie nirgends finden.

4. Armes Weib, oh, kehre um,
Dein Herz zu Stein laß werden,
Denn die Blume Männertreu
Blüht nicht mehr auf Erden.

5. Ich war auch mal jung und schön,
Glaubt an Lieb' und Treue.
Männerschwur ist immer falsch,
Später kommt die Reue.

6. Darum trau den Männern nicht,
Wenn sie mit dir scherzen,
Keiner hält, was er verspricht,
Spielen nur mit Weiberherzen.

Holder Jüngling, willst du fliehen

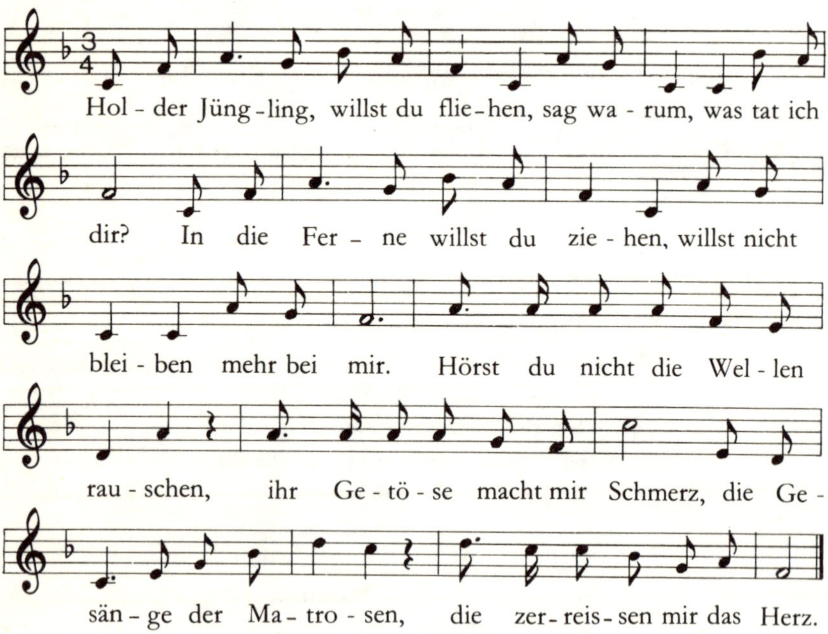

2. Denkst du noch an jene Stunde,
Da wir uns zuerst geseh'n?
Liebe sprach aus deinem Munde,
Damals war ich jung und schön.
Damals war ich froh und heiter,

Damals hast du mich geliebt,
Und jetzt willst du wieder weiter,
Fort von der, die dich so liebt.

3. Oder hast in fernem Lande
Eine and're, die du liebst,
Die jetzt trennet uns're Bande,
Die dich heimlich von mir zieht?
Gehst du fort, dann muß ich weinen,
Denn du warst mein ganzes Glück,
Nimm mich mit, hin zu den Deinen,
Laß mich nicht allein zurück!

4. Als der Jüngling früh am Morgen
Sich aus ihren Armen wand,
Frei von Kummer, frei von Sorgen,
Eilt er an des Meeres Strand,
Wo die Wellen lustig rauschen,
Riß ein Strudel ihn hinab.
Fern von der, die er betrogen,
In den Wellen ward sein Grab.

Teuerster, du brichst den Schwur der Treue

2. In der Blüte meiner schönsten Jugend
Gab ich mich zum Opfer für dich hin.
Raubtest mir die Unschuld zarter Tugend;
Spott und Hohn war für mich mein Gewinn.

3. Stehst du einst an meines Grabes Rande,
Siehest du den Leichenstein vor dir,
Oh, so gönne mir noch eine Gabe:
Weine eine heiße Träne mir!

4. Nanntest mich dein alles nur im Beben,
Drücktest mich an deine zarte Brust,
Konnte nur in Wonne mit Dir leben,
Spott und Hohn war für mich mein Verlust.

Es schlief ein Graf bei seiner Magd

2. Herr Graf, Sie haben mich entehrt
Und werden mich verlassen,
Ich bin ein armes Mädchen nur,
Und werden mich dann hassen.
Und trag ich 's Kind unter meiner Brust,
Auch unter meinem Herzen,
Dann habe ich viel Schmerzen,
Dann habe ich viel Schmerzen.

3. Oh, höre zu, mein liebes Kind,
Deine Mutter wird dich pflegen,
Hier hast du Geld und geh nach Haus,
Das andere wird sich legen.
Ich rufe dich dann wieder her,

Denn mein Herz hat nach dir Begehr,
Nun hör schon auf zu weinen,
Ach, höre auf zu weinen.

4. Herr Graf, nun lassen Sie mich geh'n,
Ich schäm' mich sehr vor Ihnen,
Ich geh' zu meinem Mütterlein,
Herr Graf, mir wird ganz übel.
Sie rannte schnell von ihm hinaus,
Doch Mütterlein war nicht zu Haus.
Wo ist sie nur geblieben?
Wo ist sie nur geblieben?

5. Sie suchte dich die ganze Nacht,
Früh fand man sie am Teiche,
Ihr Herz zerbrach vor Ärgernis,
Nun ist sie eine Leiche.
Sie ruht in Frieden dort im Grab,
Weil du sie nachts verlassen hast.
Was hast du nachts getrieben?
Wo warst du nur geblieben?

6. Der Graf, der Graf rief mich zu sich,
Und hört, was der mir bot:
Ins Bett mußt' ich zu ihm allein,
Ich trag' die Schuld an ihrem Tod.
Ach, Mütterlein, ich muß zu dir,
Ins kalte Wasser spring' ich hier,
Ade, ihr lieben Leute,
Ich war des Grafen Beute.

7. Wo mag nur dieses Mädchen sein?
Irrt nun der Graf umher allein.
Nach Wochen fand man sie im Teich.
Hier wurde ihm das Herze weich.
Das Schicksal faßte seine Händ',
Die Kugel brachte ihm das End.
Für immer schloß das Aug' sich zu,
Das Grab, es brachte ihm die Ruh'.

Lieschen war das schönste Mädchen

2. »Lieschen, Deine Wangen bleichen!«
Sprach die Mutter einst.
»Kind, das sind sehr böse Zeichen.
Sprich, warum Du weinst?«
Ja, ja, ja, ach ja,
's ist traurig, aber wahr.
Nein, nein, nein, ach nein,
Von einmal, da kann es nicht sein.

3. »Wickele das Kind in Windeln,
Bring's dem Jüngling hin.
Schreib' dazu: Als Angebinde,
Weil ich Mutter bin.«
Ja, ja, ja, ach ja,
's ist traurig, aber wahr.

Nein, nein, nein, ach nein,
Von einmal, da kann es nicht sein.

4. Eine rote Blumendecke
Ziert jetzt Lieschens Grab.
Der Verführer in der Ferne,
Der bereut die Tat.
Ja, ja, ja, ach ja,
's ist traurig, aber wahr.
Nein, nein, nein, ach nein,
Von einmal, da kann es nicht sein.

5. Drum, ihr Mädchen, laßt euch sagen:
Traut den Männern nicht;
Denn sie wollen Euch verführen,
Weiter woll'n sie nichts!
Ja, ja, ja, ach ja,
's ist traurig, aber wahr.
Nein, nein, nein, ach nein,
Von einmal, da kann es nicht sein.

Sie war ein Mädchen voller Güte

2. Da kam der Leutnant von der Garde
Und lud sie ein zum Maskenball:
Bei uns ist heute Maskerade,
Und du sollst meine Tänz'rin sein.
Da rief sie Heimat, süße Heimat,
Wann werden wir uns wiederseh'n.

3. Vom vielen Tanzen ward sie müde,
Sie legt' sich nieder auf ein Bett,
Da kam der Leutnant von der Garde
Und raubte ihr die Unschuld weg.
Da rief sie Heimat, süße Heimat,
Wann werden wir uns wiederseh'n.

4. In Stücke wollt' sie sich reißen,
Ins tiefste Wasser wollt' sie geh'n.
Jedoch der Rhein war zugefroren,
Und keine Öffnung war zu seh'n.
Da rief sie Heimat, süße Heimat,
Wann werden wir uns wiederseh'n.

5. Da kam der Leutnant von der Garde
Und sprach zu ihr: Mein liebes Kind,
Mit dem Ertrinken mußt du warten,
Bis daß die Wasser offen sind.
Da rief sie Heimat, süße Heimat,
Wann werden wir uns wiederseh'n.

6. Nun hat sie all ihr Glück verloren,
Nun ging sie heim ins Vaterland,
Dort hat sie dann das Kind geboren,
Den Vater hat es nie gekannt.
Da rief sie Heimat, süße Heimat,
Wann werden wir uns wiederseh'n.

Mariechen saß weinend im Garten

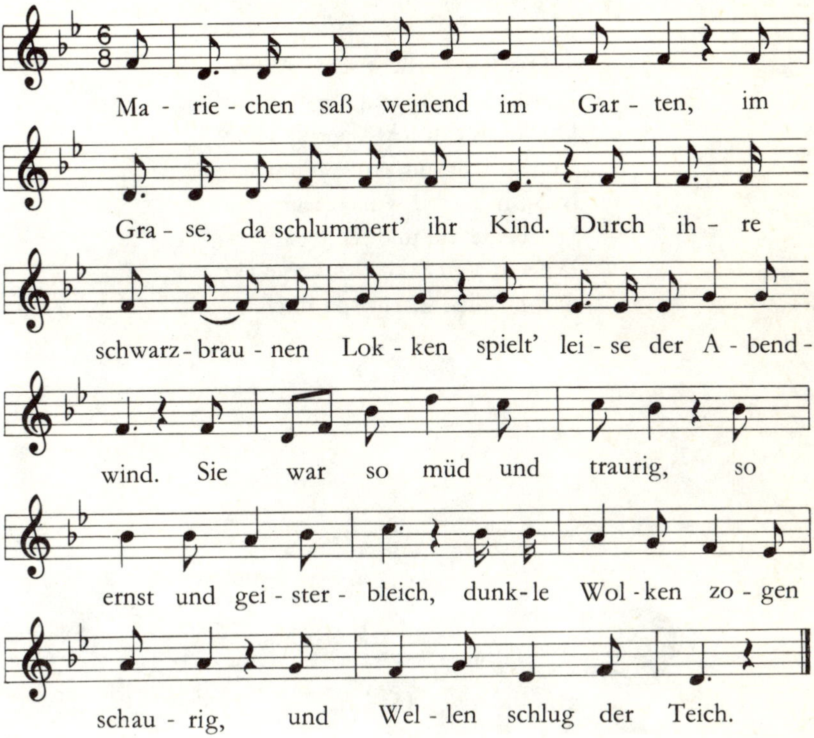

2. Ein Geier flog stolz durch die Lüfte,
Schon zog sich die Möwe einher,
Schon weht der Wind durch die Blätter,
Schon fallen die Tropfen schwer.
Schwer von Mariechens Wangen
Eine heiße Träne rinnt,
Sie schließt in ihre Arme
Ihr kleines verlassenes Kind.

3. Dein Vater lebt lustig in Freuden,
Gott laß es ihm wohl ergeh'n,
Er denkt nicht mehr an uns beide,
Will dich und mich nicht seh'n.
Drum wollen wir uns stürzen

Hinab in die tiefe See,
Dort sind wir beide geborgen
Vor Kummer, Leid und Weh.

4. Das Kind erhebt seine Augen
Zur Mutter auf und ab,
Die Mutter drückt's an ihr Herz
Und spricht mit zarter Kraft:
Nein, nein, wir wollen leben,
Wir beide, du und ich,
Deinem Vater sei alles vergeben,
So glücklich machst du mich.

Müde kehrt ein Wandersmann zurück

2. Und die Gärtnerin, so hold, so bleich,
Führt ihn hin zu Blumenbeeten gleich.
Doch bei jeder Blume, die sie bricht,
Rollen Tränen ihr vom Angesicht.

3. Warum weinst du, holde Gärtnersfrau,
Weinst du um der Veilchen Dunkelblau,
Weinst du um die Rose, die du brichst? –
Nein, ach nein, um diese wein' ich nicht.

4. Ach, ich wein' um den Geliebten mein,
Der gezogen in die Welt hinein,
Dem ich ewig' Treu' versprochen hab',
Die ich als Gärtnersfrau gebrochen hab'.

5. Warum fällt dein Blick auf meinen Ring,
Den ich einst aus seiner Hand empfing? –
Warum warst du untreu vor der Zeit,
Hast gebrochen den geschwor'nen Eid?

6. Mit dem Blumenstrauße in der Hand
Muß ich ziehen durch das ganze Land,
Bis dereinst mein müdes Auge bricht,
Schatz, leb' wohl, vergiß den Wand'rer nicht.

Sabine
oder der blutdürstige Schustergeselle
Eine höchst grausige Mordgeschichte in 9 Bildern
nach einer wahren
Begebenheit.
Sabinchen

Sabinchen war ein Frauenzimmer

2. Sein Geld hat er versoffen in Schnaps und auch in Bier,
Dann kam er zu Sabinchen geloffen und wollte ebbes von ihr.
Sie konnt' ihm keins nicht geben; da stahl sie auf der Stell'
Bei ihrer treuen Dienstherrschaft zwei silberne Eßlöffel.

3. Doch ach, nach siebzehn Wochen, da kam der Diebstahl 'raus,
Da jagt man mit Schimpf und Schande Sabinchen aus dem Haus.
Sie sprach: »Du rabenschwarzer, du gottverlass'ner Hund!«
Da nahm er schnell sein Schustermesser und schnitt ihr ab den Schlund.

4. In einem tiefen Kerker, bei Wasser und bei Brot,
Da hat er endlich eingestanden die schaurige Moritot.
Die Moral von der Geschicht': Trau' keinem Schuster nicht!
Der Krug, der geht so lange zu Wasser, bis daß der Henkel abbricht.

O bleib bei mir

2. Hab' geliebt dich ohne Ende,
Hab' dir nichts zuleid' getan,
Und du reichst mir stumm die Hände,
Und du fängst zu weinen an.
Ach, bleib' bei mir und geh' nicht fort!
An meinem Herzen ist der beste Ort.

3. Oh, da draußen in der Ferne
Sind die Menschen nicht so gut;
Und ich geb' für dich so gerne
All mein Leben und mein Blut.
Ach, bleib' bei mir und geh' nicht fort!
An meinem Herzen ist der beste Ort.

4. Wie ich Dich so innig liebe,
Dies sagt dir mein treuer Blick,
Und ich fand in deiner Liebe
Ja doch nur mein einzig Glück.
Ach, bleib' bei mir und geh' nicht fort!
An meinem Herzen ist der beste Ort.

Es zeigt die Träne in des Menschen Auge

2. Oft zeigt sie sich im Schmerz, oft in der Freude,
Schon bei dem Kinde kann man's deutlich seh'n;
Wie mancher Mann weint eine bitt're Träne,
Muß er zum Kampfe von den Seinen geh'n.

3. Da steht die Braut vor Gottes Traualtare,
Weint ein Träne mit dem Bräutigam,
Der Jüngling, wenn er von der Heimat scheidet,
Weint eine Träne, eh' er gehen kann.

4. Und kehrt er einst zum Vaterlande wieder
Mit seinem Wanderstabe in der Hand,
So füllt sein Auge sich mit Freudentränen,
Und weinend grüßet er sein Vaterland.

5. Oft weint der Mann im Kummer eine Träne,
Wenn er das Brot für seine Kinder schafft,
Die Mutter blickt mit Tränen auf zum Himmel
Und spricht: Herr Gott, verleih uns Mut und Kraft.

6. Und steht der Greis mit seinem Pilgerstabe
Am Ziele, muß er von den Seinen geh'n,
So fällt vom Aug' ihm still noch eine Träne,
Und spricht: Lebt wohl, lebt wohl, auf Wiederseh'n!

7. So ist das ganze Leben eine Träne,
Von Gott gelegt ins Menschenherz hinein,
Wer sie nicht hat, kann nimmer hier auf Erden,
Und wenn er noch so reich ist, glücklich sein.

8. Sie zeigt uns schon das Paradies hienieden,
Nimmt manche Lebenssorge von uns ab,
Drum wollen wir der Träne Lob besingen,
Bis uns're letzte fällt vom Aug' herab!

Am Mühlenbach

2. Leise öffnet sich das Fenster,
Dann ein zarter Händedruck,
Schüchtern gab das Müllerliesel
Ihrem Liebsten einen Kuß.

3. Einen Abschied sollst du haben,
Ob's dir recht ist oder nicht,
Denn ich darf dich nicht mehr lieben,
Lebe wohl, vergiß mein nicht.

4. Meine Mutter will's nicht haben,
Und mein Vater nicht viel mehr,
Darum müssen wir jetzt scheiden,
Ach, der Abschied fällt so schwer.

5. Durch den Garten huscht ein Schatten,
Hinterher der Müllerbursch:
In des Mühlbachs tiefstem Grunde
Fanden beide ihre Ruh'.

6. Und da unten in der Mühle
Weint man um verlor'nes Glück.
Hilft kein Weinen, hilft kein Klagen,
Keines kehret mehr zurück.

7. Drum, ihr Eltern, laßt euch raten:
Störet nie der Kinder Glück,
Denkt an eure Jugendtage,
Denkt an euch, an euch zurück.

An einem Fluß, der rauschend schoß

2. Sie wand aus Blumen einen Strauß
Und warf ihn in den Strom.
Ach, guter Vater, rief sie aus,
Ach, lieber Bruder, komm!

3. Ein reicher Herr gegangen kam
Und sah des Mädchens Schmerz,
Sah ihre Tränen, ihren Gram,
Und dies brach ihm das Herz.

4. Was fehlet, liebes Mädchen, dir,
Was weinest du so früh?
Sag' deiner Tränen Ursach' mir,
Kann ich, so heb' ich sie.

5. Ach, lieber Herr, sprach sie und sah
Mit trübem Aug' ihn an,
Sie seh'n ein armes Mädchen da,
Dem Gott nur helfen kann.

6. Denn seh'n Sie, jene Rasenbank
Ist meiner Mutter Gab,
Und ach, vor wenig' Tagen sank
Mein Vater hier hinab.

7. Der wilde Strom riß ihn dahin,
Mein Bruder sah's und sprang
Ihm nach, da faßt der Strom auch ihn,
Und ach, auch er ertrank.

8. Nun ich im Waisenhause bin,
Und wenn ich Rasttag hab',
Schlüpf' ich zu diesem Flusse hin
Und weine mich recht ab.

9. Sollst nicht mehr weinen, liebes Kind,
Ich will dein Vater sein.
Du hast ein Herz, das es verdient,
Du bist so fromm und rein.

10. Er tat's und nahm sie in sein Haus,
Der gute reiche Mann!
Zog ihr die Trauerkleider aus
Und zog ihr schön're an.

11. Sie aß an seinem Tisch und trank
Aus seinem Becher satt:
Du guter Reicher, habe Dank
Für deine edle Tat.

Jungfrau Isabell

2. Sie war stolz und sie war spröde.
Sie war kalt bei Lieb und Scherz.
Darum ging im Land die Rede,
Daß sie hätt' ein steinern' Herz.

3. War ein Held in dem Gebirge,
Mit dem Namen Eduard.
War ein Ritter voller Würde,
Der sie liebte bis ins Grab.

4. Brachte bunte Papageien
Weither aus dem fernen Land.
Schenkt' sie ihr, sie zu erfreuen,
Schenkt' ihr auch noch Herz und Hand.

5. Schenkt' ihr noch ein weißes Füllen,
Täglich einen Rosenstrauß.
Aber nichts beugt' ihren Willen,
Und sie lachte ihn nur aus.

6. »Ach, du spottest meiner Schmerzen.«
Seufzte er und spürt' den Hohn.
Doch in ihrem stolzen Herzen
Schwieg sie nur und ging davon.

7. »Geh' nur hin, du stolze Schöne,
Du wirst deinen Stolz bereu'n!
Nie wirst du mich wiedersehen,
Aber fühl'n der Liebe Pein!«

8. Einst ritt sie auf einer Schecke
Als die Jäg'rin durch den Wald.
Da erblickt' sie mit Erschrecken
Eines Bären Kraftgestalt.

9. Schnell riß sie sich da zusammen;
Denn sie war ein mutig Weib,
Und sie schoß mit ihrem Pfeile
Jetzt den Bären durch den Leib.

10. Nun mit einem Jubellachen
Eilt' sie zu der Beute hin. –
Da erblickt' sie Eduarden
In dem Bärenfelle drin.

11. Doch er konnte nicht mehr sprechen;
Denn sein Auge brach der Tod.
Nur so konnte er sich rächen,
Und versetzte sie in Not.

12. Und dem Leichnam ward gar schnelle
Ein gar einsam Grab gebaut,
Und an einer finsteren Stelle,
Damit es kein Mensch erschaut.

13. Im Verlauf von sechzehn Wochen
Sie von Gram verzehret ward.
Und man legte ihre Knochen
Zu dem Staub von Eduard.

Ein Schäfermädchen saß im Grünen

2. Kaum hatte sie es in Gedanken,
Da schlich ein Jäger durch die Ranken.
Er sprach zu ihr ganz liebevoll:
Mein Kind, kennst du die Rose wohl?

3. Sie setzten sich ins Grüne nieder,
Er küßte sie und sie ihn wieder.
Er fragte sie noch mancherlei:
Wo ihrer Eltern Wohnung sei?

4. Siehst du nicht, auf grüner Heide
Da steht mächtig ein Gebäude,
Daneben eine Schäferei,
Da wohnen meine Eltern zwei.

5. Es kam ein großer Gott vom Himmel
Und stürzte sich in das Getümmel.
Sie traten beide vor'n Altar
Und sagten alle beide Ja.

6. Nach Verlauf von dreiviertel Jahren
Bekam sie einen kleinen Knaben.
Der war ja ganz nach ihrem Sinn,
Viel schöner als die Jägerin.

An einem Bach in einem tiefen Tale

2. Du armes Mägdelein, mich dauert deine Seele,
Denn ich muß fort in meine Räuberhöhle,
Wo wir dereinst so glücklich wollten sein,
Jedoch es muß, es muß geschieden sein.

3. Nimm diesen Ring, und sollte jemand fragen,
So sollst du sagen, ein Räuber habe ihn getragen,
Der dich geliebt bei Tag und bei der Nacht,
Und der schon viele Menschen umgebracht.

4. Geh' du nur hin auf eine grüne Wiese,
Wo viele and're junge Männer sind.
Vielleicht kannst du mit einem glücklich sein,
Ich aber muß in 'n finster'n Wald hinein.

5. Und wenn ich endlich, endlich komm' zum Sterben,
So sollst du alles, ja alles von mir erben.
Ich setze in mein Textament dich ein,
Nur du allein sollst mein Erbin sein.

Sollte ein'm das Herz nicht bluten

2. Ihr war früh der Mann gestorben,
Eine Witwe ward sie bald,
Und als sie den Mann verloren,
War das Kind acht Jahre alt.

3. Jetzt wollt' sie ein and'rer haben,
Sagte gleich: »Wenn's Kind nicht wär'.«
Und sie ließ ihm Antwort sagen:
»Dieses Kind lebt bald nicht mehr.«

4. Nahm das Kindlein bei der Hand,
Tat es in den Keller sperr'n,
Wandte sich dann von der Türe
Und versiegelt' Schloß und Band.

5. »So, hier sollst du fortan weilen,
Bis du leidest deinen Tod!«
»Mutter, Mutter! Hab' Erbarmen!
Gib mir doch ein Stückchen Brot!«

6. Doch die Mutter wollt's nicht hören,
Ging sogleich zum Schreiner hin,
Tät' den Todessarg bestellen,
Der bestimmt war für das Kind.

7. Als der Schreiner fix und fertig,
Und der Sarg stand auch schon da,
Stieg sie in den Keller nieder,
Um zu sehen, was' Kindlein macht.

8. Und beim ersten Glockenschlage
Dreht das Kind sich einmal um.
Und beim zweiten Glockenschlage
Fing das Kind zu sprechen an:

9. »Weiche, weich' von meiner Seite!
Weiche weg von meinem Sarg.
Du hast Schuld an meinem Leiden,
Du hast Schuld an meinem Tod!

10. Morgen soll die Hochzeit sein
In des Allerhöchsten Glück.
Doch die Glocken, die da läuten,
Die beschließen dein Geschick.

11. Und du trittst im Unschuldschleier
In die dunkle Kirche ein.
Doch die Männer, die dich führen,
Werden Henkersknechte sein!«

12. Und sie mußt' am Galgen enden
Als die Sühne für die Tat,
Zu der sie die falsche Liebe
Und Eitelkeit getrieben hat.

Im zarten Alter von drei Jahren

Die Ballade von Henrietta, dem armen Waisenmädchen

2. Das Waisenkind, ihr Menschen hört es,
Die Dien'rin setzt's gefühllos aus.
Jedoch ihr Engel steht dahinter,
Er bringt Miss Willfort es nach Haus.
Es zu erzieh'n war deren Pflicht:
Gott verläßt die Unschuld nicht.

3. Fest angeschmiegt an Oskars Seite,
Schwört der ihr ew'ge Lieb' und Treu'.
Doch ach, gestört wird ihre Freude,
Der Käpt'n Ballmour stürzt herbei.
Und tückisch schießt der Bösewicht:
Gott verläßt die Unschuld nicht.

4. Die Roheit dieses Räubers brachte
Sie bald an der Verzweiflung Rand.

Doch sieh', bevor der Morgen tagte,
Stand Ballmours Schiff in hellem Brand.
Ein Engel führte sie ans Licht:
Gott verläßt die Unschuld nicht.

5. Und Henrietta, eine Waise,
Stand einsam dort in fernem Land.
Da klopft ihr auf die Schulter leise
Sir Packwell und reicht ihr die Hand.

Von Tränen schwer ihr Auge bricht:
Gott verläßt die Unschuld nicht.

6. Der Herr schaut huldreich auf sie nieder
Und mildert Henriettas Schmerz.
Er gibt ihr den Geliebten wieder.
Den drückt sie liebend an ihr Herz.
Was dunkel war, ist nun im Licht:
Gott verläßt die Unschuld nicht.

7. Der alte Vater findet wieder
Die einz'ge Tochter in dem Saal.
Er sinkt dann auf die Knie nieder,
Als er erkennt ihr Muttermal.
Und betend Henrietta spricht:
»Gott verläßt die Unschuld nicht.«

Mit schwachen Armen, bleichen Wangen

2. Jedoch des Schicksals schnelles Walten
Manch Lebensglück im Nu zerbricht.
Es klingt die Glock' vom Turm, dem alten,
Jedoch den Bergmann bringt sie nicht.
Nun fragt das Kind mit bangem Herzen:
Was ist denn los, lieb' Mütterlein,
Die Glocken sind schon längst verklungen,
Kommt denn der Vater noch nicht heim?

3. Es ist vorbei! Ein Bergmannsleben
Kehrt nun nach kurzer Fahrt zur Ruh'.
Der Freunde Trauerklagen geben
Dem Sterbenden Geleit dazu.
Da klingt's auf einmal, bitter weinend,
Verklungen kaum des Priesters Reim:
Ach, Mütterl, horch, die Glocken läuten,
Jetzt kehrt der Vater nimmer heim.

Einst stand ich am Eisengitter

2. Ach, wie bin ich so verlassen
Von der Welt und jedermann,
Freund' und Feinde tun mich hassen,
Niemand nimmt sich meiner an.

3. Einen Vater, den ich hatte,
Den ich oftmals Vater nannt',
Meine Mutter, die mich liebte,
Die hat mir der Tod entwandt.

4. Beide sind von mir geschieden,
Beide sind von mir getrennt,
Sie genießen Himmelsfrieden,
Und ich leb' in Traurigkeit.

5. Holder Jüngling, meinst du's ehrlich,
Oder treibst du mit mir Scherz?
Männerränke sind gefährlich
Für ein junges Mädchenherz.

6. Holder Jüngling, nimm zum Pfande
Dieses blondgelockte Haar
Mit dem rosaseid'nen Bande,
Das an meinem Busen war.

Adolf und Emilie

2. Zum Gespielen war erkoren Adolf, eines Gärtners Sohn,
Der die Mutter früh verloren, dessen Vater dient' um Lohn.
Adolf weihte sich dem Stande seines lieben Pflegeherrn,
Blieb nicht nur im Heimatlande, sondern auch beim Pflegeherrn.

3. Die er stündlich sonst gesprochen, die er brüderlich geliebt,
Lauter fühlte sein Herz er pochen, wenn sie ihre Hand ihm gibt.
Doch, bevor sich beide trennen, schwuren sie mir Herz und Hand,
Für einander stets zu brennen, trenne sie auch Meer und Land.

4. Als drei Jahr' dahingeschwunden, da erschien ein reicher Mann,
Der Emilie schön gefunden, hielt um sie beim Vater an;
Doch sie konnte ihn nicht lieben, da ihr Herz für Adolf schlug,
Drum ward schnell ein Brief geschrieben, der die Kunde zu ihm trug.

5. Kaum hört' Adolf diese Kunde, so griff er zum Wanderstab,
Reist noch zu derselben Stunde sehnsuchtsvoll von Bremen ab.
Als er nahet Kopenhagen, hört er feierlich Geläut
Und vernimmt auf sein Befragen: Eine Reiche macht Hochzeit!

6. Schnell durchzieht er Straße, Gassen, eilt dem Vaterhause zu,
Und erfährt dann mit Erblassen: Dein Emilchen freit im Nu.
Kaum ist dieses Wort gesprochen, nahet eine Menschenschar,
Und es wallt mit Herzenspochen die Geliebte zum Altar.

7. Als man Adolfs Hause nahet, blickt die Braut es traurig an,
Sinket, eh' man sie erfasset, leblos hin zur Erde dann.
Nichts vermag der Eltern Klage, fruchtlos müht der Arzt sich ab,
Drum senkt man am dritten Tage sie in ihrer Väter Grab.

8. Um die mitternächt'ge Stunde pocht es stark an Adolfs Tür,
Und ihm klingt's wie Geisterkunde: »Adolf! Adolf, öffne mir!«
Zitternd eilet er zum Fenster, schauet leise dann hinaus
Und erblickt statt der Gespenster die Emilie vor dem Haus.

9. »Mich des Brautschmucks zu berauben, trat der Totengräber ein,
Er entfernt des Sarges Schrauben, plündert mich beim Lichterschein,
Doch ein Ring, des Bundes Zeichen, der längst zwischen uns besteht,
Wollte nicht vom Finger weichen, daß ihm die Geduld vergeht.

10. Da versetzt mit scharfer Waffe er mir einen tiefen Schnitt,
Daß im Sarg ich mich aufraffe und er eilig von mir schritt!«
Kaum drang diese Wundermäre zum betrübten Elternpaar,
Gibt man Gott gerührt die Ehre und führt Adolf zum Altar.

Noch zittern wir und beben an diesem Grabesrand

Bei dem Grab einer Frau, bei deren letzten Zügen der mit Menschen angefüllte Kammerboden brach

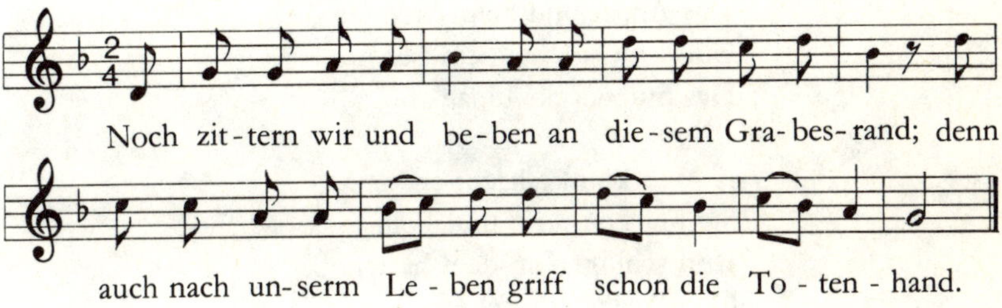

2. Wir standen an der Seite
Der armen Sterbenden;
Da kamen viele Leute,
Um sterben sie zu sehen.

3. Auf einmal hört man's krachen,
Und sieh: der Boden brach
Und sank, und alle Sachen
Und Menschen stürzten nach.

4. Das Weib in letzten Zügen
Fuhr eingeballt hinab
Und blieb im Schutte liegen
Und fand darin ihr Grab.

5. Man denke sich den Jammer,
Das Schreien, Weh und Ach,
Als so in dieser Kammer
Mit uns der Boden brach.

6. Die Durchzugbalken bogen
Sich ein, nicht stark genug,
Und ihnen war entzogen
Der Balken, der sie trug.

7. Die glitschten an der Seite
Der Stubenwand herab,
So stürzten alle Leute
In 'n untern Stock hinab.

8. Sie sahen wie Gespenster
Vor Angst und Schrecken aus
Und krochen bei dem Fenster
Des Stubenecks hinaus.

9. Man konnte leicht erwarten,
Sie brächen Arm und Bein
Und schlügen an dem harten
Gebälk die Schädel ein.

10. Doch Dank der Vorsicht Gottes:
Man zog aus Schutt und Graus
Und aus dem Arm des Todes
Uns alle wohl heraus.

11. Nur diesem armen Weibe
Ward noch ihr letzter Hauch,
Mit eingeballtem Leibe,
Erstickt in Schutt und Rauch.

12. So schweben wir beständig
In tödlicher Gefahr,
So stellt sich uns lebendig
Die Lehre Jesu dar.

13. Drum wach' und bete jeder
Bei jedem Glockenschlag,
Denn seht: ihr wisset weder
Die Stunde noch den Tag.

14. Ja, haltet euch durch Beten
Und Tugend stets gefaßt,
Dies wird die Seele retten,
Wenn ihr im Tod erblaßt.

15. Denn mag zusammenbrechen
Der Bau der ganzen Welt,
Wir können furchtlos sprechen:
Gott ist es, der uns hält.

Das goldene Kreuz

2. Und was das Kreuz umschließet?
Ein köstliches Geschenk,
Ein Haar von ihrem Haupte
Zum ew'gen Angedenk.

3. Was soll das Blau bedeuten,
Das dieses Kreuz umgibt?
Das Blau, es soll dir sagen,
Daß Treue ewig liebt.

4. Was sagt das Schwarz am Bande,
So ernst, so düster schwer?
Du hast mich einst geliebet,
Nun liebst du mich nicht mehr.

5. Das Kreuz ruht auf dem Herzen,
Das so voll Kummer schlägt.
Es hat nicht eher Ruhe,
Bis man's zu Grabe trägt.

Die Heimkehr

2. Horch, was nähert sich dem Schloß?
Steigt ein Reitersmann vom Roß,
Klopfet an die Türe schon.
Großer Gott, es ist mein Sohn.

3. Vater, wo ist die Mama,
Die so gut einst zu mir war? –
Deine Mutter grämte sich,
Bis der Tod sie von mir riß.

4. Vater, was hast du getan?
Ja, bei Gott, ich klag' dich an!
Meine Mutter war so gut,
Jetzt in kühler Erde ruht.

5. Da ergriff der Sohn sein Schwert,
Stach's dem Vater in das Herz,
Daß er blutend niedersank
An der Mutter Grabesrand.

6. Da ergriff der Sohn sein Schwert,
Stach's sich selber in das Herz.

Verlassen liegt nun Schloß und Hof,
Alles ruht auf dem Friedhof.

Heinrich und Wilhelmine

2. Zwölfe schlug's, da drang durch die Gardine
Eine bleiche, kalte Totenhand.
Was erblickt er? Seine Wilhelmine,
Die im Sterbekleide vor ihm stand.

3. Bebe nicht, sprach sie mit leiser Stimme,
Ehmals mein Geliebter, bebe nicht.
Ich erscheine nicht vor dir im Grimme,
Deiner neuen Liebe fluch' ich nicht.

4. Unglück hat mein armes junges Leben
Bis zum Tode völlig abgekürzt.
Doch der Himmel hat mir Kraft gegeben,
Daß ich nicht zur Hölle bin gestürzt.

5. Warum glaubt' ich Schwache deinen Schwüren,
Baute fest auf Zärtlichkeit und Treu,

Mir nicht träumend, daß ein Herz zu rühren, –
Mehr als rühren – euch nur Spielwerk sei!

6. Weine nicht, denn eine Welt wie diese,
Ist der Tränen, die du weinst, nicht wert.
Lebe froh und glücklich mit Elise,
Welche du zur Gattin hast begehrt.

7. Schätze hast du, Heinrich, ach, bediene
Ihrer dich zu meiner Seele Rast,
Schaffe Ruhe deiner Wilhelmine,
Die du lebend ihr entzogen hast.

8. Opfer willst du, Opfer! Heinricht tobte. –
Heinrich, Heinrich, haucht es durch die Nacht.
Da verschwand die einstige Verlobte.
Einen Selbstmord hat er dann vollbracht.

9. Gnade fand sie, doch ihr Ungetreuer
War verloren ohne Wiederkehr.
Als ein Scheusal, als ein Ungeheuer
Irrt sein Geist um Mitternacht umher.

In des Gartens dunkler Laube

2. Und es blühten alle Hänge,
Die verbreiten Balsamduft,
Und der Nachtigallen Klänge
Schallten lieblich durch die Luft.

3. Herrlich blüht auch der Holunder,
Rosenduft war um sie her,
Aber das Herz war traurig,
Und die Tränen flossen schwer.

4. Hugo sprach mit leiser Stimme:
Liebste, laß das Weinen sein,
Wenn die Rosen wieder blühen,
Werd' ich wieder bei dir sein.

5. Hugo schied beim Mondenscheine
In den Kampf für 's Vaterland,
Und er dachte oft an Ida,
Wenn der Mond am Himmel stand.

6. Doch das Jahr war schnell verflossen,
Und der Rosen Knospe brach.

Hugo schickt sich an zur Laube,
Wo er einst die Holde sprach.

7. Doch was sieht er in der Laube:
Einen Grabstein im Spalier,
Und die Schrift im Marmor sagte:
»Ida ist jetzt nicht mehr Dein!«

8. Nun, so sprach er, es ist traurig,
Dieser Trennung bitt'rer Lohn,
Ich, dein Treuer, bin gekommen,
Und du bist von mir gefloh'n.

9. Und er sprach betrübt und traurig:
»Ist denn das der Liebe Lohn.
Ich, Dein Hugo, komm' gegangen,
Und Du liegst im Grabe schon.«

10. Hugo ging ins nahe Kloster,
Legte Helm und Panzer ab.
Eh' die Rosen wieder blühten,
Gruben Mönche ihm ein Grab.

11. Als die Rosen wied'rum blühten
Um ein Grabmal im Spalier,
Stand auf einem Kreuz geschrieben:
»Hugo ruht mit Ida hier.«

12. Dieses Lied war euch gesungen,
Liebesleute, daß ihr's wißt,
Wie getreu der Ritter Hugo,
Und was wahre Liebe ist.

Ich ging einmal für mich allein

2. Nahm ehrfurchtsvoll ihn in die Hand,
Wo ich dabei sehr viel empfand.
Ich lispelte ein leises Ach –
Und dachte über manches nach.

3. Wer magst du wohl gewesen sein,
Als du noch warest Fleisch und Bein?
Warst du vielleicht ein böser Wicht,
Von dem die Welt nichts Gutes spricht?

4. Warst du vielleicht ein reicher Mann,
Hast armen Leuten Guts getan?
Bedenk' ich's schier, bedenk' ich's schier,
Ich bin doch nicht dein Richter hier.

Luise am Blumenbeete

2. Ich wollte sie pflücken aus Herzenslust,
Ich wollte sie drücken an meine Brust.
Da sprach die Blume: Verschone mich, ja mich,
Ich blüh' am Morgen viel schöner noch für dich.

3. Am anderen Morgen bei Tagesgrau'n,
Da ging Luise, die Blume zu schau'n.
Da stand die Blume so blätterleer, ja leer:
Ich habe geblüht und blühe jetzt nicht mehr.

4. Hab' auch geliebet, hab' auch genossen
Die schönsten Tage, sie sind verflossen.
Kann nicht mehr lieben, kann nicht mehr glücklich sein,
Die schönste Blume, sie heißt Vergißnichtmein.

Wenn du mich liebst, kann mich der Tod nicht schrecken

Leierkastenlied
Aufgezeichnet von Peter Cornelius (1824–1874)

Nachwort

Die Anfänge der Bänkelsängerei reichen mehrere Jahrhunderte zurück bis in eine Zeit, als es noch keine Zeitungen im heutigen Sinne gab und Bücher sehr teuer und nur einer kleinen Schicht Lesekundiger zugänglich waren. Damals blieb die Verbreitung von Nachrichten und Neuigkeiten den reisenden Händlern, Fahrensleuten, Wandergesellen und Jahrmarktschreiern vorbehalten, und die Bänkelsänger fanden auf den Handelsplätzen und öffentlichen Märkten, wo die schaurigen und blutrünstigen Geschichten von Brautraub, Mord und Totschlag, Eifersuchtstragödien und Räuberballaden, Unglücksfällen und Naturkatastrophen vorgetragen wurden, ein williges Publikum. Dies bezeugen bildliche Darstellungen schon aus dem sechzehnten Jahrhundert. Die Moritaten vermittelten den Bürgern und Dorfbewohnern in Stadt und Land, vor allem dort, wo sonst Kalender und Bibel die einzige Lektüre waren, einen Hauch von einer weiten, ihnen unbekannten Welt. Die Entrüstung und das Entsetzen über geschehene oder vermeintlich geschehene Ereignisse, grausame Schicksalsschläge und entsetzliche Verbrechen, ebenso wie der wohlige Schauer über die Abgründe und Klüfte der Seele, die Verstrickungen menschlicher Leidenschaften und das Gefühl der Sicherheit, dem sich der Nichtbetroffene hingeben konnte, ist geblieben.
Die Bedeutung des Wortes »Moritat« ist unklar. Neben verschiedenen Theorien wurde versucht, einen Zusammenhang zwischen dem mittellateinischen »moritates« (Moral) bzw. der französischen »moralité« (Moral) herzustellen. Am zutreffendsten scheint jedoch die Verbindung mit »Mordtat« zu sein, denn letztlich ruht im Bewußtsein jedes einzelnen Menschen das vielleicht archaische Prinzip, der Hoffnungsfunke, daß das Gute am Ende den Sieg über das Böse davontragen wird. Eine Hoffnung, der sich auch die Herrschenden als Instrument durch viele Jahrhunderte hindurch bedienten, um eine sittliche Basis für den Ge(Miß)brauch ihrer Macht zu besitzen. So erfüllte das Bänkellied, die Moritat, gleichzeitig auch eine moralische Funktion und benützte Empörung über blutrünstige Untaten als Rechtfertigung, eben diese voller Genuß einer erwartungsvollen, leicht zu beeinflussenden Zuhörerschaft zur Kenntnis zu bringen. Hierbei erzielte die Übertreibung, die Betrachtung durch die Brille des Grotesk-Komischen natürliche Identifikationsmöglichkeiten, das Gebotene wurde zum Eigenen, die Distanz fiel weg; der Kreis wurde dadurch wieder geschlossen.
Im Gegensatz zur Prosa hafteten die einfachen, oft sehr naiv-rührenden Liedtexte viel leichter im Gedächtnis und wurden vielerorts nachgesungen oder je nach Lust und Laune interpretiert wiedergegeben. Den heutigen

sogenannten modernen Menschen mögen die mit starkem Pathos angereicherten, durch eine übersteigerte, künstliche Moral »servierten« Liedchen dümmlich-sentimental und unwirklich-komisch anmuten. Aber gerade durch diese vielleicht ungewollte, aber doch intuitive Überspitzung erreichten die Bänkelsänger eine einprägsame und lebensnahe Wirkung auf ihre begeisterten Zuhörer. Die üppig kolorierten Bilder, manchmal recht kunstvoll, dann wieder schaurig-kitschig angefertigt, halfen dabei, die manchmal komplizierten Zusammenhänge menschlichen Wirkens und Tuns zu vereinfachen, sie für jedermann verständlich zu machen und zum Kauf von Einblattdrucken oder Bänkelsängerheftchen (achtseitige Drucke mit ausführlicherer Prosa, Lied und Titelholzschnitt) anzuregen. Die frühen Bänkelsänger waren zumeist gleichzeitig Autoren und Verleger ihrer Heftchen.

Bänkelsänger konnte eigentlich jeder werden. Er brauchte dazu nur eine Erlaubnis der Behörden, einen Leierkasten, eine Fiedel, eine Harfe oder ein anderes Begleitinstrument, die Bildtafeln mit den verschiedenen Moritaten, dazu eine niedrige Bank und einen Zeigestock. Das alles garantierte zwar noch nicht den Erfolg, aber bis dahin war es nicht mehr sehr weit, denn der Deus ex machina, der Gott aus der Maschine, bewirkte das Seinige, um Zuschauern und Gaffern die Geldkatzen und Börsen zu erleichtern.

Im achtzehnten und neunzehnten und auch bis zum Anfang des zwanzigsten Jahrhunderts stand die Bänkelsängerei in vollster Blüte, war sehr beliebt und brachte immer neue »Kunstwerke« hervor, die aus dem Leben geschöpft waren. Selbst Dichter wie Gottfried August Bürger, Adelbert von Chamisso, Theodor Fontane, Johann Wilhelm Gleim, Heinrich Heine, Hoffmann von Fallersleben und viele andere empfingen nachhaltige Eindrücke, denen wir die Entstehung bekannter, oft grausamer Balladen und Bänkeltexte verdanken, die bis heute nichts von ihrer Anziehungskraft verloren haben.

Allergrößter Beliebtheit erfreuten sich landauf landab die Mordgeschichten, wobei die Aktualität zugunsten sorgfältigster Schilderung zumeist verdrängt wurde. Das minderte ihre Wirkung auf ihr Publikum keineswegs, stillten sie doch die Neugierde, die große Antriebskraft im menschlichen Leben überhaupt. Schließlich ist nichts so interessant wie das Leben anderer Leute. Und das galt damals ebenso wie heute.

Wenn auch der historische Bänkel- oder Moritatensänger als Nachrichtenübermittler nicht mehr existiert, so hat sich heute eigentlich nur die Art der Interpretation, also das Medium, geändert. Statt dessen haben die Boulevardpresse, die Zeitschriften, die billigen Heftromane und teilweise Film und Fernsehen durch Bild und Ton die triviale Nachrichtenvermittlung, die übertrieben-drastische Schilderung von Ereignissen aus aller Welt – die Funktionen des Bänkelsangs und der Kolportage – übernommen.

In der modernen Literatur lebt die bänkelsängerische Ballade als engagiertes Lied (Song) wieder auf, so bei Bertold Brecht, Erich Mühsam, Frank Wedekind und vielen anderen bekannten und weniger bekannten Liedermachern und Interpreten.
Inwieweit die Adaption bänkelsängerischer Liedformen unserer Zeit mit eindeutig sozialkritischer und politischer Tendenz anstelle der Nachrichtenvermittlung des historischen Bänkelsangs vom Publikum verstanden und angenommen wird, läßt sich, da ein direkter Vergleich nicht mehr möglich ist, sicher nicht feststellen.
Im Zusammenhang mit Bänkelsang und Moritat lag es nahe, als nostalgischen Ausklang einige der schönsten »Küchenlieder« in diesen Band aufzunehmen. Die Menschen der oft zitierten »guten« alten Zeit freuten sich, wenn der Leiermann in den Höfen und auf der Straße seine Orgel drehte und zu der ins Ohr gehenden Melodie jene herzergreifenden Verse sang. Die Dienstmädchen und Mägde unserer Groß- und Urgroßeltern, aber nicht nur diese, kannten sie alle, die Lieder von vergangener Jugend, Sehnsucht und enttäuschter Liebe, edelmütiger Treue, Heimweh und Abschied, und sangen sie in der Kammer, im geselligen Kreis und vor allem bei der Arbeit in der Küche.
Es bestand nicht die Absicht, mit diesen bunt zusammengestellten traurigen Romanzen, schauerlichen Balladen und gefühlsseligen Liedern einen Beitrag zur Geschichte des Bänkelsangs, der Moritat und der »Lieder aus der Küche« zu leisten. Bei dem Umfang des zugänglichen Materials konnte in dem gebotenen Rahmen nur eine bescheidene Auswahl zur Erinnerung und Besinnung an längst vergangene Epochen zusammengestellt werden.
Die Anpassung an Sprachgebrauch und Schreibweise unserer Tage erfolgte sehr behutsam unter möglichster Beibehaltung der Originalität der alten Texte und Lieder. Die zur ergänzenden Ausstattung verwendeten Bilder und Titelholzschnitte wurden wegen oft mangelnder Qualität der Originale verschiedenen Drucken entnommen, auch wenn sie teilweise in keinem unmittelbaren Zusammenhang zu den wiedergegebenen Versen und Melodien stehen.

Roland W. Pinson

Worterklärungen

Matthias Claudius — Die Geschichte vom Goliath und David

24: *Advenant* — wahrscheinlich ist hier der Emporkömmling gemeint.
Drap d'argent (franz.) — mit Silber- und Goldfäden broschierte Seide
Sarraß — schwerer Säbel

Ludwig Eichrodt — Wanderlust

27: *Emir (arab.)* — eigentlich ›Befehlshaber‹; Titel der arabischen Stammesführer
28: *Brahmanenchor* — Brahmanen sind indische Priester und gleichzeitig Angehörige der obersten Kaste der Hindus.
29: *Donnen (span.)* — eingedeutschte Form für Doña, Herrin
30: *Mandrille* — Pavianart aus der Familie der Meerkatzen
32: *Dardanellen* — Meerenge zwischen der Halbinsel Gallipoli und Kleinasien
Schaluppe — großes Boot
33: *Hekla* — Vulkan im südlichen Island
34: *Marselljäse* — eingedeutschte Form der französischen Nationalhymne »Marseillaise«
35: *Helvezien* — Wortschöpfung nach »Confoderatio Helvetica« (Schweiz)
36: *Pope* — volkstümliche Bezeichnung für östliche (orthodoxe) Priester
Ukas — Erlaß, Verordnung des Zaren
37: *Hochverband* — Anspielung auf die politische Bedeutung des Rheines im 19. Jahrhundert. Auf den Rhein als deutschen Strom konzentrierte sich das damals erwachte Nationalbewußtsein.

Theodor Etzel — Frau Laura Rau

40: *Kabliaus* — Verkürzung für Kabeljau

Theodor Fontane — James Monmouth

43: *Prätendent* — jemand der auf etwas Anspruch erhebt, Anspruch auf das Erbe eines Fürstentums hat.

Adolf Glaßbrenner — Trägheit

45: *Karbatsche* — aus Lederriemen geflochtene Peitsche
Konstab(e)ler — früher der Büchsenmeister, der die Geschütze bedient; in England und Frankreich war dies auch die Bezeichnung für einen Hofbeamten oder Befehlshaber.

Adolf Glaßbrenner – Das Attentat

51: *Duncker, Max (1811–1886)* – Historiker und Politiker
Neufschateller – gemeint ist Wein aus dem schweizerischen Anbaugebiet Neuchâtel
Redern, Wilhelm Friedrich (1802–1883) – Komponist von Opern und Bühnenwerken
Terzerol (ital.) – kleine Pistole

Adolf Glaßbrenner und Moritz Gottlieb Saphir – Fürchterliche Ballade in drei schauderhaften Abteilungen mit einigen überflüssigen Versfüßen

54: *Philomale* – Anspielung auf den griechischen Mythos der Philomela, die zum Schutze vor Verfolgung von den Göttern in eine Schwalbe verwandelt wurde

Johann Wilhelm Ludwig Gleim – Die durch den Teufel bestrafte Sibylle

71: *Provisor* – der Verwalter einer Apotheke, einem Prokuristen entsprechend
Rocken – eigentlich Spinnrocken; ein Stab um den die gesponnene Wolle gewickelt wird
Scharteke – wertloses, altes Buch

Friedrich Wilhelm Gotter – Blaubart

77: *Galan* – Liebhaber
Tartarchan – gemeint ist, »wie ein Tartarenfürst«
78: *Trumeaux (franz.)* – Pfeilerspiegel
79: *Cicisbee* – eigentlich Cicisbeo; Begleiter oder Gesellschafter einer verheirateten Dame im 16. Jahrhundert
desennüyieren (franz.) – unterhalten; ablenken

Andreas Traugott Grahl – Martin Tenzel

87: *Roquelaure (franz.)* – langer Herrenmantel mit breitem Überfallkragen

Carl Herloßsohn – der Mörder von Durlach

92: *Schirokko* – warmer, aus südlicher Richtung wehender Wind im Mittelmeerraum

Ludwig Christoph Heinrich Hölty – Abenteuer von einem Ritter, der sich in ein Mädchen verliebt, und wie sich der Ritter umbrachte

94: *Kastraten* – in der Jugend entmannte Sänger, die in der Oper des 17. und 18. Jahrhunderts eine wichtige Rolle spielten

96: *Eiderflaum* – Daunen der Ente
97: *Konterfei* – Porträt

Erich Kästner – Die Ballade vom Herrn Steinherz

100: *Kecskemet* – Stadt im Südosten Ungarns

Erich Kästner – Kurt Schmidt, statt einer Ballade

101: *Zirbeldrüse* – Drüse im Zwischenhirn, die die geschlechtliche Entwicklung hemmen soll. Sie bildet sich ab dem 7. Lebensjahr zurück.

Erich Kästner – Ballade vom Defraudanten

103: *Defraudant* – einer, der sich der Unterschlagung schuldig gemacht hat
Lysol – eine Seifenlösung, die desinfizierend wirkt und hochgiftig ist

Paul R. Lehnhard – Fridolin der erblich Belastete oder Bazillen, Mord und Fuseldunst

114: *Absinth* – Wermutpflanze; aus Wermut hergestellter Branntwein
Mampe – alkoholisches Getränk

Detlev von Liliencron – Der Hunger und die Liebe

118: *Mais la femme (franz.)* – ... aber die Frau ...
Poseidon (griech.) – Meeresgott der griechischen Mythologie
119: *Sykomoren (griech.)* – Feigenbäume

Detlev von Liliencron – Das alte Steinkreuz am Neuen Markt

120: *Bourgogne (franz.)* – Wein aus dem französischen Anbaugebiet Burgund
121: *Baal (hebr. »Herr«)* – von den alttestamentlichen Propheten bekämpfter semitischer Gott: »dem Baal dienen« bezeichnet Abgötterei
Blasphemie (griech.) – Gotteslästerung
Ikaros – Figur aus der griechischen Mythologie; Ikaros unternahm erste Flugversuche, kam aber mit seinen mit Wachs verklebten Flügeln der Sonne zu nahe und stürzte in den Tod.
Miraculum (lat.) – Wunder
122: *vexieren* – necken, irreführen, bannen

Johann Friedrich Löwen – Junker Hans aus Schwaben

124: *Kontingent (lat.)* – Beitrag, Anteil

125: *Pultawa* – Poltawa, Stadt in der Ukraine. Zar Peter der Große besiegte hier im Nordischen Krieg 1809 den schwedischen König Karl XII.

126: *Mores (lat.)* – Sitten, gutes Benehmen

Johann Friedrich Löwen – Der Marionettenspieler

128: *König Agamon* – gemeint ist Agamemnon, König von Mykenä; führte das griechische Heer in den trojanischen Krieg. Dieser war durch die Entführung der spartanischen Königin Helena durch Paris, den Sohn des trojanischen Königs Priamos, ausgelöst worden.

Trojanischer Esel/Trojanischer Brand – Nach der Sage belagerten die Griechen über neun Jahre erfolglos die Stadt Troja, bis sie mit Hilfe der Göttin Athene auf eine List verfielen, um die Stadt einzunehmen. Sie täuschten ihren Abzug vor und hinterließen den Trojanern als »Abschiedsgeschenk« ein hölzernes Pferd, in dessen Bauch sich jedoch griechische Soldaten versteckt hatten. Als die Trojaner dieses Pferd in die Stadt gebracht hatten, stiegen die darin verborgenen Griechen nachts aus dem Pferd, riefen ihr Heer zurück, öffneten die Stadttore und eroberten so die Stadt, die sie anschließend einäscherten.

129: *Bacchus* – griechischer und römischer Gott der Fruchtbarkeit, Weingott

Obrigkeitspermission – behördliche Erlaubnis

Skaramuz – Gestalt des Aufschneiders in der Commedia dell'arte, der italienischen Stegreifkomödie (Mitte 16. bis 18. Jahrhundert)

131: *Cato, Marcus Porcius, der Jüngere (95–46 v. Chr.)* – Er war ein erbitterter Gegner Cäsars und verübte Selbstmord, als Cäsar 46 v. Chr. die Pompejaner bei Thapsus besiegt hatte.

Johann Friedrich Löwen – Das entweihte Nonnenkloster

133: *Vestalin* – Name im alten Rom für die Priesterin der Vesta, der Göttin des Herdfeuers. Insgesamt sechs Vestalinnen oblag die Pflege des Tempels und der Gottesdienste.

134: *Lukretia (Lucretia)* – Figur der römischen Sage, die Selbstmord beging, nachdem sie vergewaltigt worden war.

Johann Friedrich Löwen – Elpin

136: *Neukirch, Benjamin (1665–1729)* – Dichter des Barock, vor allem durch die Herausgabe einer großen Anthologie bekanntgeworden

Johann Friedrich Löwen – Lukretia

138: *Ambra (arab.)* – wohlriechender Rohstoff zur Parfümherstellung

Lukretia (Lucretia) – Figur der römischen Sage; Lucretia beging Selbstmord, nachdem sie vergewaltigt worden war.

Tarquin (Tarquinius Superbus), König von Rom (534–510 v. Chr.) – Sein Sohn Sextus vergewaltigte Lucretia und gab so den Anlaß zum Sturz seines tyrannischen Vaters.

Christian Morgenstern — Der Saal

147: *Baltimur* — eingedeutschter Name der amerikanischen Stadt Baltimore

Karl Gottfried Nadler — Ein neues schreckliches Lied

152: *jaloux (franz.)* — eifersüchtig
154: *Assisen* — Gericht (-sversammlung)
Chaise (franz.) — halboffener Wagen

Karl Gottfried Nadler — Ein neues Lied vom Hecker

156: *Hecker, Friedrich (1811—1881)* — kämpfte auf der Seite der radikalen Linken 1848 in der Badischen Revolution mit und mußte nach deren Niederschlagung in die Schweiz flüchten.
Herwegh, Georg (1817—1875) — Schriftsteller, nahm 1848 an der Revolution in Baden auf der Seite der Linken teil.
157: *Tailleurs (franz.)* — Schneider
Baar — Hochland zwischen dem südlichen Schwarzwald und der Schwäbischen Alb
Gagern, General Friedrich von (1794—1848) — kämpfte als Stellvertreter des badischen Markgrafen Maximilian in der Badischen Revolution und wurde bei dem Treffen von Kandern tödlich verletzt.
158: *Hinkeldey* — hessischer Oberst, kämpfte in der Badischen Revolution auf der Seite Gagerns
Struwel — gemeint ist Gustav von Struve (1805—1870); Rechtsanwalt und Politiker, nahm auf revolutionärer Seite am Badischen Aufstand teil, mußte nach dessen Niederschlagung nach Amerika fliehen und kämpfte dort in den Sezessionskriegen mit.
159: *Langsdorf* — Studenten-Turnwart in Freiburg während des Badischen Aufstandes; setzte die dortigen Bürger unter Druck, damit sie gegen die Revolutionäre stillhielten.
Si(e)gel, Franz (1824—1902) — nahm auf markgräflicher Seite am Badischen Aufstand teil.
160: *Chaise (franz.)* — halboffener Wagen
161: *Schimmelpfennig* — ehemaliger preußischer Offizier, der auf der revolutionären Seite im Badischen Aufstand mitkämpfte und später nach Amerika auswanderte.

Karl Gottfried Nadler — Ein neues schönes Lied von dem weltberühmten Struwwel-Putsch

162: *Struwwel* — vgl. Anmerkung zu Seite 158
163: *Ellensaß* — gemeint ist das Elsaß in der französischen Rheinebene
Damaszener — Säbel mit besonderer Zeichnung auf der Klinge; diese Art von Säbel wurde vor allem in Damaskus hergestellt.
Sarraß — schwerer Säbel
164: *Hecker* — vgl. Anmerkung zu Seite 156
Charpie (franz.) — zerrupfte Leinwand; Lappen
166: *Lorgnette (franz.)* — Brille mit Stielgriff, aber ohne Bügel

Hoffmann, General – eroberte während der Badischen Revolution Freiburg zurück.
167: *Gäu (alemann.)* – Gau

Hans Reimann – Ein Fehlschuß

182: *Nimrods Hund* – Nimrod, Person aus dem Alten Testament, war ein großer Städtebauer und »Jäger vor dem Herrn«.

Ludwig Richter – Höchst wahrhaftige ... Geschichte zweier Liebenden ...

185: *Nachtphiola* – Nachttopf
188: *Marcia funebre (ital.)* – Trauermarsch

Friedrich Schiller – Die Kindesmörderin

194: *Eumenidenruten* – die Eumeniden sind in der griechischen Mythologie die drei Rachegöttinnen, die durch Opfer besänftigt werden können, daher auch der Name die »Wohlwollenden«.
Hyder (griech.) – gemeint ist die Hydra, in der griechischen Mythologie eine große gefährliche Schlange mit neun Köpfen, der für jeden abgetrennten Kopf zwei neue wachsen.

Johann Friedrich Schink – Oldar und Käthchen

196: *Adon (griech.)* – Abkürzung für Adonis. Der Name steht für einen außergewöhnlich schönen Jüngling.
199: *locum communem (lat.)* – Gemeinplatz

August Wilhelm Schlegel – Ballade vom Raube der Sabinerinnen und von der neuentdeckten Stadt Quirium

200: *Quiriten (lat.)* – Vollbürger der Stadt Rom; hier im Sinne von Bürger
201: *Jovis (lat.)* – oder auch Jupiter genannt, ist der höchste römische Gott.
Palatium (lat.) – Palast
202: *Niebuhr, Barthold (1776–1831)* – Historiker und Staatsmann; sein Hauptwerk war die »Römische Geschichte«.

Felix Schloemp – Die Liebe im Leichenkeller

208: *Charité (franz.)* – Krankenhaus in Berlin
204: *Lysol* – eine Seifenlösung, die desinfizierend wirkt und gleichzeitig hoch giftig ist.

Felix Schloemp – Die Ballade vom zugeknöpften Mädchen

206: *junonisch* – so schön wie die römische Göttermutter Juno
207: *Humpelrock* – um 1910 in Mode gekommener, an den Knöcheln so eng geschnittener Rock, daß nur mehr ein humpelnder Gang damit möglich war.

Felix Schloemp – Tiefsinnige Tiefseeballade

203: *je m'en fiche (franz.)* – umgangssprachlich für »auf keinen Fall«, »kommt nicht in Frage«

Karl Seyfert – Die Hussiten vor Naumburg

213: *Hussiten* – Anhänger der Sekte des Johannes Hus (um 1370–1415) in Böhmen; die Hussiten lehnten jede Lehre ab, die sich nicht aus der Bibel beweisen ließ, und stellten politische und soziale Forderungen auf, deren Ablehnung 1420 zu den Hussitenkriegen führte. Diese Kriege weiteten sich auf alle Nachbarstaaten Böhmens aus.
214: *Prokop der Große* (um 1380–1434) – Feldhauptmann der Hussiten

Ludwig Thoma – D'Marie

219: *Bacchanal* – ausschweifendes Fest

Friedrich Theodor Vischer – Der Edle von Klebansky

230: *Cupio (lat.)* – altrömischer Liebesgott
item (lat.) – auch

Friedrich Theodor Vischer – Leben und Tod des Joseph Brehm

232: *han (dialekt.)* – haben
234: *Kolleg(e) (lat.)* – gemeint ist hier das Kolleg, d. i. die Vorlesung an der Hochschule
241: *Ank* – Hals

Wilhelm Wolff – Der schwarze Joseph oder Die Geheimnisse des Schornsteins.

246: *Mordkujon* – Mordbube

Just Friedrich Wilhelm Zachariae – Die untreue Braut

251: *Docke* – Puppe
253: *Finne* – Akne, Hautausschlag

Eine wahrhafte Geschichte der beiden Treuliebenden Friedel und Elise

275: *Hippe* – Sense

Am Weidenbaum

278: *Krinoline (franz.)* – Reifrock

Barbara Blotz

280: *Hautevolee (franz.)* – obere Gesellschaftsschicht

Schauderhafte und greuliche Moritat ... welche sich zu Augsburg zugetragen hat

291: *Schwalangscheer (dial.)* – wahrscheinlich sind die Cheveau Léger gemeint, Leichte Reiter.

Im Tode vereint oder Die treue Liebe ist kein leerer Wahn

310: *Petinka* – Rummelplatz in Prag

Die grausige Moritat des Friedrich Wilhelm Schulze

314: *Jalousie (franz.)* – Eifersucht

Der Mord von Ramsdonk

319: *Xanthippe* – die Frau des Sokrates; sie wurde zu Unrecht zum Symbol des boshaften und zänkischen Weibes stilisiert.

Das rote Kind oder Die Untaten eines furchtbaren Bösewichts ...

323: *Luna (lat.)* – der Mond

Wadenschwund, Kuchenblech und Straßenwalze

336: *Jöhren (dial.)* – Gören, Kinder

Schreckliche Moritat, die sich neulich zugetragen hat

337: *Aktuar (lat.)* – mittlerer Gerichtsbeamter

Mordgeschichte von Sperl

368: *Debardeur (franz.)* – Schauermann
Holka – gemeint ist wahrscheinlich ein altes abgetackeltes Schiff
Taschnfeitl (dial.) – Taschenmesser

Bericht von der neunfachen Mordtat, welche durch ... Johann Georg Bublin verübt worden

376: *beut* – anbot

Gedanken über die ... an einem 14jährigen Bauernmädchen ... ausgeübte schreckliche Mordtat

383: *Leichenschragen* – Karren, Wagen
384: *Parzen* – römische Göttinnen der Geburt

Greuliche vierfache Mordtat, welche Carlo Levebre ... verübte

392: *Gleve* – altes Maß, an einer Lanzenspitze orientiert; hier im Sinne von »das bißchen Gift«

Das Erdbeben von Lissabon oder Die Zornposaune über Portugal

433: *Belém* – Vorstadt von Lissabon mit schönen Schlössern und Gärten

Der schauderiöse Ferdinand

455: *Schubiak* – Lump, niederträchtiger Mensch

Kaspar Hauser

457: *Schwolisché (dial.)* – Cheveau Léger, Leichte Reiter

Doktor Eisenbart

459: *accouchieren (franz.)* – gebären
460: *Cremor tartri* – Höllenbrand
Diarrhoe (griech.) – Durchfall
461: *probatum est (lat.)* – das ist bewährt
trepanieren – die Schädeldecke öffnen

Die Erschießung Kaiser Maximilians von Mexiko

471: *Juarez, Benito (1806–1872)* – indianischer Reformpolitiker in Mexiko, ab 1861

Präsident des Staates. Als er die Zinszahlungen des verschuldeten Landes an ausländische Gläubiger einstellte, sandte Napoleon III. ein Heer und zwang Juarez zum Rückzug. Als die französischen Truppen das Land wieder verließen, übernahm Juarez die Regierung und ließ den zwischenzeitlich eingesetzten Kaiser Maximilian erschießen.

Maximilian von Mexiko (1811–1867), Kaiser (1864–1867) – Bruder Kaiser Franz Josephs, nahm 1864 auf Betreiben Napoleons III. die mexikanische Kaiserkrone an; er konnte sich aber nicht gegen Benito Juarez durchsetzen und wurde 1867 in Queretaro erschossen.

472: *Vomitiv* – Brechmittel

473: *Garibaldi, Guiseppe (1807–1882)* – italienischer Freiheitskämpfer, der aufgrund seiner Popularität im Italien des 19. Jahrhunderts die bedeutendste Persönlichkeit wurde.

Queretaro – mexikanische Stadt

Fieschi, der grause Bösewicht

475: *vive le roi (franz.)* – Es lebe der König!

476: *Mortier, Eduard (1768–1835)* – Herzog von Treviso; er wurde bei diesem Attentat auf den König tödlich verwundet.

Talje (franz. Taille) – Gürtelgegend des menschlichen Körpers

Versalje (franz. Versailles) – der Palast des französischen Königs bei Paris

Der Hauptmann von Köpenick

480: *Rendant (franz.)* – Rechnungsführer

Jakob Spürnas, der Lakai

484: *Arsenik* – es entsteht beim Verbrennen von Arsen und dient zur Herstellung von Farben und zur Konservierung von pflanzlichen und tierischen Stoffen.

Prophezeiung eines Einsiedlers ...

491: *Säculo (lat.)* – Jahrhundert

Matthäus Klostermeier, genannt der »Bayrische Hiesel«

494: *Bayrischer Hiesel* – eigentlich Matthäus Klostermeier (1736–1771); ein im Volk beliebter Räuberführer und Wildschütz. Er wurde 1771 in Dillingen hingerichtet.

Inhalt

Moritaten und Bänkellieder bekannter Verfasser

Moritaten und Bänkellieder unbekannter Verfasser

Von süßer Liebe und fürchterlichen Tragödien

Von schändlichen Mördern, Räubern und Dieben

Von entsetzlichen Sturmfluten, Explosionen und anderen Katastrophen

Von schrecklichen Unglücksfällen und heilsamen Erfahrungen

Von den Gefahren der hohen Politik

Gassen- und Küchenlieder

Quellenverzeichnis

Brecht, Bertold: Die Moritat von Macki Messer. Aus: ders., Gesammelte Werke. © 1967 by Suhrkamp Verlag, Frankfurt am Main

Graßhoff, Fritz: Moritat vom eiskalten Gasanstaltsdirektor. Aus: Graßhoffs neue große Halunkenpostille. Limes Verlag. © Nymphenburger Verlagshandlung, München

Graßhoff, Fritz: Kleine Banditen-Ballade. Aus: Graßhoffs neue große Halunkenpostille. Limes Verlag. © Nymphenburger Verlagshandlung, München

Kästner, Erich: Die Ballade vom Herrn Steinherz. Aus: ders., Gesammelte Werke, Band 1 – Gedichte. © Atrium Verlag, Zürich

Kästner, Erich: Kurt Schmidt, statt einer Ballade. Aus: ders., Gesammelte Werke, Band 1 – Gedichte. © Atrium Verlag, Zürich

Kästner, Erich: Ballade vom Defraudanten. Aus: ders., Gesammelte Werke, Band 1 – Gedichte. © Atrium Verlag, Zürich

Klabund: Die Harfenjule. Aus: ders., Die Harfenjule. © 1978 by Rowohlt Verlag GmbH, Reinbek bei Hamburg

Mühsam, Erich: Amanda. © Verlag Klaus Guhl, Berlin

Thoma, Ludwig: D'Marie. Aus: ders., Gesammelte Werke. © 1974 by R. Piper & Co. Verlag, München

Trier, Walter: Für seine hier aufgenommenen Illustrationen erhielt der Verlag die Genehmigung von Helen Trier, Canada

Tucholsky, Kurt: Wenn die Igel in der Abendstunde. Aus: ders., Gesammelte Werke, Band II, Seite 1225. © 1960 by Rowohlt Verlag GmbH, Reinbek bei Hamburg

Valentin, Karl: Ja, so warn's, die alten Rittersleut. Aus: Karl Valtentin's Gesammelte Werke. © 1974 by R. Piper & Co. Verlag, München

Valentin, Karl: Das Volksauto. © R. Piper & Co. Verlag, München

Valentin, Karl: Die Loreley. Aus: ders., Sturzflüge im Zuschauerraum. © 1977 R. Piper & Co. Verlag, München

Wedekind, Frank: Der Tantenmörder. Aus: ders., Gedichte und Chansons. Wilhelm Goldmann Verlag, München 1979. © Albert Langen – Georg Müller Verlag GmbH, München

Der Gondrom Verlag dankt den genannten Personen und Verlagen für die freundlicherweise erteilten Abdruckgenehmigungen.